Getúlio Vargas
em dois mundos

Solicite nosso catálogo completo, com mais de 400 títulos, onde você encontra as melhores opções do bom livro espírita: literatura infantojuvenil, contos, obras biográficas e de autoajuda, mensagens espirituais, romances, estudos doutrinários, obras básicas de Allan Kardec, e mais os esclarecedores cursos e estudos para aplicação no centro espírita – iniciação, mediunidade, reuniões mediúnicas, oratória, desobsessão, fluidos e passes.

E caso não encontre os nossos livros na livraria de sua preferência, solicite o endereço de nosso distribuidor mais próximo de você.

Edição e distribuição
EDITORA EME
Caixa Postal 1820 – CEP 13360-000 – Capivari-SP
Telefones: (19) 3491-7000 | 3491-5449
Vivo (19) 9 9983-2575 ☺ | Claro (19) 9 9317-2800
vendas@editoraeme.com.br – www.editoraeme.com.br

Getúlio Vargas
em dois mundos

*Obra recebida do Espírito
Eça de Queirós pela mediunidade
de Wanda A. Canutti.*

*Revisão e Posfácio:
"Espiritualmente Renovado,
o velho Eça de Volta",
de autoria do Dr. Elias Barbosa*

Capivari-SP

© 1998 Wanda A. Canutti

Os direitos autorais desta obra foram cedidos pelo(a) autor(a) para a Editora EME, o que propicia a venda dos livros com preços mais acessíveis e a manutenção de campanhas com preços especiais a Clubes do Livro de todo o Brasil.

A Editora EME mantém o Centro Espírita "Mensagem de Esperança" e patrocina, junto com outras empresas, instituições de atendimento social de Capivari-SP.

31ª reimpressão – agosto/2025 – de 72.501 a 73.000 exemplares

CAPA | André Stenico
DIAGRAMAÇÃO | Abner P. de Almeida
REVISÃO E POSFÁCIO | Dr. Elias Barbosa

Ficha catalográfica

Queirós, Eça de (Espírito)
    Getúlio Vargas em dois mundos / pelo espírito Eça de Queirós; [psicografado por] Wanda A. Canutti - 31ª reimp. ago. 2025 – Capivari, SP : Editora EME.
    344 p.

1ª ed. set. 1998
ISBN 978-85-7353-088-9

1. Espiritismo – Vida Espiritual. 2. Obra mediúnica romanceada sobre a vida de Getúlio Vargas nos dois planos.
                                                        CDD 133.9

Agradecimentos

Quem somos nós, seres pequeninos e insignificantes diante da grandeza do Universo e da Sabedoria e Onipotência Divinas, para dispor do que já estava disposto por mãos Maiores?

Este livro, o quinto recebido no conjunto de um trabalho que vem sendo realizado há alguns anos, e que já acumula um número considerável de volumes, na verdade, deveria ter sido o primeiro. Entretanto, se por razões que aqui não são pertinentes, ele não o foi na ordem de recepção, o planejado se cumpre na ordem de publicação.

Depois de uma espera que não foi pequena, porque as dificuldades sempre se fazem, eis que ele vem à luz, trazendo a sua contribuição para o esclarecimento das verdades espirituais, aquelas das quais ninguém foge e com as quais todos devem se deparar um dia, trazendo, também, muita alegria a Eça de Queirós, por ver quitado o compromisso assumido no Mundo Espiritual, com o protagonista deste livro, que desejava trazer a público a sua história, a que foi além dos anais deste País, a que foi além da História conhecida por todos.

Se este momento está sendo possível, cumpre-nos agradecer, em primeiro lugar, a Deus e a Jesus que nos permitiram realizar essa tarefa, a Eça que a colocou em nossas mãos e tem sido um amigo sempre presente, aos benfeitores espirituais que tanto nos têm amparado e protegido, e a todas as pessoas que, de uma forma ou outra, colaboram conosco.

Dentre estas, porém, ressalto o senhor Amélio Fabrão Fabbro Filho, amigo que sempre se interessou por esse trabalho, apoiou a sua realização, e foi o responsável pelo abrir de portas a essa obra que começa a cumprir os objetivos para os quais foi trazida até nós, os encarnados. Ainda mais, foi o instrumento do qual a Providência Divina se utilizou para forjar um "acaso", a fim de que o planejado se cumprisse e nós tivéssemos, das mãos do Dr. Elias Barbosa, baluarte da Doutrina Espírita, o excelso estudo que realizou sobre o autor espiritual, Eça de Queirós, de cuja identidade ele nunca duvidou, e a quem desejo expressar também o meu agradecimento eterno.

Wanda
Araraquara, 30 de julho de 1998.

Índice

AGRADECIMENTOS 5
PALAVRAS DO AUTOR 9

PRIMEIRA PARTE
NO PLANO TERRESTRE 13

1 – EM RETORNO 15
2 – A CHEGADA DA OPORTUNIDADE 23
3 – A REVOLUÇÃO DE 1932 31
4 – CONSTITUIÇÃO DE 34 37
5 – O LEVANTE COMUNISTA DE 35 41
6 – O GOLPE DE ESTADO 45
7 – O ESTADO NOVO 49
8 – REVIDES 55
9 – LUTA PELA REDEMOCRATIZAÇÃO 59
10 – COMO NÃO PARTICIPAR? 65
11 – NOVA OPORTUNIDADE 69
12 – SOLUÇÃO DEFINITIVA 73

SEGUNDA PARTE

NO MUNDO ESPIRITUAL 79

1 – INCONSCIÊNCIA 81
2 – VISITA ESCLARECEDORA 91
3 – RESTABELECIMENTO 101
4 – DEPARTAMENTO DOS RECUPERADOS 111
5 – ARQUIVO DE PLANIFICAÇÃO 119
6 – PRELEÇÃO DO MENTOR 129
7 – NOVA ATIVIDADE 135
8 – PRIMEIRAS PREOCUPAÇÕES 145
9 – FATOS E ANÁLISES 153
10 – SONHO OU REALIDADE 169
11 – ELUCIDAÇÕES VALIOSAS 175
12 – O GOLPE CONTRA SI PRÓPRIO 183
13 – O ESTADO NOVO SOB OUTROS OLHOS 193
14 – HIATO DE TERNURA 203
15 – HUMILHAÇÃO E ORGULHO 211
16 – OPORTUNIDADES 223
17 – O ATO FINAL 229
18 – LEGADO DE MORTE 235
19 – ORIENTAÇÕES 241
20 – SURPRESA RECONFORTANTE 249
21 – ENTREVISTA COM O MENTOR 259
22 – NUM TEMPO REMOTO 267
23 – CONSCIÊNCIA PLENA 277
24 – EM TAREFA 285
25 – UM NOVO LEGADO 293
ESPIRITUALMENTE RENOVADO, O VELHO EÇA DE VOLTA 303

Palavras do autor

Ao desejarmos escrever esta obra que se inicia com estes preâmbulos, queríamos apenas que fosse revelado ao mundo aquilo que, muitas vezes, fica escondido no recôndito dos corações dos protagonistas.

Levados por motivos inexplicáveis para nós, veem-se enredados em situações difíceis, em situações que os fazem praticar atos degradantes, mas que, aos olhos do Pai, têm sua razão de ser.

Não que o Pai deseje que Seus filhos não pratiquem as virtudes deixadas e ensinadas por seu Filho, quando aqui esteve, mas, enredos antigos os levam a ações que os degradam, e Deus o permite, primeiro, porque existe o livre-arbítrio, e depois, porque não conhecemos o outro lado – o lado espiritual – que muito explicaria, mas os que aqui vivem, não o sabem!

Meu desejo é trazer esta história, de forma a que todos entendam o que se passou com a nossa personagem principal, como também com aqueles que com ele conviveram. Todos os atos que praticou, tudo o que o enredou, até que chegasse àquele final, já conhecido de todos nós. Mas, como tudo tem sua explicação, o ato final a terá também!

Aqueles que o amaram, e foram muitos, sentir-se-ão felizes! Os que o odiaram, terão a oportunidade de examinar melhor as razões que o levaram a atos com os quais nem sempre concordaram, mas que entenderão agora.

Compreenderão que cada um, ao nascer, traz, em linhas gerais, as tarefas que devem executar, em todos os campos. Aqueles que têm a missão de dirigir nações trazem consigo, muito mais definido ainda, muito mais forte, impregnado em todo o seu ser espiritual, o que devem realizar.

Muitas vezes, porém, essas realizações ficam aquém das planejadas, pelos interesses materiais que passam a ser outros. Entretanto, em meio a tudo isso, medidas importantes são tomadas em favor da causa que abraçaram, e tudo lhes é computado quando daqui partem – nem sempre felizes como desejavam, nem sempre satisfeitos consigo próprios, mas com a certeza de que algum bem foi realizado. E essa nossa personagem realizou muito!

Isso foi para ele a luz de que necessitava, para que as sombras que se fizeram, em razão de outros atos, pudessem ser menos escuras!

Este livro não pretende ser nenhum documento histórico, que destes, as bibliotecas estão cheias.

Era necessário, contudo, que alguns atos que envolveram o homem político Getúlio Vargas, fossem revistos, para que os propósitos de Getúlio Vargas, Espírito, fossem melhor compreendidos.

Por isso, a primeira parte desta narrativa se constitui num relato sucinto dos principais fatos que marcaram a passagem da nossa personagem, pelo plano terrestre.

Aqueles que com ele conviveram, aqueles que não o conheceram, mas tiveram notícias através dos compêndios históricos, recordar-se-ão. Os que nenhuma dessas oportunidades tiveram, que o saibam agora, para compreenderem a intenção mais profunda que levou nosso irmão – num ato de grande humildade, talvez estranha para os que o conheceram – a desejar que seu exemplo aqui fosse trazido, revelando o outro lado – aquele que a história não conhece, aquele que faz parte do âmago do seu ser espiritual, com suas vitórias, suas falhas e sofrimentos, numa advertência aos que ainda aqui permanecem, mas que, mais dia, menos dia, terão de se defrontar com a realidade do Mundo Espiritual.

Eça de Queirós
Araraquara, 17 de novembro de 1992.

Primeira Parte

No plano terrestre

"Saio da vida para entrar na história"

Capítulo 1

Em retorno

No Mundo Espiritual há muitos recantos, muitas colônias, onde Espíritos necessitados de refazimento, de atendimento espiritual, se abrigam, para desfazerem enganos, erros cometidos, e restabelecerem o equilíbrio, ou prepararem-se para novas oportunidades redentoras, no plano terrestre.

Assim, numa pequena Colônia, afastada deste orbe, muitos irmãos aguardavam a oportunidade de retornarem, para cumprirem as promessas feitas, e colocarem em prática o que planificaram, tendo em mente os mais sublimes desejos de colaborarem, para minorar um pouco mais o sofrimento dos seus habitantes.

A Terra é um lugar de muito sofrimento! É nela que os resgates são efetuados, e os acertos, diante de propósitos realizados, levados a efeito.

Muitos desejam conviver com aqueles que lhes foram inimigos em encarnações anteriores, visando a uma reconciliação, visando a amparar suas necessidades, reerguendo os que se encontram em situação difícil e em estágios evolutivos diferentes.

Há, porém, aqueles que desejam trabalhos maiores, objetivando não apenas um Espírito inimigo, ou o reerguimento de um ente querido decaído. Há Espíritos que têm em mente, não só um círculo pequeno e acanhado que se reúne dentro do lar, mas pretendem muito mais!... Visam a ajudar, a fazer progredir toda uma cidade, um estado, ou mesmo uma nação.

São os idealistas, amantes da Pátria, e desejam fazê-la crescer, equiparando-a às grandes nações do Universo. Desejam ajudar a reerguer todo um povo sofrido e sacrificado, proporcionando-lhe oportunidades para uma vida mais feliz, dentro de condições de trabalho digno e construtivo, atendendo às suas necessidades particulares, pois que, do trabalho de todos, a nação cresce, progride, enriquece!

Esse é o objetivo de alguns que partem do Mundo Espiritual, para levarem à Terra a sua colaboração, em um país que amam e desejam vê-lo evoluído.

Se voltarmos nossos olhos àquela pequena Colônia, localizada num dos espaços siderais, vamos encontrar uma entidade feliz, idealista, planejando, organizando empreitada, submetendo seu plano à aprovação de Mentores maiores. Um trabalho muito bem concatenado, para que, ao retornar, pudesse executar o que desejava.

E o desejo daquela entidade era ser o mandatário supremo de uma nação! Desta Nação amada, desta Nação tão carente, tão sofrida, e com tanta urgência de ser bem organizada, de progre-

dir, de saciar tanta fome, de cobrir tantos corpos desnudos.
Como seus objetivos eram nobres! Como sua planificação era sublime! A dedicação, a renúncia com que se aplicaria nessa tarefa, era a mais abnegada possível, a mais nobre, a mais bela. Era um idealista! Mas a Nação precisava desse idealista, precisava de vontade firme, para que essa planificação fosse executada, e este País, organizado adequadamente!
As promessas eram efetuadas, os planos arquitetados e, diante de tanta convicção, a aprovação foi conseguida.
Tudo fariam a fim de que aquela entidade, no momento certo, reencarnando, tivesse as facilidades para colocar em prática plano tão elevado, tão direcionado às urgências desta Nação!
Quando tudo estava já delineado, a preparação para a reencarnação se iniciou.
Para tais propósitos, a família era importante! Os ideais dos pais colaborariam na concretização dos ideais do filho. Assim também, unindo necessidades afetivas do passado, unindo objetivos que seriam postos em prática, a família foi preparada para receber aquela entidade, que deveria se tornar, um dia, um grande defensor da Nação, aquele que teria em suas mãos, os cordéis para manejar em favor dos necessitados! Aquele que traria o desejo de promover o seu crescimento, levando consigo o progresso de cada indivíduo, livrando-o da miséria e proporcionando-lhe também oportunidades para tantos colaborarem. Cada ser vivente, diante de uma nação, é uma peça importante a contribuir para o seu crescimento!
Escolhida a família, dentro do que era essencial, iniciou-se a preparação do Espírito. Quando aqui chegasse, trazendo em si, do Mundo Espiritual, aquela semente, deveria encontrar as condições para a germinação no tempo certo.
Aquele preparo, imprescindível ao Espírito, para esquecer as existências anteriores e viver tão-somente restrito ao que idea-

lizou, foi efetuado. Aconselhamentos realizados, enfim, tudo o que se executa nesses momentos para que, ao chegar ao mundo dos encarnados, haja apenas a semente para a germinação futura, contendo em seu cerne o firme desejo de conseguir o que prometeu, através dos planos arquitetados, sem nem mesmo ter ciência dos compromissos assumidos.

É um período de desligamento das lembranças do Mundo Espiritual, favorecendo a visão do futuro, deixando solidificadas no seu íntimo, para trazer ao plano terrestre, as convicções a serem concretizadas no momento adequado.

Completada essa preparação, aquela entidade, com uma missão muito importante, era trazida ao orbe terrestre, para uma pequena cidade do Rio Grande do Sul, a fim de vir à luz.

Passado o tempo necessário à formação do corpo, e os primeiros vagidos fossem dados diante da luz terrestre, diante do sorriso dos pais felizes, eis que aquele Espírito, já encarnado naquele corpinho frágil, é colocado nos braços dos pais, que o batizaram com o nome de Getúlio – Getúlio Dornelles Vargas! Aquele que trazia, sem que ninguém o soubesse, uma bagagem direcionada ao País, ao povo de sua terra, a toda esta Nação Brasileira!

A alegria de receberem aquele entezinho no lar foi muito grande, e confirmava os anseios dos pais, quando um bebê chega, satisfazendo muito mais ainda o orgulho do pai, que sempre deseja receber filhos homens.

Ao saber que era mais um homenzinho que chegava – o terceiro de seus filhos, também homens, – e, de acordo com suas próprias tendências, já prenunciava o seu futuro:

— Quero fazer dele um militar, aquele que um dia poderá ter cargos elevados dentro da Escola Militar, dentro do Exército, e, quiçá, do nosso País!

— Cuidado, querido, ele mal acaba de chegar, por que esses prognósticos tão longínquos? – contestava a esposa.

— É o que pretendo para ele, e tudo farei para conseguir!

Os pais sempre desejam fazer de seus filhos o que queriam para si próprios. Querem ver neles a continuidade de seus pendores e, quando não os conseguem para si, querem que os filhos o realizem.

O menino era forte, robusto, e logo estava andando, crescendo como todas as crianças, e, quando os pais dão acordo, já chega a hora de frequentarem uma escola. Isso também ocorria com o pequeno Getúlio.

Criado junto dos irmãos, distinguia-se sempre em inteligência, em agudez de espírito, demonstrando, desde os primeiros dias em que se sentou nos bancos escolares, a sua argúcia, perspicácia e aplicação. Por isso destacava-se e progredia.

Ele era a esperança e as alegrias do pai, também um lutador, um idealista, um defensor da Pátria! Tudo isso o menino ia presenciando e, mais ainda crescia em si a pequena sementinha que trouxera, para, no momento certo, germinar, trazendo bênçãos de flores em forma de amparo, de organização e em auxílio a todos, futuramente.

Os anos decorriam, a sua vontade era estimulada pela vontade do pai, que desejava vê-lo numa Escola Militar, e para isso preparava-se.

No entanto, para que esse sonho se concretizasse, precisava conseguir vaga, mas estava difícil. Elas eram poucas, principalmente àquelas que não traziam nenhuma experiência da vida militar. Assim, ingressou no Exército como soldado raso, e, no desempenho de suas tarefas, sofreu todas as vicissitudes a que estão sujeitos aqueles que abraçam tais funções.

Chegado o momento, ingressou na tão almejada Escola Militar, levando o ardor da juventude e o pai como modelo.

Era sempre o mais afoito, e não se adaptava muito bem a

seu regime, porque nem sempre concordava com as ordens dadas. Às vezes queria fazer à sua maneira, prejudicando o bom andamento do regimento interno, e não pôde permanecer por muito tempo. Não era considerado um bom exemplo aos obedientes, aos subordinados, e foi obrigado a deixá-la, quando seus companheiros provocaram uma insurreição.

Os que participam de uma corporação têm que ser submissos diante de imposições e de ordens, para que a paz interna não se perca, o mau exemplo não seja dado, a insubordinação não cresça e a ordem não degenere.

Assim, o jovem Getúlio abandonou a Escola Militar, para desgosto próprio e de seu pai, que demonstrou a sua decepção e até vergonha diante dos seus dirigentes.

Fora da escola que tanto ansiara frequentar, voltou a ser soldado, e, como teria que servir em Porto Alegre, resolveu, concomitantemente, ingressar no curso de Direito. Tinha que tomar uma atitude, precisava continuar os estudos, pois considerava-os importantes. O curso de leis seria muito bom, quem sabe o ajudaria a ser mais dócil, mais submisso.

Será que algum dia ele soube ser submisso a alguém, a alguma instituição? [1]

Nunca soube, nunca se submeteu, a não ser que para isso tivesse sido obrigado, quando interesses outros estavam presentes e, devendo demonstrar submissão, tinha já em mente como agir depois.

Durante a sua permanência em Porto Alegre, tomou contato com o meio político local, mantendo-se sempre atento às iniciativas governamentais. Durante esse período iniciaram-se as campanhas para a sucessão do Presidente do Estado, e Getúlio,

---

[1] — "Aprendeu a controlar seu temperamento impaciente, ardoroso, quase intempestivo, nas lides da própria experiência." – Alzira Vargas do Amaral Peixoto, em *Getúlio Vargas, Meu Pai*. – Editora Globo, pág. 4. – Nota da Médium.

já ligado à política, passa a escrever artigos em jornais. Em 1907 concluiu o curso de Direito.

A sua permanência em Porto Alegre lhe foi muito favorável para o que trazia em si, e pôde desenvolver, a par dos estudos, as suas tendências políticas.

Formado que foi, passou a ocupar o cargo de Promotor Público de Porto Alegre, e, como sói acontecer à maioria dos jovens, contraiu matrimônio com uma jovem de nome Darci Sarmenho.

A semente política remexia-se dentro de si, e ele voltava os olhos à Assembleia de Representantes do Estado, tendo para ela sido eleito no ano de 1909.

Passou a dividir o seu tempo entre a política, em Porto Alegre, e a advocacia, em São Borja, sua cidade natal. Permaneceu na Assembleia trabalhando em favor do povo, mas, revoltado por discordar de atitudes tomadas por seu partido, na pessoa do governador do Estado, Borges de Medeiros, resolveu renunciar a seu cargo.

Através de nova eleição, anos mais tarde, voltou à mesma Assembleia, conquistando a posição de seu líder, e, em seguida, também pelo voto, é levado ao Congresso Nacional, na investidura de Deputado Federal. Nesse período, muito auxiliou o seu Estado, sobretudo no momento em que, em 1922, rompeu com o governo federal e passou a apoiar o candidato da oposição. Houve um período de lutas, e ele conseguiu impedir que o governo federal interviesse. Nessa época, Getúlio Vargas, por obrigações de suas novas funções, transferia sua residência, com a família, para o Rio de Janeiro.

Mais tarde, quando o paulista Washington Luís foi eleito Presidente da República, convidou-o a fazer parte do seu ministério, entregando-lhe a Pasta da Fazenda, em cujo desempenho demonstrou muita seriedade e honradez.

A um deputado, ainda sem muita projeção em âmbito nacional, tal função ser-lhe-ia o prelúdio de oportunidades que lhe chegariam, satisfazendo a concretização de seus anseios políticos – aqueles que trazia em si!

Em 1928, é eleito Presidente de seu Estado!

Capítulo

2

A chegada da oportunidade

Preparavam-se, em âmbito nacional, algumas mudanças. Aproximava-se o período em que a sucessão presidencial começaria a ser tratada. O partido político do Presidente em exercício dominava todo o país, mas forças oposicionistas começavam a se formar.

Em São Paulo, a criação do Partido Democrático Paulista era uma demonstração de que nem todos estavam satisfeitos com a política vigente até então.

Ao mesmo tempo, no Rio Grande do Sul, a Aliança Libertadora também se formara, opondo-se à política do governo federal.

Para o momento político em que o País penetraria, essas duas forças opositoras se uniram, formando o Partido Democrático Nacional. Ao mesmo tempo, pela alternância que vinha ocorrendo, em relação à sucessão presidencial – alternância essa entre os Estados de Minas e São Paulo – o então governador de Minas, Antônio Carlos, com um passado de dedicação à vida pública, reconhecia-se no direito de ser o candidato às eleições, e, com os olhos voltados ao referido cargo, começava seus contatos políticos com bastante antecedência, diante do silêncio do Presidente Washington, quanto à aludida sucessão.

Mas eis que, contrariando as expectativas, o governo federal, sem o declarar abertamente, trabalhava a candidatura de Júlio Prestes – o grande defensor de seu plano financeiro na Câmara, e indicado posteriormente para governador de São Paulo – sobre o qual teria ascendência, a fim de dar continuidade ao seu projeto econômico.

Apesar de nada ter sido declarado publicamente, todos tinham como certa a candidatura Júlio Prestes, que, com o auxílio da máquina administrativa do governo, teria a vitória garantida.

Porém, o governador mineiro, que abrigava em si tal intenção, sentindo-se frustrado em seus anseios, recorre ao Rio Grande do Sul, para a formação de uma aliança, e ambos estatuírem uma candidatura de oposição ao Presidente.

O Estado do Rio Grande do Sul, que se via relegado ao esquecimento por não ver nenhum de seus filhos prestigiado com o governo federal, mostrou-se receptivo ao apelo dos mineiros, com a condição de que o candidato fosse gaúcho.

Minas concorda e, na Câmara Federal, os deputados de ambos os Estados começam a reunir adeptos. Promoveram a união interna do Rio Grande do Sul, e aliaram-se na luta de derrubada da oligarquia paulista, formando a Aliança Liberal. Lançaram como candidato, o então governador do Estado – Getúlio Vargas – que aceitou, depois de certa relutância, e, muito cuidadoso, comunicou-se com Washington Luís sobre a sua candidatura, colocando-se à disposição para qualquer entendimento. Mas o Presidente, em resposta, afirmou-lhe que todos os Estados eram unânimes em apoiar o seu candidato, com exceção da Paraíba, que a isto havia se negado.

Diante dessa afirmativa, e da recusa do governador da Paraíba, João Pessoa, em apoiar o candidato da situação, e, tendo-se aliado aos revoltosos, ele foi convidado para, juntamente com Getúlio Vargas, concorrer à vice-presidência.

O movimento crescia e o povo se empolgava! Mas, chegadas as eleições, em primeiro de março, o candidato presidencial foi o vitorioso em todos os Estados, menos naqueles que faziam parte da Aliança Liberal.

Os desmandos do Presidente, durante a campanha política, foram muito grandes, principalmente no combate aos adversários. Foram utilizados todos os recursos da máquina governamental, gerando ainda mais a indignação entre os adeptos da Aliança, e entre o povo por ela advertido.

Os ânimos estavam acirrados e preparavam um movimento, uma vez que, concluído foi, que nunca poderiam enfrentar essa máquina, nos moldes em que era manejada – só uma revolução solucionaria o problema!

Borges de Medeiros, ex-governador do Rio Grande do Sul, em entrevista a um jornal, aconselhava a todos que aceitassem pacificamente o resultado das eleições, mas viram-se impedidos, quando o próprio governo, usando de arbitrariedade, não reconheceu os candidatos eleitos pela Aliança.

Entretanto, um acontecimento, entre todos, seria o estopim que viria a incendiar os corações de revolta, de tristeza, de consternação! – Foi o assassinato, no Recife, de João Pessoa!

A partir daí, nada mais deteria os revoltosos!

Borges de Medeiros também aderiu ao movimento, convidando um oficial nordestino que a eles se juntara – Góis Monteiro – para prepará-lo. Em reuniões constantes de preparações e estratégias, designaram o dia 3 de outubro, para o início do movimento. Tudo o que lhes pudesse oferecer resistência ou perigo, seria alvo de controle e até de ataques. O entusiasmo, em quase todos os Estados, era grande! Por conveniência de estratégia, São Paulo e Rio de Janeiro foram deixados para o final das operações.

No momento combinado, as diligências se efetivaram, e iniciada foi a revolta, em diversos pontos do País, com muita precisão. Por onde passavam, iam rendendo as forças de resistência, depondo governadores, até que chegariam a São Paulo, o Estado que lhes trazia um pouco mais de preocupação.

Getúlio Vargas, deixando o governo de seu Estado a Osvaldo Aranha, comandou pessoalmente os contingentes que partiram do Sul.

Ao mesmo tempo em que essa operação se desenvolvia, no Rio de Janeiro, um grupo de generais envidava esforços para que o Presidente Washington Luís se reconhecesse derrotado, e renunciasse pacificamente.

Ele, entretanto, resistia, mas acabou sendo convencido pelo cardeal Leme, cujo auxílio Mena Barreto e os outros generais solicitaram, para que uma solução pacífica fosse encontrada. Vendo-se sem condições de resistência, cedeu aos seus apelos e entregou a Presidência.

Era o dia 24 de outubro de 1930!

Foi organizada uma Junta Militar Pacificadora, que governou até 3 de novembro, quando o poder foi passado a Getúlio Vargas – comandante da revolução.

Os propósitos realizados no mundo espiritual cumpriam-se! O cargo que desejava, viera-lhe às mãos, no momento em que lhe fora entregue o governo, embora o fosse provisório.

A oportunidade chegava-lhe! O desejo maior de ser o chefe

desta Nação abençoada por Deus, concretizava-se. A necessidade deste País submisso e dócil, com todas as suas riquezas, com todas as suas deficiências, estava aberta amplamente à sua frente. Ele era o seu chefe supremo! Tudo o que havia preparado em objetivos, em favor de tantos, poderia ser colocado em prática.

Os amigos espirituais que sempre se dispõem a ajudar aqueles que partem do Plano Espiritual, trazendo tarefas tão importantes, estavam a postos para ampará-lo, orientá-lo e fazê-lo lembrar, de forma intuitiva, e como ideias, os propósitos previamente estabelecidos.

Ele não chegava ao governo como deveria ter sido, a aclamação popular, pelo voto da maioria! Mas, já lá estava! Bastava apenas que fosse receptivo aos amigos que se comprometeram a protegê-lo e ampará-lo.

O corpo é uma barreira de esquecimento! A convivência, os interesses pessoais de cada um, fazem com que, muitas vezes, promessas realizadas fiquem esquecidas, mas os amigos, junto dele, o auxiliariam.

A par dos amigos espirituais, um chefe de nação tem que se acercar de outros aqui deste plano, que nem sempre são verdadeiros, pois querem, também, ver concretizados os seus interesses. Um chefe de nação, embora tenha o poder nas mãos, tenha a palavra final, muito realizam aqueles que o assessoram, tanto ajudando-o, como desviando-o dos objetivos para os quais aqui veio, e para os quais foi levado ao cargo máximo.

Assim, entregue o governo em suas mãos, provisório seria, até que o País se organizasse e os ânimos da revolução se acalmassem.

Providências deveriam ser tomadas, e começaram pelo fechamento do Congresso Nacional, das Assembleias Estaduais e das Câmaras Municipais, centralizando o poder no Executivo, reforçando a sua autoridade. Criou-se um Ministério, cujas pastas foram confiadas aos companheiros que o auxiliaram nessa escalada.

Tomadas essas medidas, o governo começou as suas atividades sem um programa anteriormente estabelecido, o que veio a gerar maiores dificuldades.

O País estava desorganizado em decorrência do próprio momento político e administrativo que vivera, e os problemas aguardavam soluções.

A organização política dos Estados era importante, e, para isso, começou-se por nomear interventores, diretamente ligados ao poder central, em lugar de governadores, resultando assim, no controle ou na supressão da autonomia de que cada Estado gozava.

O poder centralizava-se, acumulando as funções executiva e legislativa, ampliando a autoridade federal a que os interventores estavam subordinados. Aqueles que não acreditaram no sucesso da revolução, os adversários da Aliança Liberal, já criticavam as medidas do governo que começava, por isso, a ser combatido.

Com a nomeação dos interventores, o País ia se organizando, mas faltava São Paulo, ao qual o governo teria que dispensar uma atenção especial, por algumas razões de grande relevância no momento político e no concerto geral da Nação. Era o Estado mais rico da Federação, muito bem localizado, com a prerrogativa das facilidades que o progresso econômico lhe conferira, e nele se localizava a grande força política – o P R P – que, embora abatido, dominara o País durante algumas décadas, e, ao qual pertencia o governo deposto, ainda respeitado pela sua grande maioria.

O Partido Democrático, que combatera na revolução, esperava ser agraciado com a escolha do interventor, dentro do seu partido. Mas, eis que, não só para surpresa, mas descontentamento geral, Getúlio Vargas nomeia um líder revolucionário, o tenente João Alberto, e outro líder, Miguel Costa, também tenente, para o cargo de chefe de polícia.

A pressão dos paulistas contra João Alberto, foi de tal monta, e chegou a gerar uma crise tão séria, que ele, após alguns meses, demitiu-se para salvaguardar a integridade do governo federal, já então ameaçada.

O governo desenvolvia o seu trabalho baseado em correntes divergentes – o Partido Democrático de São Paulo, que tinha como adeptos uma parte da classe média e os antigos cafeicultores, lutando por um governo constitucional, por eleições livres e pelas liberdades civis. Outra corrente era a defendida pelos militares, por um outro setor da classe média, e os operários, que desejavam um governo centralizado, forte, e com unidade nacional, rejeitando as oligarquias agrárias, principalmente a cafeeira. Esse ponto de vista era defendido pelos tenentes, em sacrifício mesmo dos ideais democráticos, com o intuito de promover mudanças sociais e econômicas.

Criou-se o Clube 3 de Outubro, formado pelos tenentes, combatentes na revolução, com a finalidade de dar apoio ao governo. A presidência foi entregue ao general Góis Monteiro.

Foi um período que coincidiu com a crise mundial, cujos reflexos foram sentidos aqui também, pela diminuição da exportação do principal produto do País – o café – trazendo consequências no seu valor de mercado, que teve seu preço diminuído. Criou-se, em decorrência disso, o Conselho Nacional do Café, que, com intenção de melhorar os preços, incinerou milhões de sacas do produto.

A revolução, que tinha sido levada a efeito, sobretudo para dirimir uma crise gerada em decorrência do predomínio das oligarquias cafeeiras, nada estava conseguindo realizar em favor dos outros produtos, e os problemas continuavam.

Desempregados havia muitos! A insatisfação dos que sofriam era grande e constituía uma ameaça ao governo. Os desempregados reuniam-se em praças públicas, tanto no Rio de Janeiro quanto em São Paulo, à espera de soluções. Essa situação de dificuldade entre o proletariado facilitava a penetração e expansão dos comunistas, que, mesmo na ilegalidade, estimulava-os à rebelião, provocando a desordem, principalmente nas capitais.

Os que trabalhavam, faziam-no em péssimas condições, e a Aliança Liberal entendeu que algumas providências, em favor dos trabalhadores, deveriam ser tomadas.

Assim, o Ministério do Trabalho, criado logo após a instalação do governo provisório, tendo como seu Ministro, o senhor Lindolfo Collor, tomou diversas medidas que satisfizeram, em parte, algumas das reivindicações trabalhistas. Mas, ao mesmo tempo, reteve para si o controle das atividades sindicais, terminando com a sua liberdade e tomando ainda outras medidas que desagradaram os operários, como a proibição de greve e a suspensão temporária de férias.

Terminada a liberdade sindical, outra atitude governamental seria necessária – o combate aos comunistas, deturpadores da ordem. As perseguições começaram, e os presos eram enviados à Colônia Correcional de Ilha Grande. Essa perseguição não se limitou somente aos comunistas ou supostos comunistas, mas se estendeu também aos políticos do governo anterior.

A imprensa passou a ser censurada, através de normas estabelecidas pelo então Ministro da Justiça, Osvaldo Aranha, sob pena de fechamento, em caso de desobediência.

Muitas sublevações, em diversos pontos do País, estavam surgindo, mostrando a insatisfação popular pelo governo revolucionário.

Capítulo

3

A revolução de 1932

Getúlio Vargas era o mandatário maior desta grande Nação, tão cheia de problemas aguardando soluções. Tivera em suas mãos o poder de mando, há um ano já. As circunstâncias que o levaram ao posto, por demais conhecidas, deixaram-no aturdido, e trabalhara sem um projeto definido, lutando por firmar-se no governo, desprezando antigos ideais tão proclamados por ocasião do momento revolucionário.

Contudo, se não os tinha de forma sólida, elaborados aqui neste plano, trazia os outros, arduamente trabalhados dentro de propósitos tão sublimes de renúncia de si próprio, de dedicação e de trabalho incansável, para reerguer esta Nação sofrida, proporcionando-lhe oportunidades de grande progresso individual e coletivo.

Mas, após esse ano de governo, perguntamos: Havia realizado aquilo que planejara? Havia sido feliz no seu desejo de ajudar o povo? Havia agido, ordenado e comandado corretamente, dentro dos princípios que devem reger a integridade de caráter, o espírito humanitário e, ao mesmo tempo, enérgico? Teria realizado tudo, ou, pelo menos um pouco do que desejava, em prol de seus irmãos de nacionalidade?

Deus o julgaria! E nós, continuaremos a narrar os fatos que se sucederam.

Terminado esse primeiro ano, o país estava praticamente acomodado, porém, o maior Estado, o mais rico, o mais progressista, vira-se lesado em seus mais elevados anseios. Tivera o seu governo deposto e o partido dominante vencido. Os paulistas – que é do Estado de São Paulo que falamos – não se conformavam e envidavam todos os esforços para retomar o poder. No entanto, o governo provisório munira-se da arma com que contava, em razão de seus interesses – não nomear um paulista para a interventoria – podando, pela raiz, qualquer tentativa que pusesse em perigo a sua permanência no poder.

Quando da nomeação de João Alberto, os ânimos de São Paulo recrudesceram, e eles, que viam, no seu Estado, pessoal capacitado para desempenhar tal função, não se conformaram e o combateram o mais acirradamente que puderam, até que, desprestigiado, ao cabo de algum tempo, demitiu-se do cargo.

Entretanto, o governo federal tinha que se precaver, e essa era a forma.

Alguns outros interventores foram nomeados, mas sempre tiveram a hostilidade do povo, que queria no poder um paulista e civil, o que conseguiram depois, na pessoa de Pedro de Toledo.

O PRP, alijado do governo federal, procurava reforçar-se. Era um partido tradicional, com longa permanência no poder, e tinha como adeptos os velhos coronéis, a aristocracia cafeeira, mas precisava modernizar-se, atingir outros setores da sociedade. Em vista disso, procurou infiltrar-se entre os jovens, sobretudo os universitários, concitando-os a lutarem pela reconquista do poder.

A 25 de janeiro, data do aniversário da cidade, organizaram um grande comício, propondo uma luta em favor da constitucionalização do País, reivindicação que já era um dos motivos de seus empenhos.

O PRP e o PD aproximavam-se, e, imbuídos que estavam do mesmo ideal, resolvem se unir completamente, formando uma ampla Frente Única, em favor dos ideais constitucionalistas e o fim do governo provisório.

Em 23 de maio, estudantes e outros revoltosos procuram combater alguns jornais e entidades que davam apoio ao governo federal, provocando um tiroteio, durante o qual quatro jovens universitários perderam a vida. Com as iniciais de seus nomes, formou-se a sigla que passaria a ser o símbolo da revolução – MMDC.

São Paulo começa a formar seus contingentes, recrutando até mesmo voluntários! Ao mesmo tempo, a situação do governo federal agravou-se em decorrência de uma crise nos meios militares, e, muitos dos que haviam apoiado a revolução de trinta, passaram a integrar o movimento paulista, lutando ao lado deles, visando à destituição do governo provisório. Era o auxílio de forças federais que lhes chegava, e também o apoio do seu interventor, Pedro de Toledo.

Getúlio Vargas, ciente de toda essa situação, convocou o general Góis Monteiro para organizar a defesa do Rio de Janeiro, tanto por mar quanto por terra. Mas ele não se limitou só ao que lhe fora solicitado, e ainda enviou tropas de encontro aos revoltosos.

Três grupos foram formados – um avançando pelo vale do

Paraíba, outro pela Mantiqueira e outro vindo do Sul, comandado por Benjamim Vargas, irmão do Presidente.

As lutas iniciadas a 9 de julho prosseguiram até setembro. São Paulo não tinha condições de continuar. Não esperavam que se prolongassem tanto. Faltavam soldados, e os que resistiam, estavam cansados e descontentes. Faltavam armas e munições, que não poderiam ser supridas, pelo bloqueio do porto de Santos, ordenado por Getúlio Vargas, apesar das resistências de Pedro de Toledo. As indústrias não tinham condições de repô-las.

As forças federais avançavam mais e mais. O general Klinger, comandante da revolução, ex-participante da deposição do antigo Presidente, resolve pedir um acordo de paz, que foi tratado com Góis Monteiro, tendo este sido firmado em primeiro de outubro.

São Paulo, aparentemente, estava derrotado, mas lutara por um ideal que foi conseguido. O governo federal sentiu-se compelido a atender as suas exigências, e as eleições foram realizadas, a constituinte votada e, em 1934, a nova Constituição entrava em vigor.

Para a alegria de São Paulo, foi nomeado para o seu governo, Armando de Sales Oliveira, paulista e civil, como era o desejo de todos.

O Presidente estava feliz. Tudo o que planejara fora realizado. As suas manobras, as suas reuniões, as suas ordens, os seus comandados, enfim, tudo havia saído a contento. Conseguira realizar os seus objetivos, e, nesse primeiro problema um tanto mais sério, desde que investido do cargo de governo, embora provisório, pôde demonstrar a inteligência, o poderio, e a força de liderança de que era dotado, juntamente com alguns de seus auxiliares fiéis e dedicados que, às vezes, tomavam até decisões por ele, orientando-o quanto à melhor forma de agir.

Estava feliz, conseguira vencer a rebelião de São Paulo, e

tinha o apoio de quase todo o resto do País. Convocara forças, planos foram arquitetados e vencera. Julgava ter se saído fortificado desse engenho, e ciente de que não encontraria mais oposição para o que desejasse, pretendia se reafirmar ainda mais.

Capítulo

4

Constituição de 34

Quase todos os estados estavam acomodados, com exceção do Rio Grande do Sul, justamente a terra natal de Vargas, onde um certo descontentamento abalava o seu prestígio de Presidente. Após a revolução paulista, através de antigos partidos tradicionais que se uniram para formar a Frente Única, esse mesmo Estado criou o Partido Republicano Liberal.

O Clube 3 de Outubro formou outro partido – o Socialista – que pretendia se infiltrar nas classes operárias, e, para isso, criou uma Ação Trabalhista.

Getúlio Vargas, com sua habilidade e astúcia, soube manejar muito bem as bases de ambos os partidos e assim conseguiu, por esse meio, conquistar a classe trabalhadora.

Foi organizada uma comissão para elaborar um Código Eleitoral, no mesmo ano de 1932, cujos resultados, após aprovados, foram incluídos na Constituição. Ele concentrava em si algumas das aspirações de muitos, principalmente as dos revoltosos paulistas.

Através desse novo Código, a idade mínima para exercer o direito de voto, antes 21 anos, passava para 18, e as mulheres, que não tinham esse direito, passavam a tê-lo. Incluídos foram também os deputados classistas, por exigência de Vargas, eleitos pelos sindicatos profissionais de patrões e empregados, com as mesmas prerrogativas dos outros. Era uma forma de ter quarenta operários na Constituinte, e um meio de o próprio governo central ter mais controle sobre a Assembleia. Foi criada também a Justiça Eleitoral.

As eleições foram realizadas normalmente, sem maiores problemas, e, em São Paulo, foi eleito um governador civil e paulista, como desejavam, Armando de Sales Oliveira, anteriormente nomeado pelo governo federal para o cargo de interventor.

No Rio Grande do Sul, elegeu-se Flores da Cunha, através do Partido Republicano Liberal, e, nos outros Estados, principalmente nos do Norte, onde os tenentes eram os interventores, passaram a ser seus governadores, através do voto.

A Assembleia Constituinte instalou-se em novembro de 1933, já tendo em mãos um anteprojeto que lhe fora entregue por uma comissão composta de juristas e políticos, nomeada pelo governo federal.

A nova Constituição foi aprovada em julho de 1934, e constava de suas disposições transitórias a eleição indireta para Presidente da República. Assim, Getúlio Vargas, obtendo a maioria dos votos, seguido por Borges de Medeiros, foi eleito para um mandato que deveria durar até 3 de maio de 1938, quando passaria o cargo ao novo Presidente eleito, através das eleições que se realizariam em janeiro do mesmo ano. A Assembleia Constituinte foi transformada, a seguir, em Câmara de Deputados.

Essa nova Constituição demonstrava o interesse do governo pelo campo social, quanto à saúde, educação e trabalho, e incluía, em um dos seus artigos, alguns direitos que seriam garantidos aos trabalhadores, preocupação essa que nunca fizera parte das anteriores. Era a primeira que legislava a favor deles, assegurando-lhes um salário mínimo, uma jornada de trabalho de oito horas, descanso semanal e férias remuneradas, indenização por dispensa sem justa causa, proibição de trabalho aos menores de 14 anos, assistência e licença à gestante. Criou também a Justiça do Trabalho.

A par disso, liberou a atividade dos partidos, entre os quais o Comunista, que até então agia na clandestinidade, e a Ação Integralista, criada em São Paulo por Plínio Salgado, comprometendo os ideais democráticos.

Essa Constituição teve curta duração, pois, no ano seguinte, o país passou por diversas crises, obrigando o governo federal a decretar Estado de Sítio, e assim os seus direitos foram suspensos.

Capítulo

5

O levante comunista de 35

As oportunidades favoreciam o primeiro mandatário da Nação. Era Presidente eleito, e, no entanto, não se encontrava satisfeito. Obrigado pelo que impunha a Constituição, seu tempo de governo estava já determinado e, em poucos anos expiraria. Tudo terminaria, tudo passaria, mas o desejo de continuar era grande, embora inconfessável. Para isso utilizava-se de todas as oportunidades, e, juntamente com seus comandados, ia preparando o que mais ambicionava. Todas as suas atitudes eram profunda e anteriormente manipuladas, visando a um único objetivo.

O partido Comunista era um desses pontos que lhe favoreceria situações para serem trabalhadas. Pretendendo promover a defesa do povo, estimulava-o a lutar por seus direitos, o que nem sempre era realizado de forma pacífica, ocasionando a desordem social.

Liberados pela própria Constituição, comunistas e integralistas passaram a propiciar ao governo os ensejos de que necessitava. Os integralistas, a princípio opositores de Vargas, uniram-se a ele, numa comunhão de interesses, para mais facilmente combaterem os comunistas que temiam, gerando a desordem. A conturbação se disseminava pelo País, e, nessa ampla liberdade de ação, comprometiam a democracia, favorecendo a Vargas, o golpe que de há muito preparava.

Luís Carlos Prestes, capitão revolucionário liberal, que comandara a coluna Prestes por todo o país, exilado em Buenos Aires, voltou-se ao marxismo, rompendo com a coluna, e, após a promulgação da Constituição de 34, ingressou no Partido Comunista.

Em alguns países da Europa, bem como nos Estados Unidos, o desemprego era grande. Muitos dos reflexos de acontecimentos no exterior, eram sentidos aqui. O principal deles foi o nascimento do nazismo. Hitler, através de um golpe, tomou o poder, derrotando o partido comunista alemão. Ao mesmo tempo surgia um movimento revolucionário anticapitalista mundial, e, em muitos lugares, os comunistas fortaleciam mais o seu poderio e suas ideias. O fascismo foi uma forma de proteção aos capitalistas, que se viam ameaçados.

Crescia também um movimento que se apresentava como uma contraofensiva a esse tipo de reação. Isso se concretizou na formação de Frentes Populares, que congregavam os operários de esquerda.

Aqui, essas Frentes, a exemplo do exterior, tiveram sua instalação através da Aliança Nacional Libertadora, com características próprias locais, e que conseguiu, num curto espaço de tempo, arrebanhar as massas populares, sobretudo as classes médias e o proletariado, tendo, na sua retaguarda, o comando comunista, sob a orientação de Prestes. Quando ele retornou ao Brasil, depois da instalação da Aliança, vinha para chefiar a sublevação e, a partir daí, passou a comandar efetivamente o Partido Comunista. Trouxe consigo sua esposa, Olga Benário, comunista, de nacionalidade alemã.

Os objetivos básicos da Aliança Nacional Libertadora eram, entre outros, a luta pela suspensão do pagamento da dívida externa, pela nacionalização das empresas estrangeiras, pela entrega de terras dos grandes proprietários aos trabalhadores rurais e camponeses.

A polícia não reprimia os passos de Prestes, mas, atenta, deixava-o agir livremente, como resultado de um plano de Vargas, para atingir os fins que colimava.

Em julho de 1935, um manifesto de Prestes surpreende a população. Graves acusações nele contidas, contra o governo de Vargas, eram o móvel principal que concitava a todos para a insurreição, mostrando as vantagens da instalação de um governo popular revolucionário. Homens de sua confiança foram enviados a todos os Estados para preparar o movimento.

As lutas que se travavam entre os integralistas e a Aliança estavam gerando conflitos por todo o país, muitos dos quais incitados pelo Presidente Vargas, sempre ciente do que se planejava, pela penetração de elementos de sua confiança nesses meios. Tudo em razão dos planos que elaborava.

Surgiram muitas greves, a agitação se espalhava, deixando por todo o país muitos mortos e feridos.

Quando Vargas tomou conhecimento do manifesto de Prestes, expediu um decreto, fechando, por seis meses, todos os núcleos da Aliança Nacional Libertadora.

Essa atitude veio fortalecer o integralismo e sua união

maior com Vargas, porém, não impediu que a Aliança continuasse a subsistir na ilegalidade, estimulando-a a marcar com maior determinação, a data para a insurreição.

O dia 27 de novembro foi o escolhido para o levante em todo o país, mas, manobras utilizadas, fizeram com que eclodisse em datas diferentes, nos diversos lugares, perdendo assim a sua força.

Como o governo estava sempre muito bem informado, e, sabedor de que reservavam para o dia 27 graves acontecimentos para o Rio de Janeiro, já no dia anterior, através de um decreto, declarava Estado de Sítio, para todo o território nacional.

A rebelião foi iniciada em alguns pontos do Rio, mas sufocada logo em seguida, graças aos bons préstimos do general Dutra.

Foi um período de terror! A polícia praticou atos de crueldade sem conta. Prendeu indiscriminadamente sem verificar classe social ou política. Prendeu comunistas e membros dirigentes da Aliança. Foi efetuada também a prisão de Olga Benário, a esposa de Luís Carlos Prestes, grávida, que, enviada de volta à Alemanha, morreu num campo de concentração.

Luís Carlos Prestes, assumindo toda a responsabilidade do levante, foi preso e julgado pelo Tribunal Militar.

Após esse período difícil da revolução, Vargas conseguiu do Congresso algumas emendas constitucionais, outorgando-lhe certos direitos, que traziam em seu cerne o germe ditatorial.

A partir daí, a terra estava preparada para nela ser lançada a semente da ditadura. Juntamente com as forças militares e conservadoras, e os integralistas, tendo como pretexto o comunismo, ele começou a preparar o golpe de 37. Mas, na realidade, a sua intenção era outra – era pessoal. O seu mandato terminaria com as eleições de 4 de janeiro de 1938.

Capítulo

6

O golpe de estado

Os ânimos efervescentes da revolução de 35 acalmaram-se, graças aos métodos utilizados pela polícia. As greves ameaçadoras da paz foram também reprimidas, e a Aliança Nacional Libertadora, bem como o partido Comunista, sufocados.

Os ideais democráticos, tanto na Itália quanto na Alemanha, enfraqueciam-se pela grande ascendência do fascismo e do nazismo, fortificando, aqui, os anseios ditatoriais, de há muito acalentados por Getúlio, que, sorrateiramente, preparava a sua continuidade no governo.

Estimulava-o, entre outros, o general Góis Monteiro, grande personalidade do Exército e ex-ministro da Guerra, que, não vendo o Congresso com bons olhos, preferia tê-lo fechado. Getúlio Vargas, que também compartilhava desses sentimentos, deixou patente que não hesitaria em dissolvê-lo, caso opusessem qualquer resistência às reformas que pretendia implantar.

Ele sabia que poderia contar, no momento certo, com o apoio das Forças Armadas e dos integralistas que, a partir da revolução comunista de 1935, vira crescer muito o número de seus adeptos. Quase todos os governadores dos Estados também o apoiariam, com exceção de Flores da Cunha, governador do Rio Grande do Sul, que pretendia candidatar-se à sucessão presidencial, e de Armando de Sales Oliveira, governador de São Paulo, que também se apresentava como candidato ao mesmo posto.

Era preciso afastar esses dois empecilhos.

De Flores da Cunha, Góis Monteiro se incumbiu pessoalmente, e, trabalhando o seu prestígio nos pontos encontrados como falhos no governo, preparou-lhe um cerco.

Em relação a São Paulo, que não perdera as esperanças de voltar ao governo federal, desde a deposição de Washington Luís, e tendo o seu candidato na pessoa do seu governador, Armando de Sales Oliveira, que já havia renunciado ao cargo para concorrer às eleições, a manobra seria outra.

Deveriam arranjar-lhe um concorrente, apoiado pelo governo, demonstrando ao povo que as eleições realmente se realizariam – a maioria duvidava –, e o candidato de São Paulo passaria a ser visto como de oposição.

Articulações foram efetuadas, até que, após as primeiras dificuldades, foi lembrado o nome do paraibano José Américo, considerado pessoa de prestígio, por ter sido ministro do governo, antigo tenente e escritor de talento.

As duas candidaturas foram lançadas em maio – Armando de Sales Oliveira e José Américo –, que mantiveram a campanha num nível de respeito e ordem, contrariando as pretensões e os interesses do governo que esperava, do confronto entre os candidatos, a concretização do seu maior desejo.

Vargas, porém, usando da sua sagacidade e contando com a conivência de algumas classes, preparou o golpe. Auxiliaram-no o general Góis Monteiro; o recém-nomeado Ministro da Justiça, Francisco Campos, já encarregado de redigir a nova Constituição; os integralistas e a polícia do Distrito Federal, sob o comando de Filinto Müller.

Os preparativos continuavam, os conchavos eram realizados, e as oportunidades surgidas naturalmente, ou provocadas, eram aproveitadas como meios que os levariam ao objetivo final – garantir a continuidade de Vargas no governo!

Após a dissolução da Aliança, os comunistas que passaram à clandestinidade, aderiram à candidatura José Américo. A presença dos comunistas, embora clandestina, era sempre uma ameaça, e foi aproveitada para alarmar a população, de forma exagerada, pela incitação militar, criando, assim, um ambiente propício ao golpe.

A situação política internacional, principalmente na Europa, onde o nazismo e o fascismo dominavam, contribuía em muito para tais articulações.

Aqui, tudo era meticulosamente aproveitado para infundir medo à população. O ponto máximo dessa preparação surgiu em fins de setembro, quando anunciaram a descoberta de um plano subversivo, organizado na Europa, segundo o qual pretendiam instalar aqui o comunismo. O plano vinha assinado por um nome estranho – Cohen. O governo passou a se utilizar dele, apresentando-o como terrorista, através de comunicados oficiais pelo rádio e pela imprensa.

Alguns perceberam tratar-se de um plano forjado, assim como também o nome que trazia, mas o governo o dava como verdadeiro, publicando até listas de nomes de pessoas que seriam fuziladas.

O governo, continuando a desenvolver o que havia planejado – diante da gravidade da situação – pedia a decretação de estado de guerra e, logo após, foi levada a efeito a intervenção no Rio Grande do Sul.

O golpe não tinha nenhum obstáculo a impedi-lo, e já não era segredo para ninguém, uma vez que Getúlio obtivera o apoio dos governadores de quase todos os Estados.

Na manhã do dia 10 de novembro, Getúlio, com a polícia de Filinto Müller, fechava o Congresso.

À noite, num pronunciamento em cadeia de rádio, justificou o golpe, e logo no começo de dezembro, extinguiu todos os partidos políticos.

A nova Constituição foi apresentada à Nação, no mesmo dia do golpe, por publicação pelo Diário Oficial, e redigida, em sua maior parte, por Francisco Campos, confirmando, assim, que tudo estava já preparado.

Ao novo regime ditatorial que se instalava no País, foi dado o nome de Estado Novo.

Capítulo

7

O estado novo

Os dias passavam, desde aquele em que o nosso herói fora investido no seu cargo, o que vinha de preparar de há muito, ou melhor, aquele que preparara desde o primeiro dia em que ali se assentara provisoriamente.

Tudo o que fizera – suas ações, suas atitudes – visava ao que mais desejava, dominar o País de forma absoluta.

Para que Congresso?

Apenas para impedir e entravar as suas decisões!

Por que não fechá-lo, dissolvê-lo?

Assim fez, como consequência de tantos fatos já aqui narrados.

Os seus companheiros o ajudaram. Aqueles que mais de perto tinham em si os anseios de absolutismo, aqueles que eram contra a liberalidade, não só o apoiaram, mas também contribuíram para a sua concretização.

Foram usados métodos corretos, dentro do que manda a moral elevada, os sentimentos humanitários, a correção de caráter? O que importa, quando interesses tão grandes estavam em jogo?

O prazo de seu mandato expirava, e a continuidade ser-lhe-ia impedida. Os meios existentes foram bem aproveitados e, quando não teriam a força suficiente para derrubar todas as barreiras para a consecução dos objetivos colimados, outros foram criados.

O plano Cohen foi o mais triste dos recursos montados para amedrontar o povo, e era preciso que isso ocorresse. O povo, temeroso, precisava de um pai que o protegesse, e esse pai se apresentava, em nome de toda a Nação, trazendo o seu amparo, colocando o País em ordem, terminando com os conflitos e a pretensão de muitos, para que apenas uma pretensão maior prevalecesse. E ela prevaleceu.

Sim, o ato final concretizou-se, naquela manhã de 10 de novembro, depois de uma preparação sorrateira de muito tempo. Tudo estava já preparado. As maiores autoridades do País estavam coniventes. Não haveria revolta, não haveria reação, não haveria nada a impedir, pelo contrário, ele seria o salvador da Nação, num momento em que muitas forças se apresentavam para querer dominar o País, principalmente as forças comunistas, como assim apresentava o plano Cohen.

Diante de toda essa situação, o que dizer dos planos efetuados no mundo espiritual?

Suas vitórias aqui conquistadas, da forma como o foram, faziam parte de planificação tão sublime?

Estavam os mentores que autorizaram a execução dos seus propósitos, satisfeitos com as suas conquistas?

Eram essas vitórias, aquelas que levam ao Mundo Espiritual o regozijo pelo bom desempenho dos compromissos assumidos, aquelas mesmas que contam com o auxílio dos amigos espirituais que acompanham seus protegidos? Ou esses amigos foram totalmente esquecidos, e seus apelos, nunca ouvidos, porque a voz do interesse e da ambição pessoal pelo poder, falara mais alto?

Quantas indagações que um dia teriam as respostas, e fariam parte das próprias reflexões e análises do nosso protagonista.

Por ora, deixemo-lo entregue aos seus próprios anseios e ao prazer de sentir-se um Presidente Absoluto! A forma de realização dos seus objetivos, a condução dos seus atos, como o mandatário maior desta Nação, todos serão de sua total responsabilidade.

Se acertar, cabe-lhe o reconhecimento do Mundo Espiritual e a satisfação de ter trabalhado, não só em favor de tantos, mas de si próprio, do seu progresso espiritual!

Se errar, cabe-lhe a responsabilidade dos compromissos assumidos e não cumpridos. Não seremos nós a julgá-lo.

Mas, deixemos as considerações, e voltemos para junto daquele que não teria mais empecilhos a entravar seus propósitos. Era o governador absoluto, e todos lhe deveriam obediência.

Os governadores voltaram a ser interventores, subordinados ao governo central, uno e forte. Todo o poder emanava de um mesmo ponto, que se localizava num gabinete do Palácio Guanabara, onde se assentava o nosso herói – Getúlio Vargas!

Tudo estava como ele desejara há tanto tempo!

A Nação foi notificada com suas justificativas, como vimos. As ações começariam a ser praticadas, as atitudes tomadas, seguindo o que prescrevia a carta magna da Nação, diferente e elaborada de antemão, por aquele que lhe dera força e ajudara intelectualmente na articulação do golpe, assegurando-lhe ampla liberdade.

Logo na manhã do mesmo dia do golpe, ela lá estava, para quem quisesse tomar conhecimento, já publicada no Diário Oficial, trazendo em si os pontos necessários para que o governo, agora absoluto, tivesse todo o controle da Nação, sem que ninguém interviesse em seus atos.

Por algumas de suas disposições transitórias, o governo poderia estatuir no País o estado de emergência, em consequência do qual teria o direito de, se necessário e conveniente lhe fosse, agir contra os que se constituíssem em embaraços, prendendo-os ou mesmo desterrando-os. Até a imprensa seria censurada.

Nessa liberdade ampla que a Constituição lhe outorgava, poderia, pois, retirar legalmente, qualquer entrave que tentasse impedir a sua caminhada, mesmo que esses entraves fossem seres humanos.

Foi criado o Departamento de Imprensa e Propaganda, através do qual seria efetuada a repressão aos órgãos de imprensa, cujas publicações passariam a ser censuradas. As greves também foram totalmente proibidas!

Devemos, pois, reconhecer, que o chefe do governo do Estado Novo trabalhava, apoiado em dois pontos importantes: os seus verdadeiros anseios nacionalistas, estimulando-o a estabelecer profundas reformas no País, e os seus anseios de ordem pessoal.

Entendia que as transformações operadas no concerto geral das nações desenvolvidas, onde a democracia, a liberalidade viam-se ameaçadas pela infiltração comunista, teriam aqui também seus reflexos. Este País não poderia ser diferente dos modelos europeus, mais precisamente da Itália e da Alemanha, que, lutando contra essas forças, estabeleceram o fascismo e o nazismo, trazendo em seu bojo um governo ditatorial.

As instituições se enfraqueciam e, antes que deterioradas, perdessem sua idoneidade, deixando que as forças comunistas delas se apoderassem, foi efetivado o golpe, que, ao mesmo tempo, atendia ao outro ponto – mais pessoal que político, mais íntimo que nacional – o anseio de Getúlio Vargas pelo poder, e pela sua permanência no governo.

As instituições já deixavam de atender às necessidades da população, em crescente aumento, particularmente as das classes trabalhadoras, que careciam de condições adequadas de vida, através de um amplo programa social que lhes propiciasse uma sobrevivência digna e estável. Para atender a essas reais reivindicações, o poder não poderia se dispersar, mas partir de um único ponto, sólido e convicto, centralizando, como o foi, legislativo e executivo, reprimindo todos os anseios de liberalismo.

A industrialização crescia, o poderio econômico não deveria estar nas mãos de uns poucos, de pequenos grupos, em desfavor de muitos, sobretudo da classe trabalhadora, sofrida, e sem nenhuma garantia.

Tudo isso o governo defendia, com as prerrogativas que lhe conferia a nova Constituição. Trabalhava, assim, conformando as suas decisões com a necessidade de acomodação político-administrativa, tentando harmonizar seus anseios patrióticos, com outro, muito forte e secreto, o fascínio pelo poder, e a vontade intensa de permanecer no governo e nele continuar, o quanto pudesse, utilizando-se de todas as armas.

Equilibrando-se entre esses dois polos, desenvolvia as suas atividades, e muito conseguiu realizar, colocando ordem no País, num momento de tanta conturbação, criando condições ao seu progresso, e dando segurança às classes trabalhadoras. Em vista disso, conseguiu manter-se no seu posto por um grande espaço de tempo.

Algumas medidas de real importância foram tomadas no

ano seguinte (1938), satisfazendo os seus objetivos de desenvolvimento nacional. Dentre elas estão a regulamentação da importação e exportação de petróleo, através da criação do seu Conselho Nacional; a criação do Conselho Nacional das Águas e Energia Elétrica, do Banco da Borracha, dos Códigos de Minas, de Águas e de Ar. Ampliou-se a competência do Instituto do Açúcar e do Álcool. Estabeleceu-se a nova moeda – O Cruzeiro.

Capítulo

8

Revides

O governo caminhava tranquilo, uma vez que, o Congresso fechado, as assembleias estaduais dissolvidas, os interventores nomeados, os partidos políticos também fechados, tudo lhe proporcionava um gerenciamento seguro, ainda mais que contava com o apoio dos chefes militares.

Alguns problemas de ordem política, porém, começaram a surgir, gerados pelo fechamento dos partidos políticos, entre os quais ficara incluso o Partido Integralista. A oposição de alguns generais simpáticos ao partido, como Góis Monteiro, não conseguiu demover o Presidente, dessa medida.

Os integralistas sentiram-se lesados em seus propósitos de participação, num governo para o qual haviam lutado. Plínio

Salgado, seu chefe, e todos aqueles que com ele comungavam nesses anseios, após o golpe, viram-se alijados dele, colocados à margem de sua composição, e das suas decisões.

No entanto, Vargas desfazia, propositadamente, todos os vínculos com quem pudesse intervir e atrapalhar suas atitudes. Mas eles, vendo o partido desfeito e a sua ação impedida, usando de alguns recursos legais, transformaram-se, e continuaram suas atividades, passando de aliados a opositores, promovendo campanhas contra a atuação do governo.

Um grupo mais radical, em revanche pela ingratidão de que fora alvo, planejou um ataque ao palácio Guanabara, onde Getúlio Vargas residia com a família, para eliminá-lo, como também, todos os que lhe opusessem resistência.

Na noite de 10 de maio de l938, Getúlio Vargas e seus familiares foram surpreendidos, no palácio, por um tiroteio que se estendeu até à manhã do dia seguinte, quando foi debelado pela polícia e militares do governo, chegados tardiamente. Muitos elementos da guarda governamental, assim como dos invasores, foram encontrados feridos e até mortos. À falta dos reforços oficiais de defesa, ela foi efetuada pelo próprio Presidente com sua família, e pela guarda do palácio, reconhecida, depois, como falha.

Após esse episódio, a ação dos integralistas foi encerrada de vez, pela represália rigorosa imposta pelo governo, que efetuou muitas prisões, exilando seu chefe, Plínio Salgado.

Se a segurança do palácio tivesse sido mais eficaz, o ataque teria sido evitado. O governo, preocupado, reconhecendo a sua ineficiência, resolveu promover a sua segurança pessoal, através da criação de uma guarda, para garantir a sua tranquilidade, como a de seus familiares. Foi formada, em grande parte, por homens vindos do Rio Grande do Sul, habituados ao rigor das lutas, cujo comando foi delegado a seu irmão, Benjamim Vargas.

Tudo foi se asserenando, e o Estado Novo pôde caminhar

tranquilo, retornando à normalidade, não pela mudança de convicção dos que pretenderam invadir o palácio e até depor o Presidente, como desejavam, mas pela contenção severa efetuada pelo governo, através de suas medidas de repressão. Essa foi a arma utilizada para impedir qualquer resistência.

Contudo, no cenário mundial, uma grande peça se preparava, um grande drama iria se desenrolar, pela expansão do fascismo e do nazismo, sufocando as democracias liberais, estimulando expectativas até aqui no Brasil, dadas as grandes colônias de imigrantes italianos e alemães, existentes no Sul do País.

Enquanto isso ocorria, um sentimento curioso e contraditório envolvia o governo do Estado Novo. Se reprimiu e combateu os integralistas, que pretendiam ser aqui um prolongamento do fascismo europeu, como proceder em relação a esse movimento mundial, do qual Getúlio Vargas era um simpatizante? O Estado Novo tinha suas bases no fascismo, e muitos dos chefes militares do governo mantinham suas simpatias pela política do eixo Roma-Berlim.

Hitler, em setembro de 1939, invadiu a Polônia e promoveu o extermínio dos judeus poloneses, dando cumprimento à faceta marcante do nazismo – o antissemitismo.

Os conflitos na Europa abalavam todas as nações e, aqui, no mês de outubro, Getúlio Vargas declarava a neutralidade do Brasil, pretendendo deixá-lo à margem desses acontecimentos.

Hitler, no entanto, não parou, e, continuando a sua sanha conquistadora, invadiu outros países.

Logo após, em comemoração à batalha do Riachuelo, mais precisamente a 11 de junho, Getúlio Vargas proferiu um discurso, demonstrando sua satisfação pelas vitórias de Hitler, e anuência àquele que combatia os ideais democráticos, causando certa preocupação.

Um fato, porém, no decurso das pretensões hitlerianas, veio demonstrar que os ideais democráticos não estavam de todo sufocados e que lutavam por eles. Foi a primeira decepção sofrida por Hitler, quando a aviação alemã é derrotada pela Inglaterra. O povo estimulava, os governos se uniam, e a sanha alemã deveria ser detida.

Getúlio Vargas passou a ser mais cauteloso nos seus pronunciamentos e, quando os japoneses atacaram a base naval americana do Pacífico – Pearl Harbour – e os Estados Unidos entraram na guerra, o Brasil rompeu as relações diplomáticas com os países do eixo, solidarizando-se com os americanos.

Essa atitude do governo brasileiro gerou aqui duas situações divergentes: uma, a represália alemã, que passou a afundar os navios brasileiros no Atlântico Sul, tanto para intimidar o governo, quanto para impedir o livre curso de materiais de guerra. A outra, proveio de os Estados Unidos, que passaram a aparelhar as forças de defesa nacional, bem como os aeroportos do Norte e Nordeste, como resultado de um acordo entre os dois países.

O governo brasileiro, diante das dificuldades de se estabelecer comércio com os países europeus, em virtude da guerra, dos oceanos repletos de submarinos, vira-se forçado a patentear a sua solidariedade ao governo americano, sem o qual não poderia viver. Como resultado desse apoio, passou a receber auxílio financeiro durante a guerra, que lhe permitiu o incremento da siderurgia, e um suporte para as exportações.

Desde que os navios brasileiros foram afundados, formou-se aqui um ambiente de protesto, e o povo começou a atacar as casas e estabelecimentos comerciais dos italianos e alemães, exigindo que o Brasil declarasse Estado de Guerra, mas Getúlio resistia. Sabia que não lhe convinha, e o que o aguardava, como consequência desse ato. Mas o povo, revoltado, exigia, e Getúlio decidiu ceder.

Era o dia 22 de agosto de 1942!

Capítulo

9

Luta pela redemocratização

Quando as decisões do governo vêm de encontro aos anseios do povo, este se acomoda, se retrai e fica feliz.

O País precisava preparar-se. Lutas internas poderiam advir. Os imigrantes, procedentes dos países pertencentes ao Eixo, instalados em colônias, no Sul do Brasil, constituíam uma ameaça e traziam preocupações ao governo, pelas possibilidades de subversão que ofereciam. Por outro lado, o afundamento dos barcos brasileiros, poderia gerar atos de violência, com graves consequências para o País. Mas o Presidente, agindo com prudência, conseguiu superar esse problema.

No ano seguinte, 1943, sob a responsabilidade do então Ministro da Guerra, general Eurico Gaspar Dutra, começou-se o treinamento dos soldados a serem enviados aos campos de lutas, para se juntarem aos aliados, conforme intenção do Presidente.

Assim, em 1944, partiram três contingentes, e no início do ano seguinte, mais um, formando a Força Expedicionária Brasileira, que lutou na Itália, de onde voltou vitoriosa.

Com a declaração de guerra, a popularidade de Getúlio cresceu muito, embora essa atitude lhe viesse a ser "uma faca de dois gumes". Ao mesmo tempo que conquistava ainda mais a estima do povo que o admirava, este não deixava de se mostrar antagônico ao seu regime de governo, colocando em risco a sua permanência.

A supremacia dos ideais democráticos, na Europa, estava se tornando realidade. Aqui no Brasil, o fim da ditadura era o sonho da maioria! Como conservar-se o homem, embora estimado, combatendo o seu regime de governo? Ambos, naquela conjuntura, eram um só – um uno indivisível! No momento em que se rejeitasse um, o outro também seria rejeitado.

Iniciavam-se, assim, aqui, alguns movimentos para a reconquista das liberdades democráticas, e, algumas manifestações começaram a surgir, através dos intelectuais. O "Manifesto dos Mineiros" foi um deles, e todos os seus manifestantes foram punidos pelo governo.

Outros movimentos foram sendo levados a efeito, mas, com uma retaguarda legal, através de Ligas e Sociedades. Entrelaçando objetivos, começaram a trabalhar a restauração do processo democrático no País, sofrendo também as repressões governamentais.

Não foi poupado nem seu amigo Osvaldo Aranha, Ministro do Exterior que, convidado para ocupar um cargo na diretoria de uma dessas sociedades, foi impedido de tomar posse. Em represália, Aranha demitiu-se das funções de Ministro.

Esse trabalho continuou, foi se intensificando, estendendo-

-se de Norte a Sul. Contatos eram realizados, até que os próprios militares do governo, como os generais Dutra e Góis Monteiro, compreenderam que eram necessárias mudanças, reconhecendo que o regime do Estado Novo já estava superado, passado o período em que se fizera indispensável.

Um candidato começou a emergir desse movimento liberal, para a sucessão de Vargas – o brigadeiro Eduardo Gomes.

Na Europa, as forças aliadas venciam, esmagando o nazismo, para o ressurgir das liberdades democráticas. Ora, se os brasileiros lá estavam, combatendo ao lado dos aliados, para a recuperação dessas liberdades, como suportar aqui, o que combatiam lá? Se o avanço nazista fortaleceu a implantação do Estado Novo, de caráter ditatorial, como a reconquista das liberdades democráticas não repercutiria, estimulando os brasileiros a esses movimentos de redemocratização?

Tudo o que ficara reprimido, durante tanto tempo, começava a caminhar em direção à luz da liberdade. E essa luz deveria se espalhar em muitas direções e atingir muitos pontos. Um deles foi a Imprensa, envolta que fora pelas névoas que encobriam, não só a veracidade dos fatos, mas a liberdade de expressão.

Essa luz a ela se achega, no dia 22 de fevereiro de 1945, quando publica, através de um jornal carioca – o Correio da Manhã – uma entrevista de José Américo, na qual atacava as atitudes do governo do Estado Novo, dizendo da necessidade de se convocar eleições, com o voto livre do povo.

Foi o primeiro clarão que brilhou, a primeira palavra que se levantou publicamente, para refletir os anseios do povo, e dizer das suas insatisfações.

Houve muitas mudanças após essa entrevista!

A candidatura do brigadeiro Eduardo Gomes passou a ser divulgada abertamente pela imprensa, que já não sofria a repressão tão intensa da censura.

O próprio Getúlio Vargas, diante do momento que se configurava no território nacional, como consequência do que se passara no cenário mundial, sem nunca ter dado cumprimento à Constituição, salvo nos itens que lhe eram convenientes, passa a reconhecer que ela não mais correspondia à realidade vigente e, através de lei, restabelece as eleições diretas para Presidente e para a Assembleia Constituinte.

Um outro candidato surge, o general Eurico Gaspar Dutra, para contrapor-se à candidatura já anunciada.

Partidos começaram a ser criados, cada um congregando em si aqueles que a eles se ligavam e se conchegavam, movidos pela simpatia e interesses.

Dentre os que surgiram na ocasião, os três mais significativos, com maior repercussão, foram: União Democrática Nacional, que congregava os opositores do governo, ao qual se filiou o brigadeiro Eduardo Gomes. O Partido Social Democrático, de caráter conservador, ao qual se filiou o general Dutra. O Partido Trabalhista, que congregava os populares e as classes sindicais, que davam um suporte maior a Getúlio.

O apoio que as massas facultavam ao candidato liberal era grande, e Getúlio, preocupado, precisava diminuí-lo, ampliando o número de seus adeptos. Para isso era necessário atrair a esquerda comunista e aproximá-la da ditadura, e foi o que fez!

Em abril, Prestes é posto em liberdade, através do decreto de anistia, e, logo em seguida, Vargas retorna o Partido Comunista Brasileiro à legalidade.

A popularidade de Getúlio crescia cada vez mais e, apoiado nela, pensava poder manter o seu regime político e continuar no poder.

As eleições, embora já marcadas através de decreto, para o dia 2 de dezembro, muitos não confiavam na sua realização.

A esse tempo, grupos de pessoas, ligados ao Presidente,

surgiam nas ruas, com a intenção de mostrar ao povo o quanto ele ainda era querido. Eram os chamados "queremistas", que repetiam continuadamente: "Nós queremos Getúlio". Esses grupos, porém, contavam com o apoio dele próprio, auxiliado por populares e comunistas.

Esse movimento crescia, ganhando cada vez mais adeptos, a ponto de se reunirem em uma grande concentração, quando das comemorações da revolução de 30.

No dia 28 de outubro, no auge dessas manifestações, Getúlio fez alterações em alguns cargos de confiança do governo, com o propósito de colocar seu irmão Benjamim, na chefia de polícia.

Esse fato despertou a atenção e receio pelo que se preparava, inclusive do general Góis Monteiro, o então Ministro da Guerra. Temendo tratar-se de manobras para a sua continuidade no poder, usando das atribuições que o cargo lhe conferia, colocou as tropas de todo o país em prontidão, e, fazendo do coronel Cordeiro de Farias o seu emissário, depôs o Presidente.

Era o dia 29 de outubro de 1945!

Na madrugada de 30 de outubro, o ministro José Linhares, Presidente do Supremo Tribunal Federal, toma posse como Presidente Interino da República, no gabinete do Ministro da Guerra, e, no dia seguinte, Getúlio Vargas retirou-se para São Borja, sua terra natal.

Capítulo

10

Como não participar?

Encerrava-se, com a sua retirada, o Estado Novo! O cenário mundial estava transformado. Os países que foram palco de tantas lutas, de acontecimentos tão terríveis, procuravam reconstruir o seu cenário para novas representações, mas esperavam que encenações tão trágicas, nunca mais houvesse... Procuravam pintá-lo com um novo sol, um céu azul onde os pássaros pudessem voar tranquilos, os rios com águas límpidas e não mais tintas de sangue, os campos verdejantes, porém, não pelo uniforme dos soldados! Esperavam, com esse novo cenário, a mudança da paisagem interior de cada um, numa união fraterna de liberdade, amor e paz!

Aqui também, nesta imensa Nação Brasileira, fechava-se

um período, e novas expectativas renasciam!

O ator principal fora obrigado a deixar o palco, onde representara durante muito tempo, e agora encontrava-se em seu camarim, aguardando novos papéis...

Os espectadores admiravam o ator, mas o papel que ele gostava de representar, tomando todos os espaços do palco, já não os atraía mais! Esperavam, também, como seus irmãos de outras terras, a mudança de cenário, com novos atores, novas representações, das quais eles também pudessem participar!...

Mas deixemos de alegorias e voltemos ao nosso herói, que, após os acontecimentos que culminaram com a sua deposição, permanecia em sua estância, em São Borja. Voltado para si mesmo, decepcionado, pretendia ficar afastado dos problemas políticos do País. O tempo passara, sentia-se mais cansado...

A vida, entretanto, seguia seu curso, e o cargo de chefe da Nação já se achava em mãos de José Linhares, presidente do Supremo Tribunal Federal. Os ministros foram substituídos, e a data para a realização das eleições – 2 de dezembro – fora mantida. Os interventores estaduais também seriam substituídos.

Getúlio Vargas, todavia, no seu retiro, não ficou tranquilo por muito tempo! Não conseguiu se isolar da questão eleitoral que dominava o país – as eleições para a Presidência da República – talvez por não gostar de nenhum dos dois candidatos que se apresentavam. Pretendendo lançar um terceiro nome, não obteve êxito nas suas articulações, e receando a vitória do candidato udenista, resolveu apoiar o General Dutra, aconselhando os seus simpatizantes a que também o fizessem.

Em seguida, ele mesmo candidatou-se à Constituinte, por diversos Estados, como deputado por uns, como senador por outros!

O dia 2 de dezembro chegou, as votações foram efetuadas, e, apurados os votos, o General Dutra foi o vencedor. Getúlio

Vargas, cujo prestígio ainda era grande, não só ajudou a vitória de Dutra, pelo apoio emprestado à sua candidatura, como também foi vitorioso em todos os Estados pelos quais se candidatara, optando pelo mandato de senador pelo seu Estado natal.

O Presidente eleito tomou posse em 31 de janeiro de 1946, e a Assembleia Constituinte foi instalada a 2 de fevereiro. Em setembro do mesmo ano, a Constituição foi promulgada.

O general Dutra, à frente do governo, preocupava-se com a legalidade que fora concedida ao Partido Comunista, e, temeroso de que comprometessem a ordem, muito se empenhou para cancelá-la, alcançando o seu intento em maio de 1947, após muitas discussões.

Para ver o seu trabalho completo, continuou o seu empenho, até conseguir, no início de 1948, a cassação do mandato de todos os representantes desse partido, eleitos em dezembro de 1945, sob a alegação de que não poderia haver representantes de um partido extinto. Entre muitos, Prestes, eleito senador pelo Rio de Janeiro, teve também o seu mandato cassado.

Nos primeiros meses de 1949, já os partidos começaram a se movimentar, tendo em vista a sucessão presidencial. Muitos nomes foram lembrados, e, entre eles o de Vargas, como também o do brigadeiro Eduardo Gomes, novamente pela UDN.

O PTB, com desejo de derrotar a UDN, estimula a candidatura de seu presidente – Getúlio Vargas – que, após certa relutância, acede. Contudo, temendo não sair vitorioso somente com a força do PTB, busca apoio em outro partido, encontrando-o no PSP de Adhemar de Barros, com o compromisso de certas concessões, em caso de vitória. Essa aliança foi muito bem aceita pelo povo, e a sua candidatura crescia muito.

O PSD foi buscar seu candidato em Minas Gerais, na pessoa de Cristiano Machado, mas, verificando o grande crescimento da candidatura Vargas, resolve apoiá-lo, realizando com ele acordos em favor de seus candidatos locais.

Com o apoio que recebeu, e os acordos realizados, Getúlio Vargas é levado de volta à Presidência da República, porém, dentro das exigências de um regime democrático, com um Congresso e uma nova Constituição – a de 1946 – que, como constituinte, recusara-se a assinar!

Capítulo

11

Nova oportunidade

Uma nova perspectiva se abria ao nosso herói, personagem principal dessa trama na qual se envolveu, esquecido de tudo o que planejara no Mundo Espiritual, o que quase sempre ocorre.

Mas, no seu íntimo, aquela força que trazia em si, o impelira a novamente lutar pelo posto que tanto desejara possuir, com nobres propósitos. Sofrera bastante, passara por desilusões, tanto com suas amizades como com seus adversários; trabalhara, lutara, conquistara adeptos, fizera inimigos, e o tempo passou. Voltava mais velho, é certo, mas também mais experiente!

Poderia, agora que a oportunidade lhe retornava às mãos, desenvolver todos os projetos que pretendera. Aplicar seus esforços no sentido de estender ainda mais os benefícios sociais, tão necessários ao bem-estar de cada um, sobretudo à classe trabalhadora, como já os havia proporcionado. Ampliar as condições de uma vida mais digna, pela melhor valorização da capacidade humana, através de recursos que lhes garantissem não só a saúde, a educação, mas também o aprimoramento tecnológico e científico, imprescindíveis ao progresso de uma nação.

Tudo voltava às suas mãos!

O seu retorno o separava de sua retirada, apenas um lustro, mas parecia haver decorrido muitos anos!... Ele, que novamente representava as esperanças de tantos, voltava mais cansado. Os seus inimigos, aqueles que se sentiram lesados em seus anseios, pela derrota, estavam atentos a todos os seus passos, à menor de suas atitudes.

Acercou-se de um Ministério, ajustado para satisfazer acordos políticos que favoreceram o seu retorno. Compunha-o elementos do PSD e do PTB, o partido que o levara de volta ao poder.

Após os primeiros anos, esse Ministério foi quase todo substituído, tendo sido trazido para ele, entre outros, seu amigo de longa data – Osvaldo Aranha –, para a Fazenda; Tancredo Neves, para a Justiça; José Américo, governador da Paraíba, para a Viação; Zenóbio da Costa, com um passado de glória, por ter feito parte do comando que levou os pracinhas brasileiros à Itália, para a Guerra. Entre eles apareceu também, um jovem desconhecido nos meios políticos, que desfrutava da amizade privada de Vargas – João Goulart –, colocado no Ministério do Trabalho.

Vargas tinha sido eleito com o apoio quase que total das massas populares, entre as quais gozava de grande admiração. Por ocasião das eleições, desenvolveu uma campanha de aproximação com o povo. Viajou pelo Brasil todo, entrando em contato com populares, despertando-lhes maior simpatia, levando-lhes esperanças. Levantava, em seus discursos, os problemas que os envolviam diretamente, como a inflação, e ninguém melhor do que eles para sofrer-lhes as consequências, prometendo fazê-la voltar ao patamar de seu antigo governo.

O povo, cheio de esperanças, o apoiou e o levou de volta à chefia da Nação. No entanto, o tempo se escoava e ele estava perdendo o seu prestígio. Não conseguia conter a inflação, não conseguia satisfazer os anseios do povo sofrido, e contava com os ataques de seus adversários, principalmente da UDN, que se sentira prejudicada.

Era necessário reconquistar a simpatia do povo, de alguma forma que lhe fosse vantajosa. Para isso, a presença de João Goulart, no Ministério do Trabalho, seria importante. Nesse sentido, o ministro desenvolvia as suas atividades, atuando junto aos trabalhadores, indiretamente, através da infiltração de elementos do ministério em seus meios.

Forçava o aumento salarial, tendo estabelecido um novo salário mínimo, sem verificar se o País tinha condições de suportá-lo; estimulava greves, fazendo com que suas atitudes despertassem a atenção de grupos reacionários, principalmente nas Forças Armadas e na UDN, que receavam, entrasse a Nação, novamente, num período de anarquia.

Diante desse clima que começava a se instalar no País, em consequência às medidas tomadas pelo Ministro do Trabalho, os militares forçaram Vargas a demiti-lo.

Havia ainda outros fatores em desfavor da política adotada pelo Presidente, contribuindo para que seus adversários o criticassem cada vez mais. Quando Vargas foi eleito, as reservas que o governo americano nutria em relação a ele, desde o período da ditadura, retornaram. Mais tarde, quando Vargas conseguiu do Congresso uma lei, criando a Petrobrás, mesmo com toda a oposição dos americanos, o seu prestígio cresceu entre o povo, mas decaiu entre os grupos reacionários, principalmente a UDN, que desejava se aproveitar da situação, para mais facilmente derrubá-lo do poder.

Os ataques ao governo foram aumentando. Quando se ataca, também se calunia, e o governo Vargas, em 1954, estava desgastado, caluniado e nenhuma decisão de maior interesse tomava. A verdade é que lhe era difícil governar com um Congresso e uma Constituição, se sempre fora um ditador!

Capítulo

12

Solução definitiva

A situação em torno do Presidente estava se tornando muito difícil. A incompreensão de seus antagonistas, o desejo de vê-lo terminar logo o seu mandato, era grande! Por que não apressar esse término? Por que não encetar campanhas para desmoralizá-lo cada vez mais, tornando impossível a sua permanência no governo?

A UDN, que lhe era antagônica, frustrada por nunca ter conseguido o poder pelo qual tanto ansiara, tudo fazia para que esse anseio se concretizasse.

O clima político no Rio de Janeiro e, em todo o País, andava tenso pela proximidade das eleições para diversos cargos de governadores, prefeitos e para a renovação da Câmara de Deputados e parte do Senado.

Os ânimos estavam acirrados, o ambiente propício a ataques ao Presidente, e a que corrupções fossem trazidas a público, influenciando o povo.

A situação se agravou quando o acusaram de manter um acordo secreto com o Presidente Perón, da Argentina, na época, em divergências com o governo americano.

A imprensa atacava-o desmesuradamente, e, nela, uma figura sobressaía-se pela violência dos ataques: era o jornalista Carlos Lacerda, diretor do jornal Tribuna da Imprensa.

Por dissensões pessoais com Samuel Wainer, o diretor de outro jornal, Última Hora, o referido jornalista estimulou a Câmara a pedir uma Comissão Parlamentar de Inquérito, para averiguar a origem dos recursos utilizados na instalação do seu jornal.

A verdade é que o diretor de Última Hora, tendo ajudado Vargas na campanha eleitoral, instalara o seu jornal, para lhe dar apoio, com recursos do Banco do Brasil, facilitados pelo Presidente, que precisava de um órgão de imprensa a seu favor, uma vez que os outros lhe eram contrários.

Muitos outros fatores desfavoráveis ao Presidente iam surgindo, e, todos eles, aproveitados de forma sensacionalista, pelo aludido diretor do jornal, excedendo, muitas vezes, o limite da veracidade: o custo de vida subindo, o período pré-eleitoral, a veemência com que os fatos eram narrados pela imprensa, tudo contribuía para crescer o desprestígio do governo.

Tal era a intensidade dos ataques e das pressões exercidas pelo jornalista, que, entre os militares e políticos, muitos já temiam pela sua vida. Assim foi que um grupo de jovens oficiais da Aeronáutica ofereceu-lhe proteção, através de uma guarda pessoal.

Na madrugada de cinco de agosto, quando Carlos Lacerda voltava à sua casa, em frente ao edifício onde morava, foi atacado, tendo sido ferido a bala. O jovem major, Rubens Vaz, que lhe dava proteção, foi atingido e morto.

Estava aceso o estopim que faria incendiar os ânimos dos opositores de Vargas, ainda mais quando, por investigações realizadas pela Aeronáutica, que tomou a si desvendar esse crime, foi apurado que, no atentado, havia o envolvimento de elementos da guarda pessoal do Presidente, que obedeceram ordens de seu chefe, Gregório Fortunato.

Convém aqui esclarecer que Gregório Fortunato, chefe da guarda, fora trazido do Rio Grande do Sul, pelo irmão de Vargas, Benjamim; ele não media a extensão de seus atos, desde que fossem para proteger a pessoa do Presidente, a quem se ligara há muitos anos, desde a formação de sua guarda pessoal, quando da invasão ao Palácio Guanabara, pelos integralistas. Desde aquela ocasião, fizera-se seu fiel protetor. Acompanhara-o pelo Brasil, durante a campanha eleitoral, praticando, muitas vezes, atos de extrema brutalidade e deselegância, no desempenho dessas suas funções.

Sem pensar nas consequências, movido apenas pelo desejo de lhe proporcionar, o que entendia como tranquilidade, levara--lhe, ao contrário, os momentos mais cruéis de sua vida política.

Carlos Lacerda, refeito, aproveitou-se desse fato, para tirar dele as vantagens que lhe seriam favoráveis.

Quando Vargas tomou conhecimento do envolvimento de sua guarda, no crime, segundo planos formulados à sua revelia, prometeu punir os culpados, ainda mais que não se sentia responsável pela participação que lhe imputavam! Sentiu-se atraiçoado, desfez a guarda, mas, seu prestígio, que já vinha tão abalado, acabou de cair por terra... O líder da oposição na Câmara chegou a pedir a sua renúncia, e essa ideia começou a crescer!

A partir do dia vinte de agosto, quando a situação do País estava já num clima insustentável, diversas propostas de renúncia lhe chegaram às mãos, desde a do Vice-Presidente, Café Filho, para uma renúncia conjunta, até a dos oficiais das Forças Armadas – brigadeiros e generais –, por meio de documentos.

Sempre recusou a todas, dizendo que defenderia seu posto até o fim. Ocupava um cargo para o qual fora eleito dentro de uma Constituição vigente no País, e de nada se sentia culpado – nem dos crimes, nem da corrupção praticada sem a sua anuência.

No dia 23, por volta de meia noite, o Ministro da Guerra procurou o Presidente, colocando-o a par do que se passava nos meios militares, dizendo da impossibilidade de lhe dar sustentação através de uma defesa armada, caso houvesse uma insurreição.

O problema era muito grave, e o Presidente convocou, para aquela noite mesma, uma reunião com o seu Ministério, tendo sido iniciada às três horas da manhã, à qual compareceram todos os seus ministros, tanto civis quanto militares, e sua filha, Alzira Vargas do Amaral Peixoto.

O general Zenóbio da Costa, Ministro da Guerra, repetiu o que já lhe havia exposto, e os outros dois ministros militares também admitiram que já haviam perdido o controle de suas corporações.

Alzira Vargas e o ministro Tancredo Neves estimulavam-nos à resistência, enquanto José Américo e Osvaldo Aranha, entendendo que a renúncia seria uma solução, não quiseram, entretanto, influir na deliberação do Presidente.

Enquanto essas discussões eram levadas a efeito, uma nova estratégia é apresentada: o licenciamento do Presidente, até que os ânimos se acalmassem e tudo voltasse à normalidade.

Getúlio Vargas concordou, e o ministro Zenóbio da Costa foi encarregado de levar essa resolução aos militares, que se encontravam em reunião. A proposição foi aceita, mas a licença seria definitiva... Estava, assim, deposto o Presidente, como era desejo geral.

Sem ter ainda tomado ciência da imposição dos militares, Getúlio Vargas estava mais tranquilo, achando que uma solução satisfatória havia sido encontrada. Mas, pela manhã, ainda nos seus aposentos do palácio do Catete, toma conhecimento da resolução, através de seu irmão Benjamim. Compreendeu que tudo terminara... Estava deposto!

O que passou por sua mente naquele momento, não se sabe, mas um estampido pôde ser ouvido, logo mais, vindo de seu quarto, e todos acorreram.

O velho Presidente estava estendido em seu leito, com um tiro no coração!

Era o dia 24 de agosto de 1954!

Segunda Parte

No mundo espiritual

*"volto da história
para ensinar a vida"*

Capítulo

1

Inconsciência

Quando uma situação envolve um ser, como a que envolveu o nosso herói – todos em torno dele, ou melhor dizendo, de seu corpo inerte, preocupados ainda com o orgulho ferido, os corações magoados, as decepções, a revolta contra tantos – tudo se passa de forma diferente, para aquele que acaba de deixar o corpo que lhe serviu para tantos atos, tantas decisões, tantas atitudes menos dignas e outras sublimes.

Os seus adversários acusavam-no, pedindo-lhe e até exigindo a sua retirada do governo! Mas seu orgulho – o orgulho daquele que governara o País por mais de uma vez –, era grande, embora percebendo que nada mais poderia fazer, porque as forças contrárias o oprimiam cada vez mais. Premido de todas as maneiras, sem saber como resolver a situação, sem que seu orgulho de homem fosse ferido, procura para si uma retirada que, para muitos, foi covarde, para outros, altruísta. Isso era o que os jornais narravam, naquela manhã, em que o nosso herói foi encontrado estendido e imóvel sobre o seu leito.

A notícia logo correu e se espalhou às grandes nações. Estava terminado um período que já vinha se esvaziando, pela própria ineficiência com que se desenrolava, e pelas teias que o envolveram.

A Nação sentiu-se enlutada, entretanto, muitos sentiram-se alegres: a alegria do alívio, e do livrarem-se de um Presidente indesejado.

As pompas que requer um homem da sua posição, foram realizadas. Enterradas com ele – diziam muitos – serão todas as más ideias de um governo que já não podia ter suas ações livres, e que, só aparentemente, lutava pelo direito do trabalhador, mas, no seu íntimo, não era essa a sua intenção. O amor que lhes proclamava – diziam – era a forma demagógica com que pretendia se manter no poder!

Todavia, num último instante que, por alguns foi erroneamente chamado de digno, ele se retira da face da Terra! Retira-se de junto dos que o amavam, e de junto dos que o oprimiam!

O nosso herói, porém, que deixava tudo pelo qual havia lutado, tendo o seu Espírito retirado do corpo de forma tão brusca, inesperada, não sabia o que sucedeu!... Não é possível, pela violência do ato, saber, de pronto, o que se passou.

A inconsciência que tomou o corpo deixado por ele, tomou-lhe também o Espírito, e ele não se apercebeu logo o que havia transcorrido. Seu Espírito transtornado, combalido, mais triste, mais abatido e envolvido por compromissos tão profundos, não sabia que rumo tomar. O seu sofrimento era muito grande e prolongava-se por um tempo que ele não conseguia precisar quanto.

Mas o amparo espiritual se faz, na medida em que a misericórdia do Pai Maior do Universo permite, e, dia chegou, que um destino foi dado a esse irmão infeliz e atormentado.

Aproximou-se dele uma entidade que lhe falou de forma doce e meiga, mostrando compreensão pelos seus problemas e fazendo-lhe entrever um rumo diferente do que havia tomado até então.

— Irmão, sei que tem estado sofrendo bastante, e, até agora, nem sabe exatamente o que houve. Sei que tem se perguntado muitas vezes o que aconteceu, onde se encontra, e as suas indagações encontraram eco em nossa agremiação, e aqui estou para ajudá-lo! Se quiser me acompanhar, ou melhor, se quiser deixar-se levar por nós, estará amparado, protegido e logo terá consciência de todos os fatos.

Naquele instante, seus sentimentos confusos, nada compreendiam. Sua mente, atormentada por tantos problemas que ainda moravam no seu ser, não lhe dava o descanso que gostaria de sentir. Mas o irmão infeliz, sem nada responder, apenas com um aceno de cabeça, revelou que concordava. Partiram em caravana, pequena, mas suficiente para conduzi-lo a lugar seguro, onde passaria por tratamento. Teria um período de repouso para seu refazimento e, futuramente, condições de verificar o que havia realizado, e o modo como o havia feito.

Esse nosso irmão, do momento em que deixou o corpo, nunca fora abandonado. Ele viera à Terra com nobres propósitos, e angariara, dentro dos propósitos realizados, a promessa da proteção, que, muitas vezes não permitimos influir em nossos atos, quando aqui estamos encarnados, porque interesses outros impedem que ouçamos aqueles invisíveis que nos acompanham. Ele nunca deixou de tê-los em sua companhia, e até presenciaram o seu instante final! Todavia, nem sempre o que desejamos fazer, o podemos, e o nosso irmão necessitava passar por aquele período, difícil, mas benéfico ao seu Espírito. Sempre fora observado, às vezes mais próximo, às vezes mais à distância, conquanto ele nunca percebesse... Gravitavam em estágios evolutivos diferentes, e, ainda que a aproximação se fizesse, não era notada. Porém, no momento em que a misericórdia divina achou oportuno, ele a percebeu, a ouviu, sem entender bem, e pôde ser levado.

Quanto tempo passou desde que deixara a Terra? Era difícil precisar, mas muitos anos haviam decorrido, até que pôde ser recolhido para o auxílio.

Agora encontrava-se já num leito, sendo tratado, recebendo os primeiros atendimentos naquela Colônia socorrista e, para a sua surpresa, quando tivesse condições, verificaria ser a mesma de onde saíra feliz, preparado para a empreitada que desenvolveria no orbe terrestre.

O amparo direto a nosso irmão, começou assim, a ser efetuado. Parecia que tudo estaria resolvido para aquele Espírito tão infeliz, tão atormentado e ainda tão inconsciente de seus próprios atos.

A Colônia para onde fora levado, já a conhecia de sobejo, pois nela se preparara para a sua última encarnação, chegado da anterior em que vivera na Terra.

Numa de suas precedentes passagens por este orbe, em que vivera, não no Brasil, mas em outro país, desfrutando de uma posição de destaque, muito errara, fizera sofrer e muitos inimigos ferrenhos granjeara. Como nada, neste grande Universo de muitas galáxias, fica perdido – tudo tem o seu registro nos autos celestes – as ações do nosso irmão, naquela oportunidade, ficaram também registradas. Seus atos despóticos contra muitos lá estavam, fazendo parte desses grandes registros.

Entretanto, como fomos criados por Deus, não para sermos maus, nem para persistirmos no erro, temos muitas oportunidades de redimir o próprio Espírito. Só ele é que é eterno, e para ele é que lutamos, sofremos, aprendemos e progredimos, a fim de que, encarnação após encarnação, desfazendo-nos das nossas imperfeições, possamos praticar atos de grande sublimidade e nos aproximarmos mais de Jesus. Esta é que deve ser a nossa caminhada, estes é que devem ser os nossos intentos, e para isso é que devemos lutar, trabalhar, como Espíritos eternos que somos.

Se praticamos muitos erros numa encarnação, temos a oportunidade que nos é dada por Deus, em outras, para ressarci-los com ações nobres, desfazendo inimizades, conquistando-as para o nosso coração. Mas nem sempre assim procedemos.

Um Espírito, na maioria das vezes, se prepara, estuda, toma conhecimento de tudo o que realizou de mal, se arrepende e promete ser diferente nas encarnações vindouras. Porém, quando tem a ocasião de reencarnar, com nobres propósitos, depois de uma grande preparação, pode cometer, outra vez, os mesmos atos infelizes. O aprendizado, as boas intenções, muito o ajudarão no resgate de suas faltas, mas, quando aqui chega, nem sempre o que planejou e prometeu se realiza.

A arena humana é cheia de feras e atrativos, e, passar por ela, ileso, é muito difícil, embora alguns o consigam. Quando aqui estamos, colocados novamente frente a frente com as feras que nós próprios criamos pelos nossos atos de maldade, se não conseguimos o seu perdão, tudo fazem para nos transformarem em feras também.

Parece complicado, mas é muito simples. Basta compreendermos que, ao retornarmos à arena, nos defrontamos com os desafetos, com as inimizades e com todos aqueles que, em encarnações anteriores, prejudicamos. Ao encontrá-los, um instinto natural e próprio do Espírito, nos leva a sentir por eles, sem imaginarmos porque, uma certa repulsa, uma malquerença. Se não soubermos superar esses sentimentos, pelo nosso próprio esforço, vamos novamente fazer reviver muito do que já passamos, ou do que fizemos outros passar, sem nem mesmo entendermos o porquê.

No entanto, se tivermos os ensinamentos de Jesus no coração, e compreendermos melhor o nosso objetivo, aqui como encarnados, como Espíritos eternos à procura de redenção, nós nos trabalharemos, nos esforçaremos, e faremos transformar os desafetos em afetos, as inimizades antigas em amizades sinceras, os atos mal praticados em ações sublimes de amor.

O que dizer, porém, àqueles que não têm a crença em Deus, que não se apegam a uma religião cristã, àqueles que ainda não conhecem nem se importam com os ensinamentos de Cristo? Esses julgam que vivem apenas uma vez, e que tudo deve ser resolvido aqui. Se sentem que há desafetos, é em virtude das ações dos outros, que condenam, e com as quais não concordam. Procuram, de todas as maneiras, atingi-los, fazendo prevalecer a sua vontade, o seu ponto de vista, mesmo que para isso tenham que ofender, magoar ou caluniar.

O nosso irmão passava, agora, graças ao atendimento que lhe era dispensado, por um período de tranquilidade emocional, e de reequilíbrio para o seu Espírito tão combalido.

Os dias transcorriam, e diversas formas de tratamento lhe foram propiciadas: passes terapêuticos de refazimento perispiritual, passes direcionados à mente, e também à quietação, à segurança, com o carinho dos irmãos que o rodeavam. Ele esteve inconsciente por muito tempo. Uma inconsciência provocada, para que melhor pudesse, não só se refazer, mas captar integralmente, de modo mais direto e preciso, o que lhe era ministrado em forma de socorro.

Passou alguns meses nesse estado, mas percebia-se que seu Espírito melhorava cada vez mais. O sono inconsciente, provocado, continuava, durante o qual recebia os cuidados necessários, até que pudesse despertar em condições mais satisfatórias à outra parte do tratamento que lhe seria dispensado. Durante esse sono, foi-lhe feito um isolamento, para que nenhuma lembrança lhe ocorresse. Era como se trabalhassem com um material que devesse estar parado no tempo, apenas com emoções e fatos armazenados, mas que nenhum lhe acudisse à mente, para não interferir no andamento do socorro que lhe era prestado.

Alguns meses mais passaram, até que um dia, ao perceberem que seu Espírito já podia retomar um pouco da consciência, e, ir reconquistando as lembranças de suas próprias ações e de toda a sua vida anterior, começa uma nova fase de tratamento.

Fizeram-no ir recobrando os sentidos – como diriam os encarnados – e, ainda meio confuso, pôde abrir os olhos. As névoas foram se tornando mais claras, e conseguiu divisar irmãos abnegados à sua volta. Sem saber o que havia ocorrido, pensou encontrar-se num hospital terrestre.

Explicado lhe foi que se recuperava de enfermidade.

— O que aconteceu? – perguntou. – Não me lembro de nada!

— Não se preocupe agora, irmão! Tudo lhe voltará à mente, aos poucos e, quando puder se recordar, estará feliz por ver que se encontra recuperado.

— Não consigo ordenar os meus pensamentos! Parece que estou renascendo hoje, não tenho memória de nada!

— Pense assim! Que hoje é um renascer, é uma nova vida que se inicia, e, nesta vida, muitas alegrias se lhe achegarão!

Esse foi o primeiro momento de consciência instantânea que teve, sem, contudo ter a consciência mais remota do passado.

— Agora o irmão vai repousar um pouco, dormir novamente, e poderá até sonhar! Sonhos bonitos que o ajudarão a acordar bem melhor, e com algumas recordações de si mesmo!

— Vocês são muito bondosos! Farei o possível para obedecer ao que me prescreverem, e me recuperar em breve espaço de tempo.

Mais algum tempo ele esteve nessa semiconsciência, até que um dia, quando aquele irmão abnegado dele se aproximou, o que tinha em suas mãos o controle da enfermaria, começava um novo período para ele.

— Então, como se sente hoje? Gostaria de se levantar um pouco e dar um pequeno passeio?

— Eu não tenho condições! Não suportaria sair daqui por mim próprio!

— Se não puder, nós o levaremos! Temos meios para isso! Poderá caminhar alguns passinhos, mesmo que seja aqui, entre nós, sempre é um começo!

Auxiliado por enfermeiros solícitos, ele foi retirado do leito, e ensaiou alguns passos. A cada dia o exercício foi realizado, sempre um pouco mais, um pouco mais, até que conseguiu chegar à parte externa do prédio, onde pequeno jardim alegrava o ambiente.

— Sinto-me feliz hoje, mas ainda me falta compreender muitas coisas! Por que eu nunca recebi uma visita de nenhum de meus familiares? Onde estou?

— Não se preocupe em saber onde está, meu irmão! Tudo lhe será esclarecido de forma bem tranquila, e compreenderá. Esse esquecimento era necessário, mas agora mesmo eu vou fazê-lo entender um pouco do que se passou com você. Lembra-se de seu nome?

— Sim, acordei hoje consciente de que me chamo Getúlio Vargas e de que sou o Presidente deste País – ou eu não estou no Brasil?

— Fico contente de que se lembre quem é! Como estava, antes da sua enfermidade, o seu trabalho como chefe da Nação?

— Muito difícil! Faziam-me tantas acusações, das quais não me reconhecia culpado, e andava muito acabrunhado, infeliz e preocupado!

— Muito bem! Era exatamente o que ocorria! O que aconteceu depois?

— Não me lembro de mais nada!...

— Não tem importância, já se lembrou o bastante, e isso o levará a outras recordações, as quais, no momento certo, lhe aflorarão à mente. Por ora, poderemos voltar ao seu leito, pois temos medicamentos que precisam lhe ser ministrados.

— O senhor é muito bondoso! A sua presença traz-me uma tranquilidade e uma segurança muito grandes, assim como a de todos que cuidam de mim, aqui. Penso que, se assim estou, devo a vocês, irmão... Como se chama?

— Meu nome é Fulgêncio! Cumpro a minha obrigação com muito amor, e a minha alegria é vê-los, todos, felizes e recuperados!

Capítulo

2

Visita esclarecedora

Getúlio, cuja personalidade começava a ser readquirida, embora ainda tempo levasse para tornar à plenitude das lembranças, com toda a sua vida lhe descortinada à frente, voltou ao leito. O repouso deveria ser feito, os medicamentos ministrados, como também os passes para o fortalecimento espiritual e mental.

Tudo é realizado de forma lenta, nessas oportunidades. O sofrimento havia sido intenso, os débitos foram grandes! Após o desenlace do corpo, permaneceu muito tempo confuso, inconsciente, e em grande sofrimento! Sentia-se perdido...

Nessas circunstâncias, o tratamento espiritual, embora dedicado e constante, tem que ser bem dosado para não trazer nenhum choque prejudicial ao Espírito convalescente. Por isso, o nosso irmão recebia o carinho, as prescrições medicamentosas, os passes direcionados ao perispírito e à mente, e o progresso se efetuava, porém, lento. Era regulado para que esse refazimento fosse salutar, e não prejudicial pelas lembranças, todas voltadas de chofre, causando um desequilíbrio difícil de ser sanado.

Dessa forma, ele se encontrava bem melhor, conseguia sair do leito, fazia pequenas caminhadas, e chegava até o pequeno jardim, mais próximo às instalações da enfermaria. Entretanto, logo mais teria possibilidade de descortinar um grande e belo parque, arborizado e florido, disponível àqueles que suportavam caminhadas mais longas. Dispenderia algumas horas passeando, encontrando companheiros nas mesmas condições, revigorando o Espírito com fluidos benéficos hauridos da Natureza espiritual, composta de elementos que lhe proporcionariam aquele hálito de energias salutares ao seu restabelecimento e bem-estar, cada vez maiores.

A consciência deveria retornar-lhe! Fariam tudo para isso, e seria o complemento do que já lhe havia sido dispensado. Porém, aguardariam ainda um pouco, até que tivesse condições.

O progresso se realizava, auxiliado então, mais de perto por Irmão Fulgêncio, que, a cada dia, fazia-o entrever alguns relances do seu passado. Ainda era como se estivesse se recuperando de enfermidade prolongada, e nada sabia, nada se recordava dos fatos finais que lhe propiciaram o retorno ao Mundo Espiritual.

Naquela manhã, irmão Fulgêncio se aproximou, levando-lhe uma notícia:

— Hoje, querido irmão, vamos ao pequeno jardim! Lá, uma surpresa o aguarda! Outro dia, reclamou que nenhum familiar o havia visitado, e hoje temos um seu familiar muito querido, aqui, em visita! Ela o aguarda no jardim! Vamos até lá! Penso que deveria arrumar-se bem, para que a visita o veja bem!

Caminhando, não tão vagaroso como o fazia, chega ao jar-

dim e vê uma senhora sentada, de costas, reconhecendo-a.
— Parece-me que é Darci!...
— Sim, vamos até lá!
Muito surpreso com aquela presença, chegou-se até ela que, ao vê-lo, levanta-se e o abraça fortemente.
— Há tempos a esperava! Estou muito feliz. A minha recuperação, agora, se fará muito mais rapidamente!
— Hoje, querido, vim visitá-lo, para que compreenda uma situação!
— O que houve? A que situação se refere?
— Antes de lhe responder, diga-me, como me vê? Está feliz com a minha visita?
— Era o que mais eu esperava! Poder abraçá-la novamente como o fiz! Por que não veio antes?
— Não me era permitido, mas hoje chegou o dia de você saber o que aconteceu, por isso vim!
— O que aconteceu? De que está falando?
— Primeiro quero saber como me vê, como se sente, que não me respondeu!
— Sinto-me feliz com a sua presença, e vejo-a mais bonita ainda! Agora diga-me, o que houve?
— Há tempos, querido, fiquei só, você me abandonou!...
— Eu nunca a abandonei!
— Você deixou a Terra e partiu! Eu fiquei só e triste!
— O que quer dizer com isso?
— Ouça-me para poder compreender bem! Você me deixou, deixou os nossos filhos, deixou o seu posto, deixou a Terra...
— Você quer dizer que morri?
— Se é com essa palavra que irá entender, que a utilize, mas responda-me: – Você sente-se morto?
— Não, Darci, sinto-me vivo, muito vivo, por isso não entendo!...

— Eu vou continuar e você entenderá! Algum tempo depois que nos deixou, eu também parti da Terra e aqui estou! Se é preciso dizer que morri, para que entenda, eu direi! Mas, como você, sinto-me viva, muito viva e feliz por encontrá-lo hoje! Estamos ambos vivos! Não sente alegria, por rever-me, meu companheiro de tantos momentos felizes?

— Por tudo o que entendi, está me dizendo que não estamos mais na Terra?

— Sim, meu querido! Deixamos o nosso corpo e vivemos em Espírito! Continuamos vivos, e viver no Mundo Espiritual, não é maravilhoso?

— Em sua companhia, tudo é maravilhoso! Sinto-me bem, e não importa se somos só Espíritos! Estou feliz de nos encontrarmos, mesmo que não mais estejamos na Terra! Sinto-me vivo, vejo-a viva, estamos juntos, isso é que é importante!...

— Sim, meu querido, você vai poder estar comigo, virei visitá-lo sempre, porque gravitamos no mesmo plano!

— Você foi minha companheira dedicada, compreensiva e sempre me fez feliz!

— Pois então! Essa felicidade pode ser retomada, talvez, quando estiver completamente refeito! Deus é quem rege os nossos destinos e, quem sabe, ainda estaremos juntos! Por ora, deve pensar apenas na sua recuperação total! Há tempos queria vê-lo, mas não tinha a permissão para visitá-lo, até que hoje me foi possível – era o momento de lhe fazer esta revelação!

— Não sei o que dizer, Darci! Ainda não tenho a totalidade da minha consciência, mas sei que era Presidente! Como está o meu amado País neste momento? Por que eu voltei tão inesperadamente? Eu não me lembro de que estivesse enfermo!

— Tudo lhe será esclarecido no momento certo! Cada coisa tem sua hora. Hoje foi um dia muito importante para você e para mim também, pois, além deste encontro, depois de tantos anos afastados, você passa a ter consciência de que não está mais naquele mundo tão atribulado, de tantos problemas – só isso deve deixá-lo feliz!

— Preciso pensar bastante e, quando estiver totalmente reequilibrado, procurarei ter toda a minha existência de lá! Quero, mentalmente, rever recantos que me foram tão felizes e tranquilos, quero trazer tantas coisas para essa minha vida, agora!

— Não pense em nada disso! Pense apenas em se restabelecer, em ser feliz com o atendimento que lhe estão dispensando! Pense no amor com que todos aqui o tratam, e que hoje teve a felicidade e a permissão de Deus para nos reencontrarmos.

Nesse momento, Irmão Fulgêncio, que tinha se mantido um tanto à distância, mas observando, achou que era tempo de Getúlio se recolher – já havia tido emoções suficientes para o dia – e se aproximou.

— Irmã Darci, quero lhe agradecer por ter cumprido muito bem tudo o que combinamos, e penso que agora é hora de se retirar! Getúlio necessita voltar ao leito, e passar por algumas horas de repouso para asserenar a mente e o coração.

— Sim, irmão! Quero beijar-lhe as mãos por esse momento extraordinário que me proporcionou!

— Não me agradeça! Agimos de conformidade com as ordens de nosso Mentor maior, e ele determinou que hoje seria esse dia, tanto para a irmã, que muito nos ajudou, como para Getúlio, que agora terá condições de partir para uma reconstituição plena de suas faculdades.

— Devo ir, então, querido, mas sempre que me for permitido, aqui estarei para vê-lo, e ainda teremos oportunidade de conversar bastante! Fique tranquilo, para o seu próprio bem, e lembre-se de que sabia orar; tem feito isso?

— Sabe que não, Darci! Não tenho me lembrado de orações!

— Mas deve fazê-lo! Se não se lembrar, peça ajuda ao nosso irmão!

— A irmã sabe, não é preciso que saibamos orar – explicou o Irmão Fulgêncio – não é preciso nos lembrarmos de palavras decoradas para nos dirigirmos a Deus! Basta que o façamos com o coração, com muito amor, dizendo aquilo que encontramos em nós próprios, e o nosso apelo chegará mais facilmente ainda, até Ele!

— Sim, irmão! Graças a tudo o que recebi, sei disso, mas precisava falar assim com Getúlio, para que houvesse um começo.

— Entendo e agradecemos muito! Agora vamos entrar, e que a sua volta seja amparada por Deus, que vê e auxilia todos os nossos passos!

A partir daquele momento, muitas mudanças ocorreriam na vida do nosso irmão. Suas convicções, suas esperanças, a sua indefinição mental começariam a modificar-se. Não entendia como aquela situação pôde ter ocorrido. Não tinha lembranças de nada! Mas e a presença de Darci teria sido uma ilusão dos seus sentidos? Não, não podia ser! Falara com ela, abraçaram-se, conversaram, e ela o fizera com a mesma serenidade e doçura de anteriormente, mostrando compreensão e vontade de ajudá-lo! Ela nunca o enganaria! O Irmão Fulgêncio lá estivera e tinha falado com ela! Então era verdade!?...

Só, em seu leito, imaginou tudo novamente, desde o momento em que dele saíra, a convite do Irmão Fulgêncio, até a sua volta. Estava muito claro e, retinha em si, todas as palavras que haviam sido trocadas. A verdade era comprovada por aquele hospital estranho, quando nenhuma visita recebera, e nem mesmo sabia em que local estava situado. Era verdade! Já deixara a Terra, deixara o seu posto, deixara o seu País amado, deixara os seus familiares e todos os que o rodearam sempre e quiseram auxiliá-lo! Porém, ali, agora se encontrava! Deixara também tantos problemas insolúveis, tantas situações complicadas, tantos descontentamentos, pela impotência de tomar atitudes. Ah! Quanto sofrera! Quantos desejos de realizações tivera, e quão pouco fizera!

Um enfermeiro aproximou-se-lhe do leito, trazendo um medicamento que o desviou de tantas reflexões, e, logo mais ele dormiu profundamente.

Quando acordou, depois de muitas horas de repouso, alguns auxiliares estavam à sua volta, como também Irmão Fulgêncio, que lhe perguntou:

— Como se sente hoje?

— É muito difícil responder! Tantas lembranças, a conscientização do que me foi revelado, a visita de minha querida Darci, tudo está muito vivo em minha mente, e esteve também durante o meu sono, e sonhei muito! Revi muitas situações, revi pessoas...

— Foi muito bom! Agora irá se recordando, aos poucos, do que vivenciou na Terra! Gostaria de se levantar para um passeio? O dia está lindo e, se quiser caminhar, eu o acompanharei! Quando se sentir cansado, nos sentaremos para conversar!

— Tentarei! A sua solicitude é muito grande, e eu não poderei negar! Assim desfrutarei da sua companhia, que me traz muito bem-estar! Tentarei!

— Levante-se devagar, e começaremos a caminhar lentamente, deixando, pela primeira vez, o pequeno jardim próximo à enfermaria, o *solarium* onde os pacientes podem, sem muito desgaste, se refazer, se aquecer com as energias do Sol!

Naquele dia ele poderia caminhar um pouco mais... Deixaram a enfermaria, passando por uma outra saída, e descortinaram, logo mais adiante, um outro jardim, maior, mais arborizado, aquele mesmo que continuava, mais além, num grande parque.

Andaram um pouco, e logo pararam sob uma árvore para descansar, sentando-se em um banco.

— Agora poderemos conversar! Sei que tem muitas perguntas a fazer, principalmente em relação à visita que recebeu ontem, não é verdade?

— Vejo que não é necessário externarmos em palavras os nossos desejos, pois vê o nosso íntimo e sabe o que queremos, não é assim?

— Sim, temos essa possibilidade aqui, e logo também a terá! Sem o corpo carnal, muitas possibilidades se abrem ao Espírito! Não precisamos mais dos órgãos sensoriais – os que temos na Terra – para percebermos o que está ao nosso redor. Todo o nosso ser espiritual se porta como um radar, a captar, com muito mais intensidade, amplitude e precisão, o que lá ainda só percebemos através dos órgãos dos sentidos. Compreende?

— Estou procurando entender!

— Contudo, não era sobre isso que queria falar, não é mesmo?

— Tem razão, mas todas as explicações que me esclarecem, são importantes, e ajudarão a me elucidar nesta minha nova vida!

— Diga, irmão, o que deseja saber?

— Quero lhe contar o que ocorreu ontem, quando voltei ao leito! De início, eu duvidei de tudo, pensando haver sido alguma alucinação dos meus sentidos, mas depois, procurando analisar melhor, cheguei à conclusão de que é verdade. Encontro-me no Mundo Espiritual e estou em recuperação, não de enfermidade terrena, mas passo por um período de adaptação a esta nova vida que terei agora.

— Vejo que sua mente já tem capacidade para um raciocínio lógico e isso nos deixa muito felizes.

— Onde está Darci, irmão? Se nós dois já deixamos a Terra, por que não estamos juntos? Onde ela está?

— Há muitas verdades que você, aos poucos, compreenderá! No grande espaço sideral, há muitos locais como este, de atendimento a irmãos desencarnados. Cada um é levado a um deles, de acordo com muitas situações que agora seria difícil lhe explicar. Mas é permitido, quando há necessidade, que um saia em visita a outrem!

— Quer dizer que eu também poderei sair daqui e visitar outros locais?

— Sim, mas não ainda! Para isso é necessário um reequilíbrio perfeito de todas as faculdades espirituais, plena consciência de sua condição, e que seja, após isso, merecedor, através dos atos de amor que praticar em favor dos menos aquinhoados, em favor dos irmãos infelizes, entendeu?

— Isso quer dizer que Darci já é merecedora?

— Não só isso, como também a sua visita de ontem teve duas finalidades. O reencontro e, dele, o propósito maior que foi a compreensão de sua situação atual, sem que muitas explicações precisassem lhe ser dadas, sem que o irmão ficasse chocado, porque estava amparado por um ente tão querido, ambos no mesmo plano! Isso lhe trouxe fácil compreensão, não foi assim?

— A alegria de vê-la foi tanta que, ao me dizer que havíamos deixado a Terra, nada significou para mim! Estávamos ambos ali, e eu sentia-me vivo! Aceitei plenamente, embora depois achasse que havia sido uma ilusão.

— Isso prova que a nossa vida na Terra, onde sofremos, lutamos, e somos felizes também, é semelhante à nossa! A morte não é o fim, mas apenas uma transformação! Passamos de um plano a outro, muito melhor, mais amplo em possibilidades, mais aberto aos nossos olhos! A morte, quando em vida praticamos boas ações, quando vivemos pautados pelos princípios ensinados por Jesus, é uma bênção para o Espírito, que se liberta do jugo de tantas aflições. Mas para que desfrutemos dessas delícias espirituais, temos que ser merecedores, compreende-me?

— Sim, compreendo muitas coisas agora! Sei que o sofrimento na Terra é grande, e nem sempre sabemos enfrentá-lo de forma proveitosa ao Espírito. Sei também que carregamos conosco muitas imperfeições que nos fazem cometer erros e, por isso, tememos a morte.

— Quando se teme a morte, razões há! Se temos consciência de que a vida continua, mas não a vivemos corretamente, sabemos que não merecemos um bom lugar no Mundo Espiritual. Se não temos crença, se somos apegados a regalias terrestres, vivendo de forma egoística, visando apenas aos nossos próprios interesses, desfrutando de conforto conseguido à custa de sofrimentos dos outros, temos receio da morte, não pelo que possa nos ocorrer depois, mas sim, por deixarmos o que construímos em bens materiais, pois a morte, para tais pessoas, significa o fim de tudo, o nada!

— Sempre fui crente em Deus, sempre pratiquei minha religião, da forma como a entendia, é certo! Mas a crença em Deus e na continuidade da vida, eu as tinha, só que não como a encontro aqui!

— Logo mais, quando estiver em condições, levá-lo-ei a visitar toda a nossa Colônia, todos os nossos departamentos, e, tenho a certeza, irá se surpreender com o que verá!

— Como assim, irmão?

— Surpreender-se-á com tudo o que possuímos aqui, e, quando visitar o Departamento Preparatório para Reencarnações na Terra, terá muitas surpresas! Aguarde e verá!

— E quando me será permitido?

— Ainda demorará algum tempo! Agora devemos retornar, contudo, todos os dias poderá sair um pouco. Quando puder, eu o acompanharei, e, a cada dia, estenderemos um pouco mais a caminhada, até chegarmos ao grande parque. Se não puder, algum outro irmão o fará, até que possa realizá-lo sozinho!

Capítulo

3

Restabelecimento

Muitos e muitos dias se passaram. Getúlio tinha já quase que a plenitude de suas faculdades espirituais. Realizava passeios sozinho, e pouco permanecia no leito, apenas o tempo suficiente para o repouso! Caminhava bastante, conversava com outros, também em recuperação, passeava pelo grande parque em caminhadas matinais, haurindo aquele hálito benéfico que exalava dos vegetais, conjugado com a luz solar, e o restabelecimento foi se efetuando, não só para a sua alegria, como também para a de Irmão Fulgêncio, que o auxiliava mais de perto.

Nunca mais Irmã Darci viera visitá-lo.

Era preciso um bom espaço de tempo, a fim de que ele, num esforço próprio, fosse captando a sua existência anterior, e tudo o que a envolveu. Tinha-a quase toda na mente, e com ela trabalhava bastante. Algumas das suas realizações deixavam-no feliz, outras deixavam-no triste. Ainda não podia avaliar a extensão exata do que havia feito! Tinha os fatos, mas não as consequências, em forma de dissabores e de compromissos assumidos pelo Espírito. Muitos deles os achava normais e próprios para um chefe da Nação, que precisava conter excessos, ou o que julgava sê-los. Praticara-os em prejuízo de alguns, para chegar aos fins imediatos que desejava alcançar, nem sempre compatíveis com os objetivos levados do plano espiritual, com nobres intentos.

Irmão Fulgêncio deixava-os irem se achegando, sem nenhuma interferência, e sem aconselhamentos em relação ao que havia feito e aos compromissos que com eles assumira. Ainda era cedo! Mas o momento certo chegaria, e aí, então, quando tivesse condições de analisar e avaliar as suas próprias ações, pelos estudos que realizava, através de leituras, e mesmo pelos esclarecimentos de modo geral, ele próprio chegaria às conclusões necessárias, sem que ninguém lhe apontasse o dedo. O efeito seria muito mais benéfico!

Se erramos, e alguém nos recrimina, nem sempre a advertência serve de modificação e aprimoramento aos nossos atos! No entanto se nós próprios, através de uma compreensão maior ou uma indução, chegarmos à conclusão de que estamos em falta, aí sim nos será de grande proveito! Procuraremos não mais cair nos mesmos erros, porque já aprendemos o suficiente para nos vigiar e comandar as nossas ações, direcionando-as adequadamente. Era o que deveria acontecer com aquele irmão.

Ele passava, assim, por um período de tranquilidade, durante o qual ia compreendendo, aos poucos, a sua vida pregressa e, a par do que lia, ouvia e aprendia, teria condições de fazer a sua análise.

Quando o dia chegasse, teria o aconselhamento necessário

a cada conclusão, e seu Espírito, já receptivo, poderia até arrepender-se.

Irmão Fulgêncio, conduzindo um outro irmão necessitado, a um passeio, encontra-o andando, meio cismarento, e para, a fim de trocar algumas palavras.

— Então, irmão Getúlio, como tem passado? Ultimamente temos conversado muito pouco! Como está?

— Sinto-me cada vez melhor, mais revigorado, já consigo caminhar por bastante tempo, desfrutando das delícias deste parque encantador!

— E o que faz enquanto caminha, irmão?

— Admiro esta bela Natureza que não vi igual em lugar nenhum do orbe terrestre e, ao mesmo tempo, penso, e tenho pensado muito, muito!... Tenho trazido para dentro de mim todas as lembranças, todas as reminiscências vivenciadas na Terra, e...

— ... e, como tem se sentido a cada uma delas? – interrompeu-o, indagando, Irmão Fulgêncio.

— Quanto a isso, gostaria muito de conversar com o senhor, quando puder me atender! Preciso de algumas explicações! Ainda há um momento obscuro em minha vida, e preciso da sua ajuda.

— Na ocasião certa, nos falaremos! Vá fazendo esses exercícios mentais, que só lhe farão bem, mas não se esqueça também de se aplicar à leitura e às orações, como recomendou a nossa Irmã Darci, lembra-se?

— Sim, lembro-me e tenho me esforçado! Tenho pedido muito a Deus que me ilumine e proteja, a fim de que eu tome um rumo adequado nesta minha vida de agora!

— Vejo que está se esforçando! Quando chegar a hora, conversaremos, e lhe mostrarei muitas coisas.

— À propósito, por que Darci nunca mais voltou? Gostaria

tanto de vê-la! Ainda não posso ir encontrá-la?

— Lembre-se do que já lhe expliquei! Ainda demorará muito, mas, quando lhe for permitido e salutar, ela virá! Agora pode continuar o seu passeio, que devo acompanhar este nosso irmão!

Getúlio, caminhando devagar, chegou àquele pequeno jardim, próximo à enfermaria, e se assentou um pouco para refletir, descansar e desfrutar da companhia daqueles que ali estavam, tão necessitados quanto ele, de atenção, de carinho, de amor e de tratamento...

A recuperação do nosso irmão, dentro do previsto e programado, e que lhe era permitido descortinar em lembranças benéficas, estava completa.

Apenas uma parte obscura ficara, mas esta não podia ainda vir-lhe à mente, ser-lhe-ia prejudicial e, portanto, permaneceria bloqueada dentro do armazenamento de suas reminiscências. Agora, outros passos deveriam ser dados! Muito ainda teria que saber e reconhecer!

Irmão Fulgêncio era ainda o encarregado desses primeiros passos, enquanto ele permanecesse na enfermaria para a qual fora levado. Logo mudaria para outro departamento, onde irmãos já recuperados de seus desequilíbrios, e do que haviam trazido da Terra, permaneciam mais libertos, mais ativos, mais receptivos. Entretanto esperemos até que ele possa ter essa possibilidade.

Irmão Fulgêncio, numa límpida manhã, aproximou-se de Getúlio, dizendo-lhe:

— Hoje será um dia muito importante para o irmão! Levá-lo-ei a visitar toda a nossa Colônia! Verá alguns departamentos e, quem sabe, ainda mais algumas lembranças lhe acudam à mente!

— Tenho mais ainda para me recordar?

— Sempre temos, sobretudo aqui, quando sabemos que não vivemos, na Terra, apenas uma vez!
— O que quer dizer com isso?
— Não se antecipe e venha comigo! Daremos hoje um passeio diferente! Não veremos o jardim, nem o Sol brilhante, mas outros locais que lhe serão interessantes, e de muito conhecimento.
— Estou à sua disposição!
— Pois então vamos!

Saíram da enfermaria, atravessaram o pequeno jardim, e ingressaram em outra parte. Percorreram um longo corredor, estranho, com muitos compartimentos grandes, e cada um adequado a uma finalidade. Todas as portas estavam fechadas e nada lhe foi mostrado, nem Irmão Fulgêncio falou sobre eles. Encontraram muitos irmãos que por ali circulavam, tanto auxiliares, que os olhavam com bondade e um sorriso nos lábios, como outros que vinham para o seu aprendizado e recuperação. Terminado o corredor, penetraram num outro departamento.

Chegaram a uma grande sala onde Getúlio vislumbrou muitas pessoas! Algumas lendo, outras estudando, outras, sentadas a uma mesa, entretidas em preparar papéis!... Muitas atividades eram ali desenvolvidas!

— Já viu algum lugar semelhante? – perguntou-lhe Irmão Fulgêncio.
— Assemelha-se a uma grande repartição, onde cada um desempenha o seu trabalho!
— Sim, tem razão!
— E o que fazem esses irmãos, aí tão aplicados?
— Procure fazer um esforço de memória, que você mesmo irá saber!
— Como fazer um esforço de memória?! Não posso ter lembranças de um lugar que não conheço!
— Tem certeza de que não o conhece?

— Por que essa pergunta? Hoje é a primeira vez que aqui venho, o senhor sabe!

— Nesta fase de sua vida é a primeira vez, mas procure lembrar-se; o irmão poderá, já está preparado para isso! Olhe bem aquela mesa, aquela que permanece vazia, lá no canto, veja! Vamos até lá! – convidou-o irmão Fulgêncio.

Dirigiram-se ambos até à mesa citada e, diante dela, Irmão Fulgêncio pediu-lhe:

— Sente-se um pouco!

Getúlio, obedeceu-lhe.

— Nada lhe veio à mente? – perguntou-lhe novamente Irmão Fulgêncio.

— Parece que agora sim! Parece que já estive sentado em uma mesa semelhante a esta, e lembro-me de que trabalhava bastante.

— E já se lembrou do que fazia?

— Não consigo!

— Pois irá lembrar-se, esforce-se!

— Sim, de forma um tanto imprecisa, vejo-me aqui, traçando planos, estudando, preparando papéis...

— Sim, é isso mesmo! E que papéis eram esses?

— Agora me lembro! Eu já estive aqui, e preparava o plano que desenvolveria na Terra, quando voltasse!

— Muito bem! Vejo que agora já está capacitado para saber muitas coisas, para recordar-se de outras também.

— Isso quer dizer que eu já estive neste lugar antes dessa minha última ida à Terra?

— Neste departamento, nesta mesa, o irmão traçou o mais belo plano de intenções para a sua encarnação na Terra! Preparou a sua volta e, com o auxílio de amigos espirituais, seria levado à envergadura de chefe da Nação, para cumprir os propósitos realizados.

— E como me saí?

— Isso, o irmão mesmo irá avaliar! Terá acesso a todos os planos que idealizou, que aqui temos tudo arquivado, e, ao seu exame, terá as condições de aquilatar! Compreende-me?

— E quando poderei fazê-lo?

— Logo mais, que hoje estamos apenas em visita! Quem sabe amanhã mesmo; preciso ainda ter confirmação! Saiamos agora e continuemos a nossa visita.

Deixaram aquele departamento e continuaram a percorrer as outras seções, que o Irmão Fulgêncio foi lhe mostrando e explicando. Passaram por uma imensa Biblioteca, contígua a um amplo salão que lhe pareceu deslumbrante! Muito grande, porém muito simples, iluminado por luzes estranhas, diáfanas e brilhantes. Num plano mais elevado, à semelhança de palco, havia uma mesa, em volta da qual estavam colocadas cadeiras de espaldar alto. Ao fundo, um pouco acima do nível da mesa, havia uma grande tela. Do lado esquerdo, um instrumento muito semelhante a um piano terrestre, completava o ambiente.

— Neste salão, caro amigo, são realizadas as preleções para os necessitados, aqueles que têm condições de permanecer um tempo maior, e capazes de entender todos os ensinamentos que são ministrados. Irmãos maiores aqui comparecem, às vezes, quando há necessidade em relação a alguma empreitada importante que deveremos empreender, e, de outras, sem que venham, podemos vê-los e ouvi-los através da grande tela colocada ao fundo. De outras feitas, o nosso Mentor mesmo comparece, para reuniões regulares.

— Eu não posso comparecer ainda?

— Quando se mudar de departamento e deixar a enfermaria, poderá sim! Talvez isso ocorra hoje mesmo! Mas continuemos!

A grande Biblioteca, onde muitos se aplicavam à leitura, impressionou Getúlio.

— De que tratam os livros aqui? – perguntou.

— Temos livros sobre todos os assuntos, porque todos nos são muito importantes! Mas aos consulentes em tratamento inicial, só são permitidos os que falam dos ensinamentos de Jesus, com aconselhamentos e pequenas histórias demonstrativas de situações evangélicas. Logo também terá acesso a todos eles, e não mais só àqueles que os irmãos da enfermaria levavam.

— Vejo que há muitas atividades, aqui!

— Sim, trabalhamos muito, e de diversas formas! O trabalho é quase semelhante ao desenvolvido na Terra, se uma comunidade assim, só direcionada ao bem, lá existisse! Os que já melhoraram um pouco, passam a desempenhar uma atividade, que pode ser, desde varrer o chão, atender às enfermarias, até às mais altas posições, que são desempenhadas pelos nossos Mentores maiores. Temos também técnicos, pois aqui trabalhamos muito com aparelhagens, ainda desconhecidas na Terra. Lembra-se do longo corredor por onde passamos?

— Lembro-me! Todas as portas estavam fechadas!

— Sim, são compartimentos com aparelhagens necessárias ao desenvolvimento de atividades, diante do que se tem em mente.

— Por exemplo o quê?

— Temos aparelhos que permitem a visão da própria existência, toda descortinada à nossa frente! Temos outros que permitem a visualização de encarnações precedentes, quando é necessário para a compreensão de situações vivenciadas na Terra, e incompreensíveis aos nossos irmãos. Temos aparelhamentos que arquivam todos os fichários pertencentes aos internos atuais, ou aos que já o foram. Outros guardam os planos realizados, como aqueles que o irmão fez!...

— E como esses aparelhos nos mostram esses arquivos, planos ou fichários?

— Mostram-nos através de telas! Temos tudo na tela, sem necessidade de armazenarmos grandes quantidades de papéis!
— Gostaria de ver um aparelho assim!
— Quando chegar o momento, o irmão verá! Terá que vê-los! Tem seus planos todos arquivados num deles!
— E como manejá-los?
— Terá em seu auxílio um técnico que faz esse trabalho! Só os que já preparamos para isso, lidam com esses aparelhos, só eles sabem como utilizá-los! Bem, continuemos a nossa visita! Quero lhe mostrar um outro departamento – a cozinha!
— Há cozinha também aqui?
— Sim, temos pessoas abnegadas que preparam lá a refeição, aos que ainda não podem dispensar esse tipo de alimentação!
— De que são preparadas?
— O irmão mesmo tem se utilizado delas, não é mesmo?
— Sim, levam-me sempre algumas coisas para comer, muito gostosas, embora simples. Muito leves, mas substanciosas!
— É esse o nosso objetivo! Refeições leves e substanciosas, até que cada um possa dispensá-las de vez. Utilizamos os nossos vegetais, as nossas frutas e as compomos de acordo com a necessidade de cada um.

Depois de visitarem a cozinha, deram a volta por um pátio, e foram àquele parque onde Getúlio passeava e já conhecia bem.

— Terminamos por hoje, nossa visita! Já deu para ter uma noção do que realizamos nesta Colônia! Agora vou deixá-lo só, e levar ao nosso Mentor, o resultado das suas observações, o que recordou, e obter dele ou não, a aprovação para que mude de local. Por enquanto está livre para fazer o que quiser, e logo mais voltaremos a conversar. Quem sabe a sua transferência se faça ainda hoje mesmo!

Capítulo

4

Departamento dos recuperados

Ao deixar Getúlio, só, no parque, Irmão Fulgêncio dirigiu-se à sala do Mentor Maior daquela instituição – Irmão Fabrício. Localizava-se numa parte da Colônia, por onde não haviam passado, quando da visita. Era um lugar mais privativo, e passeios, por ali, não eram permitidos.

Ao entrar, Irmão Fabrício, muito solícito, querendo informações, perguntou-lhe:

— Então, como está Getúlio? Como se saiu em sua visita, hoje?

— Muito bem!

— Atingiu o objetivo primeiro que desejávamos?

— Sim! Ao levá-lo à sala onde programou a sua reencarnação, induzi-o a que fosse se recordando de que lá já estivera e trabalhara no seu plano.

— Isto é ótimo! Apoiado em suas próprias reminiscências, poderá trabalhar a análise de seus atos e chegar às conclusões necessárias.

— Compreendo o seu objetivo, irmão!

— Sei que o compreende, pois estando conosco há tanto tempo, sabe do que necessitamos!

— É verdade! Se lhe disséssemos, mesmo que visse através da aparelhagem, o plano realizado, não acreditaria ter sido preparado por ele. Mas, como o fizemos, terá toda a capacidade de se analisar, partindo do que reconhece, elaborado por si próprio! E agora? Disse-lhe que talvez hoje mesmo pudesse ser transferido. Como faremos?

— Diante do que me revelou, não há mais necessidade de que permaneça na enfermaria! Pode transferi-lo para o Departamento de Recuperados! Lá estará mais ativo e trabalhará em si mesmo.

— Compreendo!

— Pode ir agora, e levar-lhe a notícia! Chame o irmão auxiliar daquele departamento para lhe preparar o local, e, em seguida, que ele mesmo vá encontrá-lo e levá-lo!

— Está bem! Havia me afeiçoado a ele, após tanto tempo de convivência, e vou sentir a sua falta.

— É muito natural que isso ocorra, mas aqui não estamos isolados um do outro! Separam-se os departamentos, mas o irmão pode transitar por todos, e visitá-lo, ou até encontrá-lo no parque, desde que não atrapalhe o seu trabalho, nem a atividade que ele terá que realizar!

— Sei disso... e nada faria para prejudicar o meu trabalho, nem o dele, pois não é para isso que aqui estamos!

— É isto mesmo que eu quero ouvir! Pode ir e leve-lhe a notícia, porém, ele deve aguardar o irmão que irá buscá-lo!

Irmão Fulgêncio cumpriu as recomendações e, em seguida, foi ao encontro de Getúlio, encontrando-o ainda no parque, caminhando, cabisbaixo, as mãos unidas às costas.

— Que bom vê-lo novamente! E então? – perguntou-lhe Getúlio.

— Já terminei a entrevista que mantive com Irmão Fabrício, o nosso Mentor, e a sua mudança já está autorizada!

— O senhor continuará comigo?

— Não, a minha atividade continua a ser na enfermaria e o irmão passa para o Departamento dos Recuperados! Outro chefe o auxiliará, assim como também os irmãos auxiliares que lá trabalham. Estará bem amparado, e a orientação necessária lhe será dada agora, por outro dirigente.

— Vou sentir a sua falta!

— Eu também sentirei, que me acostumei à sua presença, mas se permanecer sempre na enfermaria, não fará a recuperação total, como tem que ser agora! No departamento para onde irá, estão aqueles que se refizeram do muito que trouxeram da Terra, impregnado nos seus perispíritos, para poderem, agora, partir para as atividades necessárias à plenitude do Espírito, compreende?

— Quando lá estiver em atividade, tentarei compreender melhor! Quando irei?

— Hoje mesmo! Pode voltar ao leito, que um irmão auxiliar daquele departamento, irá buscá-lo!

— E eu não o verei mais?

— Sim, nos veremos quando for permitido, até poderemos nos encontrar fortuitamente no parque!

— Se isso é uma despedida, irmão...

— ...não é uma despedida!

— É uma despedida, sim, pois vou sair da enfermaria e de seus cuidados, embora ainda continuemos aqui! Quero agradecer tudo o que foi feito por mim, até agora, as palavras de compreensão e carinho que sempre me dispensaram, a par de todo o tratamento que realizaram. O irmão sabe em que condições cheguei, e ainda nem sei há quanto tempo! Agora estou recuperado e bem melhor, com a consciência de quem fui, e isso devo a todos da enfermaria, e, principalmente ao senhor!

— Não nos agradeça! Aqui estamos para realizar o nosso trabalho, aliviando um pouco do sofrimento que os irmãos trazem, mas trabalhamos com amor e com grande dedicação. É o nosso dever! Agradeça, sim, e sempre, a Jesus, que permitiu, fosse trazido! Agradeça ainda pelo que recebeu, pelo seu equilíbrio! É só a Ele que deve o seu agradecimento!

— Eu o faço em minhas orações, que agora oro sempre, como recomendou-me, Darci! Lembra-se?

— Então o irmão está no caminho certo! Procure sempre manter a sua ligação mental com Jesus, pois é Ele que nos transmite a força, a coragem, e as possibilidades de que necessitamos! Pois bem, agora devemos entrar e aguardar o auxiliar que o levará!

— Vamos, então!

Logo após, o irmão auxiliar do departamento para o qual Getúlio seria transferido chegou, e ele foi levado.

No novo departamento, entraram num imenso salão, onde cada interno tinha um compartimento separado, à semelhança de box, reservando-se, assim, a privacidade de cada um, mas, ao mesmo tempo, todos congregados num só ideal – o de completar, de outra forma, o que lhes restava, a fim de que, não só a recuperação espiritual e perispiritual se fizesse, mas também que tivesse consciência para poder avaliar a encarnação passada na Terra.

De nada adianta ao Espírito passar pelo orbe terrestre e retornar, se não analisar a sua existência. Da análise é que vamos concluir onde erramos, o que fizemos indevidamente, para nos corrigirmos numa próxima oportunidade, ou sentirmo-nos estimulados, quando da realização de atos nobres, para novamente praticá-los, e, até com mais frequência, fazendo deles o objetivo primeiro e único da nossa passagem pela Terra.

Quando todos compreenderem que essa passagem é a oportunidade maior que um Espírito tem de ressarcir passados vivenciados de forma negativa, a Terra terá cumprido a sua missão diante do Pai. Estará transformada, porque os atos escusos foram substituídos por outros nobres, e será um local de felicidade. Mas para que isso ocorra, deverá haver o esforço de cada um, em aprimorar-se cada vez mais! – É do conhecimento que vem a convicção de que a reforma íntima é necessária, como também, a vontade de viver de modo o mais nobre e correto possível, não só para si, mas ajudando o reerguimento dos outros.

Tudo isso, naquele departamento se faria! A conscientização dos atos passados, com a oportunidade de reconhecer as próprias faltas. Contudo, para atingir esse fim, era necessário, em primeiro lugar, que tivessem ciência do que eles próprios organizaram para si, em planificação de objetivos, nessa mesma Colônia, ou em outras, pois teriam condições de visualizá-los, através de aparelhagem adequada.

No primeiro momento em que chegou, tudo lhe era desconhecido! Alguns irmãos repousavam, outros estudavam, e alguns compartimentos achavam-se vazios. Não sabia se seus ocupantes se encontravam em atividade fora dali, ou se estavam vagos. Nada perguntou, apenas obedecia! Indicaram-lhe o seu local, no qual ele penetrou e pôde ver um leito, com uma pequena mesinha de cabeceira e, ao lado, uma cadeira. Nada mais! Tudo muito simples, tudo muito em ordem, exalando um aroma agradável, suave, mas desconhecido.

Ali ficou, sem saber o que fazer, de início, mas logo chegou uma senhora, de aspecto sereno e bondoso, de meia-idade, que lhe disse:

— Seja bem-vindo a este departamento! É o irmão Getúlio, não?

— Sim, sou eu!

— Já o aguardava! Fui avisada de que hoje seria transferido para cá. Quero que se sinta à vontade! Terá a oportunidade de fazer muitas amizades! O salão está repleto! Há muitos companheiros com quem poderá conversar, trocar ideias! Pode agora consultar a nossa Biblioteca, já sabe onde fica, não?

— Sim, irmã! Mas quando em visita à Colônia, não chegamos até esta parte, e, talvez não acerte!

— É muito fácil, porém, quando quiser ir, um irmão auxiliar o levará! Quero lhe dizer que supervisiono este departamento, e o irmão terá em mim uma amiga à disposição, para o que desejar! Se necessidade tiver, não se acanhe e fale comigo, sempre terá uma orientação, um esclarecimento, sobre o que nos for permitido dizer. Por hoje não terá atividade alguma, pode fazer o que desejar, mas amanhã cedo, iniciará a outra parte de seu tratamento, aquela que já sabe, irá realizar. Amanhã, um irmão o levará até onde deverá começar essa nova atividade!

— O que farei, irmã?

— Começará a tomar conhecimento do plano que realizou para a sua última encarnação; isto já lhe foi explicado, não se lembra?

— Lembro-me, sim!

— Terá acesso a tudo o que preparou, para, a partir daí, começar a analisar os dois planos – objetivos e realizações – conjuntamente!

— Eu estarei sozinho? Sinto-me um tanto assustado!

— Não tenha receios, não estará sozinho! Todos aqui são amigos solícitos e bondosos, e o tratarão com muito amor, como o que lhe dispensaram até agora.

— Obrigado, irmã! Aguardarei até amanhã, não sei se ansioso ou temeroso!

— Ore a Deus que Ele o tranquilizará, e, até amanhã! Se sentir qualquer necessidade, pode procurar-me! Chamo-me Cíntia!

— Mais uma vez, muito obrigado, Irmã Cíntia!

Capítulo

5

Arquivo de planificação

Getúlio sentiu-se isolado, tristonho e temeroso. Estaria preparado para enfrentar o que viria? Irmão Fulgêncio dissera que sim, do contrário não teria sido transferido. Mas e os arquivos, o que encontraria neles? Recordava-se de muitas das ações praticadas na Terra, de muitas atitudes tomadas, mas... e os planos? Estariam conformes a essas mesmas atitudes?

Esses pensamentos e reflexões o tomaram por muito tempo, até que adormeceu, e uma nova manhã chegou.

Nada fez, ficou aguardando! Uma movimentação começou a ser percebida por ele, naquele salão. Muitos se retiravam, outros apenas se levantavam, irmãos auxiliares chegavam, mas ele continuava quieto, aguardando.

Logo mais se aproximou dele um rapaz, que reconheceu ser um auxiliar, e o convidou a acompanhá-lo.

— Hoje, irmão, eu o levarei aonde deverá começar sua atividade. Acompanhe-me! Amanhã, poderá ir só, mas hoje, como é a primeira vez, eu o levarei.

Saindo do salão, passaram por muitos companheiros que o olhavam naturalmente, procurando saudá-lo, e caminharam, até encontrar aquele corredor já comentado. Outros por ali circulavam, talvez com a mesma finalidade.

Chegaram a uma porta fechada, na qual havia uma plaquinha onde se lia: Arquivo de Planificação. Sem bater, o rapaz abriu-a, dando passagem a Getúlio e, entrando logo em seguida, fechou-a atrás de si!

— Trouxe o nosso irmão Getúlio para a sua atividade de hoje! – disse, dirigindo-se a um dos jovens que ali se encontravam.

O que o atenderia, fez um sinal com a mão, chamando-o para perto de um aparelho. Aquele que o acompanhara, retirou-se, e Getúlio foi até o jovem que o chamara.

— Seja bem-vindo! Esta aparelhagem já está toda preparada, e será utilizada pelo irmão, durante o tempo que for necessário!

— Mas eu não sei lidar com ela!

— Eu estou aqui para ajudá-lo! Eu a ligarei, é fácil! Já estava avisado e deixei tudo pronto! Tenho bastante prática deste serviço, no qual trabalho há muito tempo. Quando achar que podemos começar, avise-me! Pode sentar-se!

Getúlio, meio nervoso, sentou-se numa cadeira diante do aparelho, que era manejado por muitos botões, e mostrava, diante de si, uma tela de tamanho médio, talvez uns cinquenta centímetros de lado.

— Bem, irmão, se foi para isso que veio, podemos começar!

— Tem razão! Não sei como fará o seu trabalho, mas é preciso que esteja comigo e me ajude! Tenho a certeza de que vou necessitar.

— Acredito que a minha ajuda lhe será útil quanto ao aparelhamento, mas, do resto, cabe a si próprio tomar conhecimento e recordar-se do plano que fez. Entretanto estou aqui, e, se alguma pergunta tiver, eu o auxiliarei. Vamos ao nosso trabalho, então!

Manejando alguns botões, à frente de Getúlio, a máquina foi ligada, e começaram a aparecer na tela escritos, como se fossem páginas de um livro.

— Tem condições de ler o que está ali escrito, irmão?

— Sim, tenho!

— Então esteja à vontade e vá realizando o seu trabalho, à medida que for rememorando o que está na tela. Contudo, ensinar-lhe-ei onde deve apertar, para ter a continuidade do que precisa tomar conhecimento. O botão é este, irmão! – mostrou-lhe, indicando um de cor mais escura! – Assim ficará mais livre, sem ter que me pedir constantemente para mudar de página, como diria.

— Está bem, já entendi!

Terminadas essas primeiras explicações, Getúlio passou a ler o que aparecia na tela. Ali estava um plano para governar um País com tantas privações! Organização, empregos para diminuir a fome, e para que a falta de vestes e moradia fossem também menores... O País era muito extenso, com partes ainda inexploradas, outras regiões onde a miséria era uma constante, embora houvesse Estados mais adiantados e progressistas. Partindo desses, com melhores condições, é que faria a exploração de regiões ainda inóspitas, relegadas somente à Natureza, onde havia a falta de tudo. Os seus propósitos, em relação ao todo, eram magníficos e belos. Estimularia mais o progresso das regiões de fácil acesso, mais adiantadas, e começaria um trabalho muito intenso de assistência aos locais mais afastados e mais necessitados.

Lutaria muito para que a paz reinasse neste País, e nenhum descontentamento o desviasse do direcionamento previsto. Muito se aplicaria para que nenhum dos recursos captados fossem gastos com imediatismos inúteis, sacrificando o povo, mas corretamente aplicados em obras, e na elevação cultural, social e industrial da Nação, sem que nenhum desonesto ou mais esperto, pudesse interceptá-los. Enfim, à medida que lia, achava-o muito bom, altruísta, e ficou satisfeito consigo próprio por tê-lo elaborado.

Preparou-o com tão nobres propósitos, e, esqueceu-se, todavia, de compará-lo com o que havia realizado!

Mas, naquela etapa, não era esse o objetivo. Deveria tomar conhecimento do que fora programado, para que os planos permanecessem vivos em sua mente, em todos os instantes, daí por diante, a fim de que outros passos fossem dados e lhe facilitassem a comparação.

Muito observou, muito leu! Passou diante do aparelho, seguramente umas duas horas, lendo, e sempre calado. Até gráficos estavam incluídos, mostrando regiões, dividindo o País de acordo com a sua necessidade mais urgente.

Em dado momento, o jovem que o auxiliava, perguntou-lhe:

— Não está cansado, irmão?

— Sim, estou um pouco!

— Acho que já deveria parar por hoje! Amanhã, depois, e depois, terá muito tempo!...

— Ainda demorará muito? Prefiro terminar agora, se me for permitido, e tê-lo todo em minha mente para refletir depois.

— Se assim o deseja, pode permanecer por mais uma hora! Se não terminar, ficará, para amanhã!

— Está bem!

Getúlio continuou o trabalho, que cada vez mais foi se detalhando a seus olhos, até que terminou.

No final desse mesmo plano, foi-lhe mostrado um parecer daqueles que o aprovaram, e ele pôde lê-lo, redigido nos seguintes termos:

> *Felizes ficamos ao apreciar um plano de realizações tão nobres, em favor de nossos irmãos mais necessitados na Terra, e aqui, mais especificamente, o Brasil. Um País tão novo ainda, com tanta urgência de amparo, de desenvolvimento sadio, para atingir seus ideais mais nobres, pleno de realizações, pleno de suas próprias potencialidades, caminhando cada vez mais para a sua independência econômica. Não poderíamos deixar de aprovar o que verificamos, poderá proporcionar ao País o seu crescimento e autossuficiência.*
>
> *A assistência a regiões inóspitas, o estímulo a regiões progressistas, o desprendimento de si mesmo ao realizá-lo, deixou-nos felizes, e prometemos, por isso, o amparo do Plano Espiritual para tal realização! Rogamos a Deus que, em lá estando, o irmão possa recordar, da forma permitida aos encarnados, o que idealizou para o seu País, e também ser receptivo a todo o auxílio que iremos lhe dispensar, passando, o mais ileso que puder, pelas ilusões terrenas, fazendo com que o orgulho, que ainda abrigue em si, não facilite o seu desvio do caminho correto de probidade de caráter e de atitudes.*
>
> *Rogamos a Deus, nosso Pai, e Governador de todo o Universo, que o inspire sempre e o ampare, para que, ao seu retorno, volte feliz, trazendo no seu Espírito a alegria da obrigação bem cumprida!*
>
> *Que Deus o abençoe! Que Jesus, o Diretor Espiritual do nosso Planeta, nosso único Guia e Modelo, incansável protetor do nosso Brasil, de cujo povo espera Evangelização,*

*a fim de servir de exemplo para todas as Nações, respeitando-
-lhe o livre-arbítrio, possa dar-lhe a inspiração necessária em
todos os instantes do seu jornadear terreno!*

Ao terminar a verificação, aquela surpresa final o comoveu. Não esperava encontrar palavras de tanto crédito ao que se propusera realizar. Tudo estava ali, frente aos seus olhos, e os Benfeitores da Vida Maior, aqueles que confiaram nele, transmitiram essa confiança através daquelas palavras, e prometeram-lhe a colaboração do plano espiritual, levada pelos amigos que o acompanhariam, e o estimulariam ao cumprimento do que planificara.

Ficou um pouco ainda, pensativo, sem nada dizer e sem nenhuma reação.

— Pois então, eis que, conseguiu terminar, não é mesmo?

— Sim, tomei conhecimento de tudo!

— Agora poderá se retirar, que a outra fase será um pouco diferente, e as orientações lhe serão dadas!

Ao vê-lo um tanto distante, sem se levantar, o jovem auxiliar perguntou-lhe:

— O que está acontecendo, o irmão está me ouvindo?

— Estou ouvindo, sim! Apenas estava pensando... Já vou me retirar, e quero lhe agradecer pelo carinho que me dispensou.

— Cumprimos a nossa tarefa, nada mais! O irmão precisa que eu o acompanhe de volta?

— Não, obrigado! Quero caminhar um pouco! Vou até o parque para pensar, preciso pensar muito!...

— Faça isso, só lhe fará bem!

Getúlio despediu-se e saiu em direção ao parque. Começou a caminhar por entre as árvores, cismarento e muito preocupado, não tanto pelo plano que realizara, pois ainda não tinha a noção exata da extensão de seus atos, em conformidade com o que havia proposto, mas em razão das últimas palavras que lera.

Pensava muito, e começou a sentir que não devia ter correspondido àquela confiança nele depositada. Muitas ações começaram a vir-lhe à mente, muitas situações resolvidas de modo contrário ao que se propusera... As palavras ali colocadas ficaram fixas em sua mente, e talvez tivesse posto a perder muitas das suas boas intenções.

Quando se recordava de que o irmão dissera: – Não deixe que o orgulho que todos ainda temos em nós, venha a desviá-lo de seus propósitos, não se lembrava das palavras, textualmente, mas apreendeu muito bem o seu sentido.

O orgulho que nos desvia de muitos caminhos, fazendo-nos trilhar outros, para que ele esteja satisfeito dentro de nós, e nós, satisfeitos com ele.

O orgulho que toma conta da maioria de nossas ações, enceguecendo-nos e fazendo-nos ver somente o que possa satisfazê-lo!

E a piedade, onde estaria nessa hora?

Quando o orgulho toma proporções inimagináveis, integra-nos num todo, a piedade é afastada, não há lugar para ela, embora possamos senti-la, mas só por nós próprios! Sim, temos piedade de nós, como expressão de egoísmo e, juntamente com o orgulho, queremos usufruir de situações, queremos tirar outros do nosso caminho, para satisfazermos as nossas próprias imperfeições.

O que fizera de sua vida, de suas ações? Tantos sentimentos se entrechocavam, com rememorações de atitudes. Muita confusão se formara em sua mente!... O que aconteceria consigo a partir de então? Tinha já todos os objetivos daquela encarnação, mas precisava ver também seus atos. Se tivesse a comprovação deles todos, sem que a nenhum fosse dando desculpas a si próprio, saberia o que se passara.

Assim pensando, retornou ao seu departamento e lembrou-se da visita de Irmã Cíntia, na véspera, e do seu oferecimento para ajudá-lo, caso dúvidas surgissem. Perguntou a um tarefeiro auxiliar onde poderia encontrá-la.

— Pode ficar no seu quarto, meu amigo! Avisarei Irmã Cíntia que deseja lhe falar. Assim que ela puder, virá! Já esteve aqui hoje por duas vezes em visita, mas você não se encontrava. Logo mais ela voltará!

Sentado na cadeira, perto de seu leito, pensava e aguardava, quando foi surpreendido pela presença dela junto de si.

— O que está acontecendo? Como se sente? Como se saiu hoje na sua atividade?

— Há um pouco de confusão em minha mente, por isso quis lhe falar! Quem sabe possa me esclarecer algumas coisas!

— Fale, o que o aflige?

— A irmã sabe o que realizei hoje, não é mesmo?

— Sim, aqui estamos a par de tudo!

— Tomei conhecimento completo de todo o plano que havia organizado, inclusive das palavras dos mentores que nele confiaram, porque acreditaram em mim! Mas estou meio aturdido e precisava agora ter, plenamente claro em minha mente, o que realizei lá, e saber se aquele plano foi todo cumprido, ou, pelo menos, alguma parte! Receio, irmã, ter falhado!

— Você tem muitas lembranças de sua vida na Terra!

— Sim, eu as tenho, mas gostaria de ver, tanto as minhas realizações, como as falhas, fora de mim, para serem avaliadas, como se estivesse avaliando uma outra pessoa, compreende-me? Eu não sei explicar muito bem!

— Eu o compreendo! O seu receio maior é que o seu pensamento atual interfira nas atitudes do passado, atenuando-as ou modificando-as, se apenas as tiver dentro de si. Mas, ao tê-las separadas do seu íntimo, entende que as verá de forma pura e precisa, e fará uma análise sem interferências, é isso?

— É isso, irmã!

— Temos aparelhagens próprias às quais terá acesso, e verificará, como se estivesse em um cinema, assistindo a um filme na Terra!

— Era o que desejava!

— Mas para isso, irmão, alguém estará a seu lado o tempo todo, pois muitas indagações, temos a certeza, fará! O orientador que o acompanhará, terá todas as condições de esclarecê-lo e de ajudá-lo. Já temos tudo preparado e, quando esse trabalho puder se iniciar, será avisado. Não pense em nada, apenas distraia-se e confie em nós, que é para isso que trabalhamos neste departamento. O irmão terá toda a assistência de que necessitar! Mais alguma coisa o preocupa?

— Não, quero apenas agradecer, e saber se me será permitido, novamente, receber a visita de Darci, minha esposa. Há tempos veio me ver, e não voltou mais!

— Aqui, tudo acontece no momento certo! E quando esse momento chegar, ela virá, e lhe será muito benéfico. Até que iniciemos essa sua nova atividade, poderá descansar, passear pelo parque, ir à Biblioteca! Leia, procure também conversar com os companheiros que aqui estão! Sempre é uma troca de experiências, que também lhe será útil. Converse, abra o seu íntimo, não fique confinado, que as recordações e as incertezas crescerão cada vez mais, a ponto de perturbá-lo muito! Ore também, que a oração é um ótimo remédio ao Espírito, uma vez que nos põe em contato com Deus, que sempre reserva um alívio àqueles que a Ele se dirigem.

— Tentarei! Vou me esforçar!

— Agora quero lhe fazer um convite. Hoje à noite, como em quase todas as noites aqui, teremos uma preleção no nosso salão. Creio que já o visitou, não?

— Sim, se é aquele bem amplo, tendo ao fundo uma espécie de palco, eu já o conheço!

— É esse mesmo! Hoje, às sete horas da noite, o nosso Mentor lá estará para transmitir a sua palavra de encorajamento a todos os que comparecerem. Nós não obrigamos ninguém a ir, apenas aconselhamos e convidamos! Poderá ficar à vontade, e, se quiser atender ao nosso convite, sei que lhe fará bem! Que Deus o abençoe, e confie sempre, não apenas em nós que somos criaturas ainda fracas, mas em Deus e no Divino Mestre!

Capítulo

6

Preleção do mentor

Aquele resto de dia, Getúlio permaneceu pensando muito, e, tentando seguir os conselhos de irmã Cíntia, orou profundamente a Deus. Pediu o seu concurso para poder compreender bem a sua atuação na Terra, e, se erros tivesse havido, que o perdoasse, com a promessa de se aplicar muito em nova oportunidade! É sempre assim que ocorre!...

Quando chegamos a reconhecer os erros que praticamos, muito nos empenhamos em poder corrigi-los, contudo não é tão fácil! Temos novas oportunidades que consideramos abençoadas, mas acabamos por cometer as mesmas faltas, porque o nosso Espírito, em contato com as imperfeições que grassam ao nosso redor, na Terra, juntamente com aquelas que ainda trazemos em nós, dificilmente passa ileso. Se não tivermos firmes propósitos, novamente nos deixaremos levar pelas más tendências.

A liberdade do Espírito, fora do corpo, faz com que mais facilmente vejamos a eternidade, e para ela procuremos trabalhar e nos aperfeiçoar, mas, quando de retorno à Terra, nem sempre a compreendemos.

Isso não quer dizer que vamos ao orbe terrestre e voltamos, cometendo sempre os mesmos erros! Não, temos chances diferentes, que devem ser aproveitadas, para a nossa amplitude de experiências. Cada vez que lá aportamos, com nobres propósitos, embora caiamos em erro, aprendemos muito, sofremos, e, da forma como suportamos as provas, e do nosso esforço em praticarmos boas ações, mesmo que em algumas venhamos a falhar, sempre progredimos um pouco.

Para alguns, uma encarnação significa um grande salto em conhecimentos para o Espírito, em atitudes e, consequentemente, em progresso espiritual. Esses terão as suas jornadas terrenas diminuídas, pois, de uma só vez, realizam o que muitos precisam de dezenas, e quiçá, centenas... Isso ainda quando, de uma só vez, o Espírito não assume compromissos muito profundos, pela vivência de modo incorreto. Mas, mesmo assim, todo o progresso anteriormente conquistado, a ele pertence, e será seu, embora tenha estacionado, e parta para o Mundo Espiritual em condições de débitos imensos, e em grande sofrimento.

Deus não tem pressa, sabe compreender aqueles que se afastam de seu aprisco, e são rebeldes aos ensinamentos que seu filho veio trazer, tapando os ouvidos ao amparo espiritual que já haviam angariado. Para esses, a caminhada, até chegarem à situação de Espíritos puros, é muito mais demorada, mas, um dia, todos o seremos. É a finalidade maior de cada um!

Cabe a nós, portanto, nos conscientizarmos desta responsabilidade maior, perante o Pai, e trabalharmos, lutarmos e aprendermos, a fim de que a nossa passagem pela Terra seja a mais rápida possível, para desfrutarmos, depois, das delícias reservadas a um Espírito puro – a felicidade eterna – que significa trabalho constante no Bem.

Mas voltemos ao nosso companheiro, tão preocupado com tudo o que havia proposto como meta de trabalho na Terra.

As horas foram passando e ele percebeu, mais à noitinha, que muitos se retiravam daquele salão. Lembrou-se do convite de irmã Cíntia, levantou-se rápido do leito onde repousava, e encaminhou-se para ouvir uma preleção. Esperava que o assunto pudesse ajudá-lo de alguma forma! E, mesmo que não ouvisse nenhuma palavra em relação ao seu problema, aprenderia alguma lição, e estaria desviando as próprias reflexões.

Ao chegar, o salão já estava repleto. Tomou assento num local mais discreto; era a primeira vez que ali comparecia, e quis sentar-se logo.

Quando a movimentação se asserenou, eis que uma luz muito clara, mas de uma suavidade agradável, iluminou todo aquele palco. Suave melodia invadia todo o ambiente, trazida por mãos delicadas de uma jovem, sentada ao instrumento que chamaremos de piano.

Ao término da música, um Benfeitor Espiritual que estava sentado à mesa, levantou-se e proferiu uma prece muito comovente e com tanta convicção, que Getúlio reconheceu, nunca havia ouvido. Logo após, Irmão Fabrício, o Mentor da Colônia, entrou, e colocou-se à frente, diante de todos.

Era uma figura resplendente de amor! Trajava uma túnica de um azul muito tênue, impossível de ser comparado às tonalidades conhecidas na Terra! De sua mente irradiava uma luz, que o aureolava por inteiro. Com suavidade, dirigiu-se a todos os presentes, dizendo-lhes:

Queridos irmãos de caminhada!
Hoje, mais uma vez, foi-nos permitido por Deus, aqui

estarmos, para vos falar! E sobre o que falaremos?

Todos os assuntos são necessários ao nosso Espírito! Mas, um há que, ao abordá-lo, sempre encontramos facetas novas, encontramos uma extensão muito grande de aplicações, e, por isso, dele falaremos novamente!

Já compreendestes, eu o sei! Falaremos, queridos irmãos, da caridade, mas a abordaremos em relação ao próximo, e, por isso, vos pergunto:

Quem é o nosso próximo? Aquele que está ao nosso lado neste momento, ou aquele que está ao nosso lado em todas as horas de nossa vida?

O nosso próximo, irmãos, são todos aqueles que nos procuram, com uma necessidade! Devemos auxiliá-los sempre, sem nos esquecermos de que também somos o próximo de alguém, de que também temos necessidades! Sempre precisamos de alguma coisa, de uma palavra amiga, de um aconselhamento, de um recurso material, quando encarnados, ou de um atendimento, se aqui estamos! Tudo o que pudermos realizar de bom, em favor de alguém, que o realizemos, e estaremos auxiliando a nós próprios! Sim, irmãos, se praticamos a caridade a um necessitado, praticamo-la a nós mesmos, que também o somos!

Cada um sempre tem uma necessidade, seja no campo material, afetivo, emocional, espiritual, e sempre podemos, de alguma forma, levar um lenitivo aos irmãos em sofrimento. Se não pudermos ajudá-los de um jeito, poderemos fazê-lo de outro! Compreendeis, irmãos?

Não são necessárias grandes realizações, não é preciso que tracemos planos homéricos para realizarmos a caridade! Basta que a pratiquemos nos mínimos atos e continuamente, em todos os minutos de nossa vida, para com aqueles que estão conosco, para com aqueles que não conhecemos, mas cruzam nosso caminho, e para conosco mesmos!

E, como praticar a caridade para conosco mesmos, perguntareis!

Se vivermos dentro dos princípios preconizados por Jesus, se procurarmos nos aperfeiçoar no dia-a-dia, em todas as nossas ações, estaremos sendo efetivamente caridosos, pois que promoveremos o nosso progresso espiritual, impedindo que busquemos para nós, tanto sofrimento! Entretanto, se praticarmos atos contrários à lei de Deus, estaremos deixando de ser caridosos para conosco, que também fomos criados por Ele e para Ele deveremos voltar um dia!

Precisava, irmãos, ter voltado a este assunto neste dia de hoje! Mesmo que falássemos nele todos os dias, sempre encontraremos uma forma nova de dizer, porque é a caridade que deve nortear a nossa vida de Espíritos eternos, seja livre aqui, ou encarnado na Terra!

Que Deus vos abençoe sempre e fortifique os vossos Espíritos, para que cada um possa ter, em maior grau, a coragem de se desfazer das suas imperfeições, e voltar seus olhos para o Alto, porque para o Alto é que devemos, não só elevar o nosso pensamento em prece, enquanto aqui estivermos ainda, mas direcionar o nosso Espírito, para que, um dia, possamos estar mais juntos de Deus!

Terminada a preleção, todos levantaram-se e retiraram-se felizes, cada um para o seu local de repouso. Grande número deles dirigiu-se ao Departamento de Recuperados.

Quando chegavam, um senhor, aproximando-se de Getúlio, perguntou-lhe:

— É novo neste departamento, irmão?

— Cheguei apenas ontem! O senhor também está aqui?

— Sim, já estou há mais tempo, e tenho trabalhado na análise de minhas realizações na Terra!

— É para isso que vim! Mas sinto-me um pouco temeroso!

— Não há nada a temer! Somos tratados de forma cristã, todos nos dedicam muito amor e carinho, e compreendem as nossas falhas!

— Sempre as temos, não é verdade?

— De modo mais ou menos comprometedor, sempre as temos! Se não as tivéssemos, aqui não estaríamos! É uma grande oportunidade que nos oferecem, para averiguarmos como realmente atuamos na Terra, sem que ninguém nos acuse, ou nos faça reprimendas. O que lá realizamos de mal, de incorreto, sabemos, temos que arcar com a responsabilidade! É uma lei natural, e não há necessidade de que nos acusem!

— Não há necessidade, porque somos acusados pela própria consciência, o que é muito pior! Se verificarmos que prejudicamos muitas pessoas, instituições, ou até uma nação inteira, nos cabe a responsabilidade, e nós próprios seremos nossos acusadores! A consciência é um promotor importante no julgamento de nós mesmos, e acusa-nos incessantemente! – considerou Getúlio.

— Precisamos orar muito a Deus e buscar, não o perdão das faltas, mas a atenuante de novas oportunidades, a atenuante de ressarci-las, trabalhando em favor dos muitos que prejudicamos!

Assim conversando, penetraram no amplo salão e, após despedirem-se, cada um se dirigiu ao seu compartimento.

Getúlio tinha muito em que refletir! Nas palavras do companheiro mais experiente, nas palavras do Irmão Fabrício, nos seus próprios problemas, e só conseguiu repousar um pouco, bem mais tarde.

No dia seguinte, ninguém o procurou para o prosseguimento das suas atividades, e aproveitou para um passeio no parque, e leituras leves na Biblioteca. Mas as preocupações o tomavam por inteiro!

Capítulo 7

Nova atividade

Mais dois dias se foram, após o reconhecimento de seus objetivos na Terra, quando foi procurado por Irmã Cíntia, tendo consigo, a acompanhá-la, um senhor de aspecto bondoso e terno.

— Irmão Getúlio, como tem passado?

— Estou bem, irmã, se é possível se estar, na expectativa em que me encontro!

— Deixamo-lo uns dias em paz, para que melhor refletisse em seus problemas, e os tivesse no íntimo, com todas as indagações e recordações que possam ter lhe trazido. Era um período necessário ao que iniciará agora! Quero lhe apresentar este irmão, que será o seu orientador nessa fase do trabalho que irá começar. Ele já tem conhecimento pleno de toda a sua planificação, bem como das realizações, e está apto a acompanhá-lo durante essa nova atividade. Ele se chama Irmão José, e estará sempre em sua companhia, ajudando-o, esclarecendo-o.

— Tenho muita satisfação em conhecê-lo, Irmão José! Com a sua companhia e orientação, sei que me sentirei mais amparado e menos receoso!

— É para isso que aqui estou! Para ajudá-lo no que me for permitido, e o farei com muito amor e boa vontade!

— Quando começaremos o nosso trabalho?

— Amanhã mesmo, pela manhã! Eu virei buscá-lo e o levarei à sala de Revisão, como aqui a chamamos! Quando souber o local, poderá ir à hora marcada, sozinho, e me encontrará esperando-o.

— Agora, vamos nos retirar! – disse Irmã Cíntia.

Irmão José também se despediu de Getúlio, deixando-lhe umas palavras de estímulo:

— Que Deus o abençoe, companheiro, e esteja em seu coração e em todo o seu Espírito, para que possamos, na realização dessa nova atividade, ter o sucesso que almejamos, pela conscientização plena de suas realizações. Confie, não só em nós, mas em Deus. Ele, em momento algum nos desampara!

Quando eles se retiraram, Getúlio ficou satisfeito, porque teria junto a si, não só alguém a orientá-lo, mas a compreendê-lo e auxiliá-lo. Pensava ainda nas palavras do companheiro, aquelas trocadas na noite da palestra de Irmão Fabrício, e tinha receio, o da responsabilidade! Mas o que estava feito, está feito, e teria, se muito houvesse errado, que arcar com os compromissos assumidos. Orou muito a Deus, rogando amparo e forças para compreender as próprias faltas, e coragem para delas se redimir.

A manhã aguardada e temida surgiu, encontrando Getúlio em grande expectativa, até que, passadas as primeiras horas, irmão José chegou e convidou-o a acompanhá-lo.

— Poderemos ir, irmão! Como se sente?

— Muito ansioso!

— É natural, é muito natural!

— Mas a minha ansiedade é das mais intensas! Tenho receios!

— Nada receie! Aqui estamos para orientá-lo, esclarecê-lo e fazer-lhe companhia. Se falhas houver, não seremos nós a acusá-lo, não, que também muito falhamos na Terra! Isso já aconteceu com todos nós! Mas Deus, na sua infinita misericórdia, nos oferece sempre muitas ocasiões de ressarcimento de nossos erros. Você ainda compreenderá muitas coisas que lhe são obscuras! Vamos!

Em poucos minutos chegaram àquele corredor. Aproximaram-se de uma das portas, irmão José abriu-a, deu passagem a Getúlio, e também entrou.

Era um salão muito grande, com compartimentos menores, tendo, em cada um, algumas cadeiras – poucas, quatro ou cinco – e, ao fundo, uma tela, ligada a um aparelho. Em um dos compartimentos que Irmão José indicou, como sendo o que utilizariam, havia um técnico jovem, ao lado do aparelho, aguardando-os.

Irmão José pediu a Getúlio que se assentasse, fazendo-o também, em seguida.

— Pois bem, aqui estamos! Terá o ensejo de verificar, através da tela, a própria vida, como se estivesse vendo a história de uma outra pessoa. Mas lembre-se de que é a sua mesma! O irmão irá se reconhecer nela, bem como todos os que o acompanharam sempre, desde seus familiares até os companheiros de trabalho.

— Hoje verei toda a minha vida, irmão?

— Não, companheiro! Verá apenas uma pequena parte! Se a visse toda, não teria condições de analisar os seus atos, pois muitos lhe passariam despercebidos. Mas, à medida que os for vivenciando, irá analisando e verificando exatamente o que ocorreu. Até fatos dos quais o irmão conhece apenas uma face, poderá ver a outra! Temos tudo registrado!

— Não sei se estou preparado para isso!

— Se não estivesse, aqui não estaria! Nada receie! Quero lhe dizer ainda, que pode interromper quantas vezes desejar, para, não só averiguar melhor e refletir com o que já tem armazenado em si, como também ter, parada no tempo, diante de si, a imagem de familiares ou companheiros dos quais esteja saudoso! Compreendeu-me?

— Sim, compreendi!

— Antes de começar, oremos a Jesus para que a tranquilidade, a compreensão e a aceitação se façam em seu Espírito!

Isso dizendo, pronunciou uma prece dirigida a Deus, com palavras que trouxeram a Getúlio a serenidade, para empreendimento tão importante! Ao terminar, perguntou:

— Preparado, irmão?

— Sim, pode começar! Vou me esforçar para examinar tudo com a maior isenção de emoção e sentimentos.

Irmão José fez um sinal ao auxiliar, que ligou o aparelho, e imagens começaram a surgir diante de Getúlio.

Não reconheceu de pronto! Não sabia a partir de quando teria a sua vida ali exposta. Todavia, à medida que as imagens iam se desenrolando, reconheceu, através de fatos que possuía, a sua pessoa do tempo da primeira infância. Viu seus pais, o carinho que lhe dispensavam, os irmãos, e tudo foi discorrendo...

Prometera não emocionar-se, mas a ternura da mãe, ao cuidar dele e de todos os familiares, trouxe-lhe muitas saudades. A austeridade bondosa do pai foi também demonstrada!

Não pediu que parassem as imagens – talvez não se lembrasse da recomendação do orientador espiritual – e foram continuando.

Viu-se nos bancos escolares, a sua adolescência, os primeiros anos da juventude, quando na vida de um Espírito encarnado na Terra, que ainda vive sob os cuidados dos pais dedicados, tudo são facilidades, tudo são alegrias! O rapaz mostrava-se inteligente, muito arguto, e pôde ver-se na Escola Militar, quando a primeira rebeldia se fez... Viu-se em Porto Alegre, estudando leis! Rapidamente visualizou que já era um advogado, e viu também a juventude quase menina de sua companheira, quando contraiu matrimônio, unindo-se à sua juventude, tão cheia de anseios! O seu primeiro cargo, quando ocupou a promotoria de Porto Alegre, e quando aquela sementinha, colocada no seu coração, ao nascer, levada do Mundo Espiritual, a querer lançar o seu primeiro broto e, aos poucos ir crescendo. – Sim, a preocupação política tomava-lhe o ser! As atitudes dos governantes eram a sua preocupação, e ele estava sempre atento! Escrevia artigos em jornais, sobre assuntos políticos, até que, ele próprio, viu-se levado a ingressar na política, candidatando-se à Assembleia Legislativa do Estado.

Getúlio, até aquele instante, ficara calado, apenas assistindo, e Irmão José observava-o, atento às suas reações. Num dado momento, fez um sinal ao jovem para que interrompesse a apresentação.

Getúlio retornou de um passado tão distante, indagando-lhe:
— O que aconteceu?
— Nada, irmão! Apenas achei conveniente interromper um pouco os acontecimentos, para saber como se sente, uma vez que se manteve calado o tempo todo!
— Eu estou bem, mas não posso negar que foi muito emocionante rever meus queridos pais, e voltar num tempo tão feliz, quando a vida é livre de preocupações e sofrimentos! Foi muito bom! Acredito que tenha sido um hiato de ternura, nessa minha vida de problemas tão intensos. Quando as imagens foram sus-

pensas, caí na realidade outra vez...

— E como é essa realidade em comparação àqueles momentos felizes?

— Não posso dizer que a minha vida não tenha sido feliz! Tive problemas, mas sempre consegui o que quis, ou melhor, quase sempre... Não vamos mais continuar hoje?

— Foi apenas um intervalo e logo mais continuaremos! Esse período que viu, era necessário para que se localizasse bem no espaço e naquele tempo em que iniciou sua encarnação na Terra! Daqui para frente começará a sua vida mais ligada aos fatos políticos que o envolveram. Sente-se bem? Podemos continuar?

— Sim, é o que mais quero! Mas ainda preciso lhe dizer da saudade que sinto de Darci! Foi muito bom vê-la comigo, quando nos unimos para uma vida que se prolongou por muitos anos, vivenciando juntos alegrias, preocupações e tristezas. Neste campo eu fui feliz! Darci sempre soube me compreender e me encorajar nos momentos mais difíceis!

— Continuemos, então!

Fez novamente sinal ao jovem, e começaram a aparecer as imagens de muitos momentos políticos de entusiasmo, de discursos inflamados, de promessas, e, ao final, ele é eleito Deputado Federal. Começaram as viagens ao Rio de Janeiro, até que para lá se mudou com a família. Começou a projetar-se em âmbito federal, ocupando cargo de relevo nacional, e interrompe essa legislatura para candidatar-se ao governo de seu próprio Estado. Como ficou feliz quando foi eleito governador da terra que amava e para a qual queria trabalhar!

Nesse momento Getúlio fez sinal ao irmão José que desligasse, que o discorrer de imagens fosse interrompido.

— Cansou-se?

— Não, mas, se for possível, eu prefiro parar por hoje!

Muito já foi visto e pretendo agora repensar esse meu tempo, mormente o de governador do meu Estado. Foi importante para mim!

— Posso ajudá-lo?

— Não sei como o poderia, mas se precisar eu lhe pedirei. Não podemos deixar o resto para outro dia?

— Sim. A partir daí começam os fatos mais importantes de sua vida, e é bom que repense em tudo o que viu, inclusive no seu tempo feliz de despreocupações, pois lhe fará bem!

— Podemos nos retirar?

— Eu o acompanharei, e saiba que estarei à sua disposição! Fui designado para acompanhá-lo e orientá-lo nessa etapa. Vou lhe mostrar onde me encontrar; caso precise, pode procurar-me a qualquer hora! Se algum assunto quiser conversar ou discutir, eu o ouvirei com atenção e boa vontade.

— Agradeço-lhe, amigo!

Ambos deixaram aquela sala, e irmão José, como prometera, mostrou a Getúlio onde encontrá-lo em caso de necessidade. Ao se despedirem, ainda acrescentou que, mesmo não tendo problemas ou indagações, se quisesse conversar um pouco, que o procurasse! Ser-lhe-ia isto, sem dúvida, benéfico!

— Sempre que conversamos baseados nos ensinamentos de Jesus, é um aprendizado que fazemos! Eu o receberei com muito prazer!

— Agradeço a sua boa vontade e solicitude!

— É uma satisfação poder auxiliar nossos companheiros, levar-lhes uma palavra de conforto ou de esclarecimento. Se quiser, estarei à sua disposição! Caso contrário, nós nos encontraremos amanhã, na mesma sala onde estivemos hoje, e no mesmo horário. Por hoje é só; pode ir, e leve as bênçãos de Jesus no coração e a certeza de que o amparo ser-lhe-á dispensado, até a completa conscientização de suas atitudes!

— Agora o senhor tocou num ponto que, às vezes, eu próprio me pergunto.
— Qual é?
— Depois de tudo isso, o que irá ocorrer comigo?
— Aí está um assunto sobre o qual poderemos conversar e discutir um dia, mas não neste momento! Por ora, aplique-se no trabalho, e aguarde o tempo certo!
— Do fundo do meu coração, muito obrigado, e até amanhã! Se sentir alguma dificuldade, eu o procurarei.

Getúlio voltou ao seu compartimento e ficou deitado, muito mais com a finalidade de pensar, refletir, que propriamente repousar! Era no aconchego do leito que mais facilmente realizaria esse trabalho, sem que nada pudesse intervir.

Na realidade, tinha sido feliz na Terra, tinha conseguido o que desejara. Fizera carreira rapidamente no campo político, e chegara a Presidente do Brasil! Embora essa parte ainda não lhe houvesse sido mostrada, tinha lembranças...

Muito prometera em objetivos e, até o momento, sentia que não havia falhado. Amava a terra natal e trabalhara para ela. Procurou ser honesto, íntegro nas atitudes, e esforçou-se por proporcionar ao seu Estado uma forma de vida que atendesse aos anseios da população. Sentia-se satisfeito consigo próprio.

Mas e o futuro? O que viria depois? Sabia que erros houvera. Sabia que atitudes incorretas haviam sido tomadas, mas entendeu que não deveria se precipitar, trazendo lembranças que poderiam perturbar o bom andamento do trabalho que realizava em prol de si mesmo.

Afastou esses pensamentos, e entendeu que o melhor seria sair, andar, e, quem sabe, conversar um pouco com alguém. Procuraria se informar se naquela noite haveria alguma palestra no salão principal.

Assim pensando, levantou-se, e obteve a informação do

auxiliar que nada estava programado, por enquanto, mas que aproveitasse, se quisesse, para ir à Biblioteca, que estava à sua disposição. Esclareceu-o, ainda, que toda a notificação dos eventos, inclusive das palestras, era afixada no quadro de avisos, à porta de entrada, onde todos tinham fácil acesso.

Capítulo

8

Primeiras preocupações

Findo aquele dia, uma nova manhã chegou e, no horário estabelecido, Getúlio dirigiu-se ao local indicado. Irmão José já o aguardava.

— Como passou? – pergunta a Getúlio.

— Procurei rememorar mentalmente o que havia visto ontem, e devo lhe dizer a que conclusão cheguei.

— Pois então diga!

— Até esse momento, pelo que me recordo e pude visualizar, sinto que cumpri o que havia proposto! Entendo que me esforcei para proporcionar o melhor, em favor dos meus coestaduanos e penso ter conseguido. Atuei em todos os campos que me foi possível, sempre com correção de caráter e vontade firme de ajudar. O que o irmão tem a me dizer sobre isso?

— Concordo plenamente, e, por essa razão nenhum comentário foi feito ontem, porque nada realizou que o comprometesse espiritualmente!

— Deveremos continuar, agora?

— Sim, continuaremos do ponto em que ontem pediu, fosse interrompido, lembra-se?

— Quando fui eleito governador do meu Estado! Quanto tempo já passou! Parece incrível.

— Mas o tempo para nós pouco significa! Uma encarnação é um minuto diante das horas de um dia! É nada em relação a milênios e milênios já vividos pelo nosso Espírito! Mas cada minuto vivido é muito importante! É num deles que, às vezes, conseguimos estragar o resto do nosso dia! Já pensou nisso?

— É verdade! O irmão tem comparações muito simples, mas muito sábias! Espero que o minuto vivido dentro do meu dia não tenha sido tão mau, que possa tê-lo estragado todo!

— Não nos precipitemos e vamos ao nosso trabalho!

Assentando-se no lugar que lhes estava preparado, Irmão José pediu que a imagem fosse novamente colocada na tela, e o trabalho recomeçou.

Getúlio pôde, assim, vivenciar a sua vida política, que mais intensamente começou a partir desse período.

Teve à frente e, ao mesmo tempo, sendo trazidos à memória, tempos longínquos, quando, como governador do Estado, foi solicitado a candidatar-se à Presidência da República, num momento em que as oposições, insatisfeitas com o Presidente Washington Luís, se organizavam para a instauração no País, de uma república inteiramente democrática, derrubando oligarquias que insistiam em permanecer no poder, mesmo que a pessoa do Presidente mudasse.

Lembrou-se da sua relutância em aceitar, mas não pôde se furtar ao apelo daqueles que queriam ver o País modificado.

Situações difíceis foram-lhe demonstradas, eclodidas a partir da derrota do candidato oposicionista – da sua derrota – em favor do candidato da situação. Reuniões, movimentos, esforços, frustrações, até o assassinato daquele com quem formara o dueto que pretendia reger os destinos do Brasil, se vitoriosos tivessem sido! Tudo reunido, foi o móvel que os impeliu, com muito ardor e organização, à revolução levada a efeito, até a sua chegada ao palácio Guanabara em 3 de novembro, como Presidente Provisório da República, de direito, como afirmavam, por ter sido ele o chefe revolucionário.

Estava findo um período que perdurara por muitos anos, quando paulistas e mineiros alternavam-se no governo central. Reprimiam os desmandos do Presidente, mudariam as condições do País que não mais correspondiam aos anseios da população, e resgatavam o assassinato do companheiro de lutas!

Todos esses acontecimentos foram discorrendo à frente de nosso irmão, ainda nos dias subsequentes, ao mesmo tempo em que as imagens iam se conjugando com as lembranças, e sendo-lhe fixadas no Espírito. Foi um período de atividade intensa.

O resto do dia em que ele se encontrava livre da atividade, aproveitava para pensar, refletir e tirar as próprias conclusões, e, muito se preocupou, desde o instante em que começaram a surgir as imagens que precederam a sua elevação ao cargo de Presidente.

Entretanto, em meio ao que o preocupava, alguns companheiros muito queridos também estavam junto de si, naquela apresentação. Ao vê-los, sentiu uma ternura muito grande, pois reconhecia neles, por tudo o que ocorreu ao longo de sua vida, amigos de todas as horas! Imediatamente pediu que parassem as imagens.

— O que aconteceu, irmão?

— É um momento de saudade que quero reter mais pro-

fundamente em mim!
— Explique-se! De que se trata?
— São grandes companheiros e amigos! Osvaldo esteve comigo desde o governo do Rio Grande do Sul, e Góis veio juntar-se a nós na concretização dos nossos anseios, e tomou a si a tarefa de planejar a revolução! Muito nos ajudaram!... Podemos continuar, por favor! Desculpe-me, mas eles me foram muito caros, apesar de momentos controversos em algumas circunstâncias, ao longo de nossa convivência.
— Continuemos, então! – ordenou irmão José ao jovem.

As imagens mostravam o palácio onde um Presidente fora deposto e um governo provisório instalado, e, nesse governo, estava ele, Getúlio Vargas!

Ele próprio, em seguida a essas ocorrências, perguntou a irmão José se não poderiam parar. Aqueles acontecimentos todos haviam lhe trazido muitas lembranças, nas quais gostaria de pensar.

Com a concordância do orientador, a atividade daquele dia foi interrompida.

Porém, ao recolher-se ao seu compartimento, analisando todos os fatos, muitas lembranças se entrechocavam, e uma começou a crescer dentro de si – a forma como agiram – e pensava: Se não acatamos o resultado das eleições, não concordávamos com as ações do governo, organizamos uma revolução, promovemos uma Aliança que se espalhou por todo o País, e o movimento cresceu, mas, o que esse movimento deixou atrás de si? Nunca havia pensado nisso!

O que o empolgara, no momento, fora a vitória que atingiu os fins colimados, com a sua elevação ao poder; contudo, o que ficara pelos caminhos por onde passaram? Quantas mortes, quantos governos aniquilados! Tudo isso o preocupava!

Levantou-se do leito, e, pela primeira vez, aceitou o ofere-

cimento do seu instrutor, batendo à porta do seu gabinete.
— Entre, irmão Getúlio!
— Como sabia que era eu?
— Sempre sabemos! O que o traz aqui?
— As preocupações pelo que acabei de ver hoje! Pretendo conversar um pouco, se dispuser de tempo para me ouvir e ajudar a asserenar o meu coração!
— Fale; do que se trata? Estou sempre à disposição, já o disse! - indicando uma cadeira perto da sua mesa de trabalho, pediu-lhe se sentasse.

A sala era pequena, mas suficientemente espaçosa para acomodar uma mesa, sobre a qual havia um aparelho com tela, semelhante àquele em que visualizara o seu plano; uma cadeira ao lado da mesa, e uma estante contendo livros.

Getúlio sentou-se e começou a falar. Contou suas preocupações pelo que havia observado em relação à revolução, iniciada sob o seu comando, lá no Rio Grande do Sul, e receava, pelo que já aprendera, que devia ter assumido compromissos, no transcurso da sua caminhada até o palácio Guanabara.

— Espero que o senhor faça com que esta sensação desagradável que está tomando conta de mim, não cresça mais! Ajude-me!

— Aqui estou para isso, e fico contente que tenha se lembrado de me procurar! Já o esperava há mais tempo, mas, se veio hoje, é que hoje os problemas aumentaram!... O irmão deseja que lhe diga que a causa foi nobre e não importam os acontecimentos do caminho, não é isso? E que o tranquilize, não é mesmo?

— Talvez seja isso, nem eu mesmo sei!... Talvez queira ouvir uma desculpa ou a sua aceitação dos meus atos negativos.

— Eu, caro amigo, nem ninguém pode aceitar ou não, os seus atos negativos, ou de qualquer outra pessoa! Não estou aqui para julgá-lo, apenas para auxiliá-lo! Atos negativos, todos nós os cometemos na Terra, com maior ou menor responsabilidade. A causa a que se propuseram, foi, no momento, com boas intenções, eu o reconheço, apesar do orgulho ferido – o móvel de muita ações más na Terra! O orgulho ferido por ter perdido as eleições, o orgulho ferido de outros companheiros que se viram relegados em suas pretensões, a revolta pelo assassinato do companheiro; muitos motivos se uniram para a consecução dos objetivos imediatos daquela oportunidade, e a revolução foi deflagrada. Mas para chegarem à deposição do Presidente, como pretendiam, os irmãos não pensaram em outra forma um tanto mais pacífica, sem o imediatismo! Semelhante forma imediata seria através da força e, quando empregamos a força na realização de nossos atos, sempre deixamos, atrás de nós, rastros de sangue.

    Getúlio, muito atento, ouvia as considerações do paciente orientador, sem interferir, refletindo muito em cada uma de suas palavras, e o benfeitor prosseguia:

— Naquela oportunidade, você tinha muitos companheiros, e cada um tem a responsabilidade dos atos cometidos! A causa era de todos, mas o chefe, o responsável maior, era você! No entanto, todos os que também se utilizaram de recursos, às vezes ferozes, sem necessidade, inflamados, enceguecidos pelo momento, são responsáveis pelo que fizeram! Esta preocupação tão grande que experimenta, é um meio de verificar que já aprendeu bastante, e sente o comprometimento dos atos que cometeu! Muito ainda terá para avaliar, verificar e analisar, e, nesses momentos, não há nada melhor que a oração! É bom conversarmos, por isso coloquei-me à sua disposição, e sempre estarei aqui para o que desejar, mas, no seu íntimo, eu não posso chegar! É somente Deus que pode adentrá-lo, dando-lhe o conforto de que necessita, e esse contato com Deus, só será feito através da oração! É a oração que nos leva a Ele, e é d'Ele que recebemos, não a absolvição dos nossos atos, que são compromissos assumidos, são responsabilidades que devemos enfrentar, mas o conforto que Ele reserva a todos os Seus filhos, nos momentos de aflições. Recolha-se em seu compartimento agora, ore muito a Deus e peça-Lhe que nada interfira no que ainda deverá ver. Está apenas no começo! Apoie-se no que realizou de bom, sempre é um bálsamo para as suas culpas. Que Deus o abençoe, para que encontre a paz almejada! Amanhã continuaremos, mas, se precisar conversar, sabe que aqui estarei ao seu dispor.

Capítulo

9

Fatos e análises

As primeiras preocupações mais sérias começaram a tomar o íntimo do nosso irmão, no examinar de seus atos na Terra, principalmente os relacionados com as promessas realizadas no Plano Espiritual.

Começava a compreender os compromissos assumidos, a recear as consequências e, segundo demonstrações feitas, mal havia começado!... Preocupava-se com a forma como chegara ao poder! Lutaram, derrubaram governos estaduais para prepararem o ambiente final, depuseram o governo central, e lá estava ele, ocupando o cargo para o qual reencarnara na Terra. Ele compreendia que, apesar das boas intenções que os moveram, a vaidade e o orgulho também foram os agentes que impulsionaram as suas atividades até chegar àquele posto.

Precisava, agora, verificar os atos durante a sua permanência no governo, o qual, iniciando-se como provisório, prolongou-se por quinze anos!

Entretanto, para poder permanecer por todo esse longo período, muito tivera que arquitetar, trabalhando em desfavor de muitos; porém, o dano maior, fora para si próprio.

O sabor do mando tomara todo o seu ser, e a semente que trouxera, desenvolvera-se toda, brotara, crescera e dera frutos! Alguns bons e saborosos que serviram para auxiliar a muitos, em forma de leis e decretos que os favoreceram. Mas, a par dos saborosos, frutos amargos aquela mesma árvore proporcionou a tantos, e, alguns deles, de tão acerbos, chegaram a envenenar, eliminando-os da face da Terra.

Sabemos que quase tudo o que acontece tem as marcas tarjadas em um passado distante, e não nos cabe aqui analisar a nossa personagem central, nem os desmandos das suas realizações, senão apenas narrar, pois que a essas conclusões, ele mesmo é quem deverá chegar.

Ao sair do gabinete do Irmão José, começaram a brotar-lhe, no íntimo, muitos desses fatos que procurou eliminar do pensamento, atendo-se apenas ao que havia visto, deixando para refletir sobre os outros, quando os tivesse diante de si, como comprovação do que havia realizado.

Caminhou pelo parque, e lá permaneceu, mesmo quando todas as sombras da noite já haviam envolvido aquele ambiente, e pôde examinar o céu, com estrelas tão grandes e brilhantes, como nunca havia visto. O céu era diferente! O tom azulado escuro não era o mesmo que conhecera na Terra, e os pontos luminosos que ele abrigava eram de um brilho muito intenso.

Admirando aquela paisagem celeste, permaneceu por algum tempo, e esqueceu-se um pouco das preocupações, retirando-se em seguida.

Ao caminhar de volta, quase à entrada do prédio, encontrou Irmão Fulgêncio, que o recebeu com muita alegria e um grande abraço.

— Estava já saudoso, irmão Getúlio! Pretendia visitá-lo logo que pudesse!

— É uma alegria muito grande encontrá-lo! Também estava com saudade do senhor! O reencontro com entes queridos é como voltar para casa depois de uma viagem!

— Como está se saindo lá?

— Quando aqui cheguei, passei por um período difícil, e, ao restabelecer-me, fiquei feliz, desfrutando do seu carinho e da sua amizade. Lá também estou bem, tenho a atenção de todos! Irmã Cíntia é muito carinhosa e paciente, mas não a temos com a mesma frequência que o tínhamos aqui! No entanto, proporcionaram-me uma companhia muito terna e compreensiva – Irmão José –, que me acompanha nas minhas atividades de agora, me aconselha, me auxilia e me orienta em tudo o que desejo. Está tudo bem, não fossem as minhas preocupações quanto à verificação das minhas realizações na Terra, e, pelo pouco que tenho visto, não devem ter sido muito boas...

— Todos nós sempre erramos muito na Terra, e nem sempre cumprimos, de modo correto e nobre, o que fomos levados a realizar lá! Mas Deus, em sua misericórdia, compreende e nos auxilia, não com o seu perdão, pois se contássemos sempre com ele, não progrediríamos, e praticaríamos atos cada vez mais insanos!...

— Na Terra, ouvimos falar tanto e aprendemos que Deus perdoa as nossas faltas!

— Sim, recebemos o perdão de Deus, nas inumeráveis oportunidades que nos oferece! Já pensou se não tivéssemos mais ensejos de ressarcir os nossos erros e fôssemos condenados eternamente pelo que fizéssemos de mal?

— Agora, compreendo o conceito de perdão!

— Pois então! Nas chances que Ele nos oferece, é que vamos ressarcindo os erros, seja no Mundo Espiritual, em forma de trabalho dedicado aos necessitados, daqui ou do plano terrestre, ou lá, como encarnados, refazendo as nossas planificações, aplicando-nos em auxílio aos outros, tendo uma vida correta e digna! Muitas vezes os nossos débitos são tantos, que precisamos renascer em condições difíceis, para ficarmos libertos de muitas faltas que nós próprios cometemos em prejuízo de muitos!

— Compreendo, e sinto-me feliz em conversar com o senhor!

— Quando nos for possível, trocaremos ideias, novamente. Graças a Deus, você tem Irmão José, ao seu lado, com muito mais capacidade que eu, para orientá-lo e esclarecê-lo! Recorra a ele, e sempre terá uma palavra de conforto e esperança, que o ajudará muito!

O sofrimento começava a se intensificar em nosso Getúlio, mas era-lhe um padecimento abençoado, pelo reconhecimento de suas faltas, à medida que visualizava as suas atitudes como chefe da Nação.

Quando reconhecemos o mal que saiu de nossa mente e se transformou em atos de prejuízo a muitos, é uma bênção de Deus, pois que sofremos sim, pelo remorso, e pela convicção de nossas próprias culpas. Isso significa que o nosso Espírito já está mais suscetível, menos empedernido: é sinal de progresso! Aqueles que praticam o mal sem se aperceberem de que é mal, ou quando se regozijam com as más ações que realizam, têm muito a aprender. Jesus ainda não foi recebido em seus corações!

Para um governo, nas condições em que se encontrava, medidas que se lhe assegurassem plena capacidade de administração, deveriam ser tomadas, sem que ninguém interferisse, sem que ninguém o pressionasse. Queria ser absoluto – um ditador! Foi esse desejo que o norteou, quando, como primeira medida, dissolveu, desde o Congresso Nacional, até as Câmaras Municipais. Destituiu os governadores, substituindo-os por interventores, homens de sua confiança, a ele subordinados. Todos lhe deveriam submissão, acatamento das ordens e obediência no pô-las em prática! Era o executivo, era o legislativo! Assim deveria ser! Esse seria o seu modo de governar!

Teve que organizar um Ministério, que o cercou de forma também consonante e subserviente, ou tomando atitudes que sabiam, iriam de encontro aos seus ideais! – Escolhidos foram aqueles que comungavam nas suas idéias, e o haviam acompanhado na caminhada ao palácio Guanabara.

Mas e o povo? Não é para o povo que os governantes devem direcionar as suas atitudes? Ele era o mandatário maior da Nação! Contudo, o que é uma Nação, senão um conjunto de comunidades, composta de seres humanos, com desejos e necessidades? E essas necessidades foram supridas? Tudo isso ele podia verificar, e via, em cada rosto que aparecia, a insatisfação, porque a realidade não correspondia às suas expectativas.

A dificuldade tomava conta do País, o desemprego era grande! A corrente comunista incentivando a anarquia, estimulando e alertando os empregados.

E qual foi a atitude do governo nessa ocasião? A perseguição, as prisões – medidas fáceis e imediatas de resolver problema tão grave – foram largamente utilizadas, ao invés de providências mais profundas e efetivas, que lhe proporcionasse tranquilidade.

Entretanto, situação tão conflitante não poderia pôr em risco a ordem do País, e algumas das reivindicações dos trabalhadores, foram atendidas, através do recém-criado Ministério do Trabalho.

Getúlio observava, e mantinha-se calado! Problemas anteriores o envolviam!

Em dado momento, Irmão José tocou-lhe o ombro, perguntando se não desejava parar, ao que ele fez sinal que não. Queria continuar e terminar logo! Não era interrompendo e adiando que iria se acalmar. Teria que passar por tudo, já o sabia, e foram prosseguindo.

Um ano de governo decorrido, durante o qual viu muito descontentamento, sobretudo em relação ao Estado mais progressista e rico da nação – São Paulo!

Problemas sérios ali transcorreram, e foram, não só visualizados, mas rememorados por ele, desde as estratégias utilizadas quanto à nomeação dos seus interventores, sempre com o repúdio dos paulistas, até as lutas pela constitucionalização do País.

Recordou-se daquele período, visualizando todas as providências tomadas, a repressão aos revoltosos, através de sua própria argúcia, até o final, quando ele fora o vitorioso. Entretanto, muitas mortes foram registradas.

Terminada a exposição de todos esses fatos, Irmão José pediu, suspendessem as imagens e fossem encerradas as atividades daquele dia.

Getúlio voltou a si, tão ausente estava do ambiente ao seu redor, tão compenetrado no que revia.

— Vamos parar por hoje! Foi um período grande e muito bom para verificar o seu íntimo, apoiado nas imagens que viu e nas lembranças que traz.

— Está bem, mas por mim continuaria até o fim...

— O irmão sabe que não seria benéfico, e nem atingiríamos os fins para os quais aqui estamos.

— Tem razão! Penso que terei, agora, muito que realizar em mim próprio!

— Retiremo-nos, então!

Ao saírem da sala, começaram a caminhar para tomar, cada um a sua direção, mas Irmão José, verificando que o nosso ex--ditador estava calado, pensativo, revelando grande inquietação, indagou-lhe:

— Irmão Getúlio, gostaria de fazer um passeio pelo parque, comigo? Estivemos fechados por tanto tempo, atentos a todos os fatos, que merecemos um contato com a Natureza, respirando o ar puro e tão salutar a nós ambos, com uma paisagem tão bela ao nosso derredor!

— Se o senhor deseja,... mas eu, confesso, não me sinto disposto! Todavia, devemos ir, talvez seja o melhor!

— Andaremos um pouco, procuraremos um banco mais afastado para nos sentarmos! Conversaremos, você aliviará o coração, e, ao invés de estar só, estaremos juntos, e isto será muito bom!

— Vamo-nos, então!

Quando descortinaram o belo jardim que antecedia o parque, irmão José chamou-lhe a atenção, dizendo:

— Veja quanta beleza Deus nos oferece! Examine, em cada flor, a Sua criação, o Seu amor aos Seus filhos! As flores, esta paisagem tão linda, são a ternura que Ele criou para que Seus filhos, admirando a pureza do belo, unam-se mais a Ele, podendo também se sentir melhores pelas bênçãos da Sua criação.

— Já vi tantas flores pelos caminhos da vida, que na Terra também as temos lindas, mas, ao vê-las, nunca pensei do modo como me é colocado agora pelo senhor.

— Pois veja! Tudo depende da nossa forma de perceber e analisar cada coisa! Toda a beleza que existe na Natureza, à nossa volta, e aqui, muito mais bela que na Terra, são as bênçãos que Ele dispensa constantemente a Seus filhos. Basta as enxerguemos e procuremos senti-las!

Passando por entre as flores, enquanto assim conversavam,

chegaram até o parque, onde o silêncio era interrompido apenas pelo canto suave de pequenos pássaros que voejavam entre as árvores, demonstrando a alegria e também as mãos de Deus, na Sua criação.

— O senhor tinha razão, sinto-me bem melhor! Eu não sei como consegue fazer reflexões profundas, à simples visão de uma flor, e, ao mesmo tempo me acalmar!

— Isso depende de exercício, de aprendizado! É necessário que aprendamos a ver a beleza que Deus colocou em torno de nós! É preciso ver em cada objeto, senão a Sua criação, a sua inspiração ao homem! Se aprendermos a nos ligar mais a Deus, erraremos menos, e sentiremos, em todos os instantes, as bênçãos da alegria e do Seu amor!

— Como sentir alegria, e como observar tanto, quando preocupações tão intensas tomam o nosso coração?

— É por isso mesmo, para que não cresçam em demasia dentro de nós, e saibamos compreendê-las, não fazendo delas um motivo de desespero, o que seria pior. Compreende-me?

— Estou procurando compreender, mas acho que devo ainda me exercitar muito, para ver tudo como o senhor vê!

— Bem, eu sei que deseja falar, e poderemos nos sentar!

— Se nos sentarmos, a nossa conversa será mais direta, sem distrações, e mais objetiva para as minhas necessidades!

— Caminhemos, então, até aquele banco mais além, e poderá falar o quanto desejar! Vamos!

O banco apontado ficava um pouco mais distante, mas poderiam estar a sós, mais concentrados na expressão verbal das reflexões que Getúlio desejava expor, como também nos conselhos e orientações que Irmão José certamente lhe daria.

— Aqui estamos, fale agora, que sou todo ouvidos!

— O senhor prestou atenção no que vimos hoje, no que nos foi mostrado, não?

— Não só estive atento na tela, como também em você, que ficou com os olhos fixos no que via, não se desviando um só instante, e, às vezes, revelava-se muito preocupado.

— É isso mesmo!

— Você sabe que eu havia tomado conhecimento de sua vida na Terra, antes de vir para este nosso trabalho! Devemos estar a par de tudo!

— É verdade, Irmã Cíntia havia dito!

— Fale, pois, não percamos mais tempo!

— Não sei como começar, mas quero lhe dizer da alegria imensa que me tomou, quando consegui ser elevado àquele posto por que tanto ansiava! Planejava, em lá estando, realizar muito em favor do povo já desiludido e sofrido, entretanto, pelo que verifiquei, quase nada pude fazer! A máquina administrativa de um governo é tão difícil de ser manejada, irmão! Tem tantos dispositivos que, às vezes, nos entravam! Há tantos que desejam também mexer na máquina, que ela emperra de tal forma, e o oficial maior, lá colocado, sente-se impotente para fazer um trabalho satisfatório!

— Reconheço que isto é verdade! Muitos têm desejo de também trabalhar e ajudar um pouco a Nação, mas, sem saber, estão só prejudicando o seu bom andamento. Mas você não pode se queixar desse particular, pois que, ao chegar ao seu posto, uma das suas primeiras medidas foi eliminar muitos daqueles que entravavam a máquina e o engenho do manejador!

— O que o senhor quer dizer com isso?

— Ora, irmão, o seu governo foi ditatorial! O Congresso foi fechado, dissolvido... Os governadores eram seus subordinados!

— Sim, foi o que realizei! Naquele momento não poderia ter sido de outra forma! Teria que governar com o menor número de influências externas possível, para que a administração andasse melhor! Mas tinha um Ministério, e, além dele, sempre há os que gostam de interferir!

— Não compreendo bem onde quer chegar! Será que está pretendendo imputar aos outros culpas que só a você cabem?

— Talvez seja isso mesmo! Talvez eu queira atribuir a influências externas, o que não pude realizar por mim próprio!

— Por mais absoluto e ditatorial seja um governo, há necessidade de comandados! O País de dimensão continental, muitas regiões com todos os tipos de carência, grandes centros com outros problemas!... O relacionamento com o exterior, que nenhum País sobrevive por si só, muito menos o Brasil, considerado ainda bastante jovem!...

— Por favor, irmão, diga-me alguma coisa que possa satisfazer o meu Espírito, acalmar as minhas preocupações e asserenar o meu coração!

— O que o preocupa tanto?

— Vi que não pude realizar quase nada do que pretendia! Procurava solucionar os problemas à medida que iam surgindo, e nem sempre de forma correta como devia.

— Alguma coisa realizou! Sempre alguma coisa se faz, senão com o interesse de ajudar, pelo menos para que a Nação fique satisfeita por algum tempo e esqueça os ataques ou a rebelião que poderia promover.

— Talvez tenha razão! Mas por falar em rebelião, o senhor viu o que ocorreu em São Paulo, não é verdade?

— Sim, foi um período difícil para todos lá! Muitas famílias perderam entes queridos que lutaram fervorosamente por amor à sua terra, não querendo vê-la dominada por estranhos! Ainda outro motivo se acrescentou a esses, e as lutas aumentaram muito – a constitucionalização do País! Mas, por que se preocupar agora, se você mesmo procurou, por todas as formas, impedir que eles conquistassem as suas reivindicações, procurou aniquilá-los, opondo-lhes ação mais direta para não prosseguirem lutando?

— Tinha que fazer o que foi feito, até que culminou com o pedido de paz por eles! Do contrário as lutas continuariam, e se estenderiam muito mais, tanto no tempo quanto no espaço territorial.

— Não foram esses os seus pensamentos naquela oportunidade! Era o receio de que também o Rio de Janeiro fosse alcançado, era o receio de também ser deposto e perder o governo!

— De alguma forma tem razão, e, vendo assim, sinto-me ainda mais culpado! Mas tinha que agir como o fiz! São Paulo era um centro progressista, e o senhor sabe o quanto eles haviam dominado o poder federal. Se São Paulo vencesse, tudo voltaria a ser como antes!

A conversa, naquele parque tão ameno, continuou ainda por algum tempo. Getúlio expôs a Irmão José, muitas das embaraçosas realizações de sua tarefa na Terra, algumas vezes querendo encontrar justificativas a si próprio. Irmão José, porém, atento e conhecedor de todos os fatos, fazia-o ver, examinar e concluir.

Não que estivesse ali como acusador, não, mas trabalhavam em conjunto, e era preciso que os exames fossem efetuados dentro da correção de ações, mesmo que pudessem ferir o âmago de Getúlio. Nada deveria ficar encoberto para o seu próprio bem!

Por isso, nessas ocasiões, é necessário que um orientador acompanhe os irmãos em atividades semelhantes. Embora, às vezes, pareçam estar acusando, não o estão! Não são os promotores dos julgamentos terrenos, cuja incumbência a maioria imagina, é apenas acusar!

Ele auxiliava-o a recordar-se melhor dos atos, encorajava-o, animava-o e aliviava-lhe o estado de espírito. Era o companheiro constante que lhe levava a força, a coragem, o ânimo e a paz, com as suas reflexões. Fazia-o ampliar a visão para o que o rodeava, ensinava-lhe muito em relação às atitudes cristãs, e, foi, durante aquele período, a âncora firme, na qual ele pôde se apoiar, para suportar o que ia visualizando e concluindo por si próprio.

Contudo, voltemos ao parque onde os nossos irmãos ainda se encontravam.

— Pois então! Compreendo bem as suas justificativas, mas você mesmo já chegou à conclusão de que não agiu corretamente, em muitas situações, e nem como havia planejado, nesta mesma Colônia!

— Isso é verdade, meu amigo! Posso chamá-lo assim, não?

— Se é assim que me considera, poderá chamar-me, que isto só me deixa feliz!

— Pois então, meu amigo, é justamente esta a causa do meu sofrimento! Não agi como planifiquei e, muitas vezes, me empenhei mais para defender o meu posto, que o povo! Trabalhei muito para poder permanecer – eu me recordo, mesmo que ainda não tenha visto nas imagens – e sempre para preservar o cargo de Presidente do qual, naquela ocasião, estava investido e, para isso, muito realizei em prejuízo de muitos! O senhor poderá me dizer porque me apaixonei tanto por aquele posto, e tudo fiz para não deixá-lo?

— Saberá no momento certo! Há também uma razão, que não o libera de suas ações, um motivo impregnado no seu próprio Espírito, para que isso ocorresse! Você já tem noção de quanto permaneceu no poder, naquela oportunidade em que foi levado a ocupar um posto que era provisório?

— Ainda não me lembro exatamente da extensão, mas sei que muito fiz para nunca de lá sair!

— Deixemos de pensamentos que poderão preocupá-lo,

pelo que ainda há de ser verificado, e voltemos ao que viu hoje! Há ainda algum detalhe sobre o qual desejaria falar?

— Sim, irmão! Quem sabe posso tê-los a meu favor!

— Pois então fale!

— Foi o fato de que, muitas das reivindicações que foram a causa principal das ocorrências em São Paulo, tive que atender. O povo todo reclamava, e alguma coisa deveria ser feita em favor deles.

— E o que o irmão realizou?

— Providenciei para que eleições fossem marcadas, e assim o Estado estaria satisfeito com um governador eleito pelo povo. Providenciei para que fosse eleita uma Assembleia Constituinte a fim de promulgar uma nova Constituição! Assim, sem que fossem os vencedores, dei-lhes algumas das regalias que desejavam. As eleições foram realizadas, tiveram um governador paulista, e a nova Constituição promulgada.

— E o que aconteceu depois que essa Constituição foi promulgada?

— Passei de governo provisório a Presidente eleito pela assembleia.

— Veja você que continuamos com o que vínhamos conversando até agora – o seu medo maior de perder o poder!

— Mas o senhor disse que para isso há uma razão!

— Que não fazia parte de sua planificação, e nem pode ser alegada como atenuante para seus atos!

— O que faremos agora?

— Já colocou tudo o que precisava?

— O senhor sabe que não! Revimos alguns fatos, mas muitos outros importantes ficaram sem ser aludidos por nós!

— E quais foram?

— Apesar de ser solícito e bondoso comigo, às vezes sinto que é meu julgador!

— De modo algum faria isso! Já o disse, todos nós erramos muito na Terra, e não estou aqui para julgá-lo, apenas para auxiliá-lo, e não poderia fazê-lo de outra forma! Se fatos permanecerem esquecidos ou adormecidos, sem que deles fale, não irá diminuir a sua responsabilidade, se realmente a tiver! Este é o meu trabalho, e quero ajudá-lo o melhor possível! Do momento em que expuser o que está no seu íntimo, em forma, não só de lembranças, mas de imagens que viu, estará fazendo um bem a si próprio! Já conversamos sobre isso! Quando reconhecemos os nossos erros, eles se tornam menores, porque já temos capacidade para admitir que erramos!

— O que desejo falar ainda é sobre o tratamento dado a muitos dos que se revoltaram, sejam os aprisionados na rebelião de São Paulo, sejam trabalhadores desempregados, e, de modo muito mais intenso, àqueles comunistas que pretendiam desmerecer os meus atos, promovendo desordens. Era o que faltava, cujas lembranças me ocorreram.

— Pois muito bem! Penso que a tarefa de hoje está terminada! Se quiser retornar, poderemos entrar, mas ainda quero dizer-lhe que os atos praticados por nós, quando encarnados, você sabe, ficam todos registrados! A nosso favor, quando os realizamos de forma nobre, com espírito de caridade, justiça e amor; em nosso prejuízo, quando visamos ao próprio interesse, na satisfação do orgulho, da vaidade e do egoísmo! No entanto, podemos nos dirigir a Deus, e pedir-lhe que nos dê a compreensão para errar menos e, no futuro, nunca mais errarmos, e que os atos praticados, contrários às suas leis, possam nos servir de exemplos, a fim de aprendermos a nos desfazer dessas imperfeições. Ele sempre tem um consolo para cada um de nós, para que nossas faltas sejam, não perdoadas, porque o tribunal que cada um tem montado dentro de si não o permitiria, mas atenuadas, através do auxílio que dispensarmos aos irmãos infelizes, realizando um trabalho no bem.

— E o que eu poderei realizar para desfazer o que pratiquei de mal?

— Por enquanto é pedir a Deus que o encaminhe para ressarcir os seus erros, mas, no momento, ainda deverá terminar todo esse trabalho que está realizando, como levantamento de todas as suas ações. Após, então, Ele saberá encaminhá-lo a uma tarefa redentora!

A conversa foi encerrada, o orientador entendeu que o dia havia sido desgastante ao irmão, por tantas imagens revistas e tantas lembranças. Quando retornavam aos seus compartimentos para o repouso, ao passar novamente pelo jardim florido, Getúlio fez uma observação:

— Irmão José, penso que nunca mais poderei passar indiferente por uma flor, ou mesmo admirá-la, sem pensar nas suas palavras! Se aprendêssemos a ver em tudo o que nos rodeia a criação de Deus, o nosso coração seria mais sereno, não praticaríamos tantas maldades, porque a fé, a confiança n'Ele, fariam de nós criaturas melhores. Não teríamos tempo para tantas lutas por conquistas insignificantes para a vida do Espírito!

— Muito bem, fico contente que tenha aprendido a lição, e cada vez que observar uma flor, não se lembre de minhas palavras, mas da magnanimidade do Criador do Universo!

Continuaram o caminho, porém, Irmão José ainda tinha trabalho no seu gabinete, enquanto Getúlio repousasse, e, ao despedir-se recomendou-lhe:

— Procure repousar, sem pensar em nada do que conversamos! Amanhã retornaremos ao trabalho, e muitos fatos irão se acumulando.

— Tentarei não me lembrar de nada!

— Um bom remédio para isto é a oração! Ore a Deus, que receberá o conforto de que necessita!

Capítulo

10

Sonho ou realidade

Irmão José dirigiu-se ao seu gabinete de trabalho, sentou-se, e ligou aquela aparelhagem que tinha sobre um dos lados de sua mesa. Rememorava a pergunta de Getúlio, quando quis saber o porquê de ter se apaixonado tanto pelo posto que ocupara, a ponto de mover tantos recursos para não deixá-lo.

Desejava ver novamente o que já sabia, não para ter a confirmação, mas rever situações que explicassem melhor o que se passava com ele. Nada ainda poderia lhe ser mostrado! Contudo, chegaria a hora em que ele próprio teria necessidade de saber, porque, naquelas imagens, estava a explicação de muitos fatos ocorridos em sua vida.

No momento certo lhe seriam mostrados, e, quem sabe, no desvendar de tudo, ele próprio se recordaria, pois que o Espírito tem a capacidade de abranger suas encarnações anteriores e, muito do que lhe sucedeu, e muito do que ele próprio realizou ou sofreu, tinha base em encarnações precedentes, como quase sempre acontece. Irmão José apenas olhou, verificou, refletiu, mas logo em seguida desligou o aparelho e dirigiu-se ao seu repouso também!

Na manhã seguinte tornaram a encontrar-se, no mesmo local, para as atividades do dia.

— Conseguiu repousar, irmão?

— Após as orações que me recomendou fizesse, adormeci e pude descansar, livre de preocupações, mas sonhei e foi um sonho um tanto estranho!

— O que foi que você sonhou?

— Que estava num país distante, que não pude precisar qual fosse, mas vestia trajes diferentes, à moda bem antiga, como conhecemos através da história, ou mesmo lá na Terra, através de filmes.

— Continue! Tem mais a me dizer?

— Sim, vi-me naquele país, com uma coroa de rei e um cetro nas mãos, tendo ao meu redor todo um séquito que me servia, e que eu tratava com mãos de ferro! Senti que era mau!

— São apenas sonhos, não é mesmo, e não deve se preocupar com eles! Temos o nosso trabalho para desenvolver na manhã de hoje, e sonhos são sonhos!

— O senhor não poderá me dizer nada a respeito dele?

— Quem sabe um dia possamos conversar sobre sonhos, também, mas não devemos nos extraviar do nosso objetivo! Depois, sim, teremos tempo para muitos assuntos!

— Vamos, então!

Assentaram-se no lugar de costume, o rapaz acionou o aparelho e as imagens começaram a se suceder. Getúlio mantinha-se como sempre, calado e muito atento à sua imagem ali exposta, às imagens de muitos dos seus companheiros que o ajudaram, de muitos que o perseguiram, e, em tudo, verificava o povo, como pano de fundo.

Ao terminar a tarefa do dia, Irmão José perguntou-lhe:
— O que me diz de tudo o que viu?
— Hoje, me sinto um pouco mais animado! Vi que o povo estava mais feliz com minhas determinações. Os trabalhadores sentiam-se mais amparados pelos direitos que adquiriram, através da Constituição promulgada em 1934. Alguma coisa pôde ser feita, desde que a revolução paulista terminou, até esse período que acabamos de ver. Fico feliz, porque não vimos só atos indevidos! Verifiquei que, a partir da Constituição, o povo teria um amparo maior. Muitas leis foram promulgadas baseadas nela, e tudo pareceu-me caminhar melhor. O que o senhor me diz?
— Nem tudo são atos desumanos, não é verdade? Sempre algum bem se propicia àqueles que esperam muito de um governo, e, esse período, reconheço, foi um início, para que, particularmente os trabalhadores, tivessem um amparo, e exercessem suas atividades apoiados em leis que os protegessem, dando-lhes assim maior segurança!
— O senhor viu também que as eleições se realizaram da maneira mais correta, de acordo com o Código Eleitoral instituído no meu governo. A criação da Justiça Eleitoral proporcionou ao País uma eleição mais adequada e honesta.
— Sim, verifiquei, irmão!
— A Justiça do Trabalho também foi um grande bem aos trabalhadores, pois teriam quem os defendesse de patrões desumanos.
— Hoje, então, vejo que está mais contente e não precisa da minha companhia para ouvi-lo! Noto que seu entusiasmo foi tanto, que, antes mesmo de nos havermos retirado, já demonstrou a sua satisfação!

— É verdade! Em meio a tanta tristeza que tinha observado, pude realizar algum bem em favor de uma classe tão importante a uma Nação – os trabalhadores!
— Podemos nos retirar, então?
— Sim, como o queira!
— E o que fará hoje, no resto de seu dia?
— Posso fazer-lhe um pedido?
— Fale!
— Não poderia fazer uma visita a Darci e levar-lhe a surpresa de minha presença?
— Sinto dizer-lhe, mas ainda não o pode! Logo ela estará de volta para vê-lo! Utilize o tempo para ler, aprimorar seus conhecimentos! Vá à Biblioteca ou passeie! Há muito em que se aplicar para o seu próprio aprimoramento! Todo o tempo que tivermos disponível, e não utilizarmos para nós, estaremos desperdiçando oportunidades valiosas para o nosso progresso espiritual! Do conhecimento é que advém o adiantamento, pois passamos a agir com a convicção de nossas responsabilidades!
— Farei isso! Irei à Biblioteca e o deixarei tranquilo para as suas atividades!
— Se precisar, sabe onde me encontrar, que sempre estou às suas ordens! Hoje ainda tenho uma entrevista com o nosso Mentor, e aproveitarei esse tempo para isso. Que Deus o acompanhe e que toda a sua leitura seja realizada com o coração e a mente aberta, para absorvê-la toda, para o seu próprio bem!

Irmão José, assim que lhe foi possível, foi ao gabinete de Irmão Fabrício para lhe falar.

Os dias necessários às primeiras observações e acompanhamento do irmão Getúlio, já se haviam findado e tinha, conforme o combinado, que notificar Irmão Fabrício de como esse período estava se desenvolvendo, e como aquele Espírito estava se portando.

Chegou até à porta, bateu, tendo ouvido que deveria entrar.

— Que Jesus o abençoe em seu trabalho conosco, e sempre o ampare, para que suas realizações sejam as melhores possíveis, e agradáveis ao Senhor!

— Obrigado, irmão, por esta saudação tão bela! Procuro realizar as tarefas conforme me instruiu, e tenho acompanhado Getúlio, não só na visualização de sua vida, como também, após, quando é necessária uma orientação, um apoio.

— Muito bem, você já me adiantou alguma coisa do que iria lhe perguntar, e agora só me resta saber como ele tem se portado diante do que tem visto.

— O senhor sabe que ao vermos à nossa frente as nossas realizações, e ao termos consciência do que prometemos, nem sempre ficamos satisfeitos por averiguar que os planos se afastaram da concretização na Terra.

— Isto é verdade! Mas quando aqueles que estão nessa atividade conseguem perceber a distância entre as promessas e as realizações, já há algum progresso!

— Ele tem percebido bem isso, tem se preocupado e entristecido até, pelo que vê, pelo que recorda!... Nesses momentos, eu o tenho acompanhado em suas reflexões posteriores à visualização, como, também, sustentado e orientado dentro do que me é possível, de acordo com os meus conhecimentos!

— Isto mesmo! Faça-o, pois, sempre que puder! Anime-o, estimule-o para que chegue até o final, porque o irmão sabe o quanto ele permaneceu no seu posto e o que fez para permanecer, e com isso os compromissos que assumiu!

— Sim, estou a par de tudo, e tenho me esforçado a fim de que ele não fique muito abalado, mas sempre fazendo-o ver a sua responsabilidade, mesmo que às vezes ele procure encontrar uma justificativa para algum ato infeliz.

— Continue na sua abençoada tarefa! Creio que, de nossa parte, estamos conseguindo ajudá-lo!

— Está bem! Mas antes de me retirar, quero notificá-lo de algo que ele me contou pela manhã!

— O que foi de tão importante?

— Quando chegamos, disse-me que havia sonhado e, contando o sonho, não sei se me preocupei, ou se já era hora de que ele fosse tendo algum vislumbre do seu passado mais remoto!

— O que sonhou o nosso irmão?

— Disse que se vira na envergadura de um rei muito mau, num país distante!...

— Isso é muito bom! É o seu próprio Espírito que já está podendo vislumbrar o que deve lhe ser mostrado claramente, no momento adequado! São imagens que fazem parte do seu armazenamento, e, quando as visualizar, não ficará chocado, mas compreenderá o porquê de muitos dos seus atos!

— Foi isso mesmo que pensei!

— Pode ir, agora, e deixe-o livre, hoje, de mais preocupações, para que se distraia e repense! Você sabe que temos de protegê-lo e ampará-lo!

Capítulo
11

Elucidações valiosas

Na manhã seguinte, o trabalho foi retomado. Os fatos começaram a desfilar à frente de Getúlio, e muito ele viu... A Constituição de 34 favorecendo a ação dos comunistas e integralistas; os reflexos, aqui, dos acontecimentos na Europa, estimulando os seus mais íntimos desejos – a sua perpetuação no poder.

Viu as lutas tão violentas dos integralistas com os comunistas, a união mais intensa dos integralistas ao governo. As manobras realizadas por ele para frustrar a revolta comunista...

Verificou ainda a repressão levada a efeito, nessa ocasião, como forma de mostrar ao povo que ele estava atento àqueles que desejavam prejudicar o bom andamento do governo.

Foi um período difícil que deixou atrás de si muitas mortes, muitos presos e muitos desterrados.

Getúlio verificou tudo sem nada dizer, e o aparelho foi desligado, a pedido de Irmão José, que reconheceu terem visto o suficiente. As imagens do dia haviam sido por demais agressivas e chocantes! Getúlio ali permaneceu, de cabeça baixa, silencioso, mas foi chamado pelo seu benfeitor que o convidou para se retirarem.

— Vamo-nos! Um pouco de ar puro far-lhe-á bem! Vamos!

Getúlio, obediente, levantou-se e deixaram a sala.

— O que pretende fazer? – perguntou-lhe o seu orientador e amigo.

— Não sei! Só lhe peço que não me deixe sozinho!

— E onde pretende ir, onde quer ficar? Deseja apenas a minha companhia ou precisa falar?

— Ainda não sei! Fique comigo e leve-me onde desejar, depois eu verei! Se sentir necessidade de falar, eu falarei!

— Quando temos problemas, o melhor é falar deles com alguém que possa nos ouvir de modo fraterno e amigo, procurando compreender-nos!

— Eu sei disto! Como fui permitir que tantas atrocidades fossem praticadas?

— Você sabe por que o permitiu, não é mesmo?

— A que preço pude conseguir o que desejava! Sinto agora que devo pagar pelos meus atos, um preço muito alto! Terá valido a pena tanto empenho da minha parte? Eu tanto arquitetei, tanto permiti, apenas para não perder uma posição que me fascinava!

— Penso que não devemos conversar, aqui! Vamos a algum lugar! Pretende que saiamos ao ar livre, ou quer ir à minha sala?

— Acho que lá fora me sentirei um pouco melhor, com o ar puro, a paisagem!...

— Vamos, então! A Natureza é amiga, e permite, ao seu

contato, liberarmos o peso que trazemos conosco, pelo revigorar de nossas energias.

— Pois então vamos!

Quando passeavam entre as flores do imenso jardim, Getúlio, pensativo, Irmão José falou-lhe:

— Respire profundamente esse ar puro que é todo nosso, e seu coração irá se acalmando! Sabe que em tudo isso sinto-me feliz. Alegro-me ao ver o seu abatimento por concluir que não agiu corretamente.

— E o senhor sente nisso motivo de alegria? Alegrou-se com o meu sofrimento?

— Sim, mas não como pensa! Não sou insensível ao sofrimento alheio; pelo contrário, sensibilizo-me muito e tenho desejo de ajudar! O que eu quero dizer é que me sinto feliz porque, se as imagens o chocaram, se o seu comportamento o constrangeu, a ponto de fazê-lo sofrer, é sinal que já fez algum progresso! Fale, irmão, o que deseja, comente algum fato que viu, alguma de suas ações ou de seus comandados!

— O senhor sabe que os comandados agem, às vezes, muito mais intensamente que as próprias ordens recebidas, e parece, pelo visto, que os meus se excederam muito! Mas a responsabilidade de tudo, eu sei, é minha, eram meus auxiliares e, se eu os tivesse reprimido, não continuariam. Penso que naquela época eu também concordava com eles e até os estimulava. Todas as realizações tiveram a minha aquiescência e o meu estímulo! Estive sempre ciente do que se realizava naquela ocasião, e entendia que tudo estava saindo melhor do que eu próprio esperava. O ambiente externo do palácio contribuía para o que, no seu interior, se planejava, e o senhor sabe o que é!

— Sim, sabemos muito bem, e compreendo agora as suas preocupações, porque sente a responsabilidade, não só de seus atos, mas de todos os que agiam sob o seu comando!

— Sempre somos responsáveis pelos atos que praticamos, ou que outros praticam impulsionados por nós, não é assim?

— Vejo que a nossa convivência, as leituras, as preleções que tem ouvido, muito têm contribuído para a sua conscientização de nossas responsabilidades, como Espíritos eternos!

— Eu tenho aprendido bastante, mas quero fazer-lhe uma pergunta, se me permitir!

— Quantas desejar! Se puder, responderei com muita satisfação!

— Foi me dito e de alguma coisa recordei, que já estive nesta Colônia, antes dessa minha última encarnação na Terra, não é isso?

— Sim, você mesmo pôde comprovar, e, conquanto eu não o tenha conhecido naquela oportunidade, porque aqui não me encontrava, temos, nos arquivos, tudo registrado!

— Pois então, se aqui estive, se pude preparar o plano que realizei para desenvolvê-lo na Terra, se obtive a aprovação e a permissão de levá-lo comigo, por que houve tantas falhas? Será que eu ainda não estava preparado, naquela ocasião? Não tinha eu os conhecimentos e o aprendizado que estou tendo agora, para saber da responsabilidade que levava comigo, e que por ela teria que responder, se não a cumprisse corretamente?

— Penso que poderei lhe explicar tudo o que o angustia agora!

— Pois então o faça, por gentileza, que tenho me preocupado muito, ultimamente, à medida que tomo consciência do que realizei como encarnado!

— Quando nos encontramos no Mundo Espiritual, como Espíritos livres, adquirindo conhecimentos, estudamos, preparamo-nos, somos aconselhados e prometemos muito, entusiasmados e apoiados em nossa vida aqui, livres de tantas imperfeições que existem ainda na Terra. Mas, quando para lá somos levados pela encarnação, quando tomamos um corpo físico, que será o instrumento das nossas ações, tudo se modifica!

— Por que isso acontece? Então essa preparação que fazemos, de nada nos adianta?

— Não disse isso! Quando lá estamos, convivemos com tantos atrativos, com tantas ilusões, e nos deixamos levar por aquilo que ainda trazemos de imperfeito em nós. Se a nossa vontade não for firme, nos deixaremos arrastar, não pelos outros, mas por nós próprios, pelas falhas que ainda o nosso Espírito carrega, às quais não foi suficientemente forte para reagir. É muito mais fácil nos deixarmos seduzir pelo que nos rodeia, satisfazendo-nos o egoísmo, o orgulho, e a vaidade, que lutarmos contra esses males, e passarmos ilesos por eles, sobretudo quando uma planificação abrange uma nação inteira, como foi o seu caso!

— Estou compreendendo!

— Quando para lá vamos, nos esquecemos de tudo o que aprendemos e de todos os nossos propósitos, mas isso ocorre, se não tivermos firme a vontade, para, em forma de intuição e impulsos nobres, cumprirmos a nossa tarefa.

— É isso, então?

— Se assim não fosse, não haveria progresso espiritual, porque sempre retornaríamos ao mesmo ponto e reincidiríamos nos mesmos erros a que o orgulho e o egoísmo nos levaram!

— É muito difícil!

— Sim, é muito difícil, por isso é que são provas pelas quais devemos passar, como os estudantes nos bancos escolares. Se nos sairmos bem, seremos aprovados pelo Pai Maior, e, de degrau em degrau, promoveremos a escalada do progresso, e um dia estaremos mais próximos d'Ele!

— Ah, como fui fraco, então, nessa minha última encarnação!

— Não diga isso! Todos nós temos as nossas fraquezas, mas, em meio a elas, também progredimos um pouco! Sempre realizamos alguma coisa boa! E você, a par de seus erros, também fez bastante! Se não realizou tudo o que poderia, o que havia planejado, sempre alguma coisa boa ficou, por sua iniciativa, em favor do povo. Pense nisso, também! Se nada tivesse feito, você, talvez, aqui não estivesse, não teria todo o amparo que teve e a proteção que está recebendo agora!

— Mas eu tenho sofrido muito! Agradeço a Deus o que têm me proporcionado aqui, em atendimento, desde que cheguei tão inconsciente de mim mesmo, mas, à medida que a conscientização toma conta de mim, sinto um desconforto muito grande e tenho sofrido!

— Sempre sofremos, quando nos desviamos dos próprios objetivos! Você passará por todo esse período, e depois outro tratamento deverá ser realizado de forma diferente e instrutiva; aprenderá muito e fortificará, com o aprendizado, o seu Espírito, em suas convicções, e também desenvolverá uma atividade em favor dos que necessitam! Isso o ajudará muito! Veja o meu exemplo! Estamos conversando, mas, para mim, apesar de ser uma satisfação muito grande estar ao seu lado, acompanhá-lo nesta etapa, é um trabalho que realizo! Aqui não há inativos, todos devem trabalhar de alguma forma! O que realizamos em favor dos outros, em primeiro lugar estaremos realizando para nós próprios!

— Devo agradecer a Deus a companhia que me faz, pois me auxilia neste período tão difícil! O senhor tem sido o meu apoio, o meu amigo, e, muito mais que um orientador, tem me amparado com seus ensinamentos e suas palavras, sempre de muita compreensão!

— Fico feliz que se sinta bem em minha companhia, assim o nosso trabalho será muito mais benéfico a nós ambos! Creio que já é hora de voltarmos! Estamos aqui há um bom tempo, você aliviou o seu coração, e agora se sente melhor, não é mesmo?

— Estou mais confortado, sim, mas sei o que me aguarda nas próximas imagens, e estou preocupado!

— Dê a cada dia a sua tarefa, e não se preocupe com temores e receios antecipados! Esperemos até o dia de amanhã, e, se não se sentir disposto, não há mal nenhum que não façamos o trabalho! Podemos adiá-lo às vezes, se isso for necessário e lhe fizer bem!

— Pelo contrário, como já lhe disse, quero, se possível, terminar de uma vez!

— Está bem! Amanhã, continuaremos, e tranquilize-se! Não pense no que virá! Peça a Deus que o ampare e o auxilie a enfrentar tudo com serenidade, mente e coração pacificados, e o trabalho será, assim, melhor aproveitado!

— Vou me esforçar e orar bastante!

— Entremos, então!

Pelo transcorrer dos acontecimentos, fatos importantes e decisivos na vida de Getúlio, lhe estavam reservados para o dia seguinte. Defrontar-se-ia com problemas chocantes, por estar, agora, afastado daquele ambiente onde as fraudes e os conchavos eram realizados com propósitos menos dignos.

Mas, aguardemos até o momento em que tudo, naquela admirável tela, fosse visualizado, embora os acontecimentos já fizessem parte da tela mental do nosso irmão, que os recordava como atos torpes!

Capítulo

12

O golpe contra si próprio

O repouso é sempre um auxiliar para suavizar os nossos problemas – parecem se acalmar e ficar menores...

Assim Getúlio, na manhã seguinte, despertou mais calmo e decidido. Não seria a visualização dos fatos que lhe diminuiria a culpa. Tudo já fora realizado, e apenas lhe aumentaria o remorso e a tristeza!

Dirigiu-se à sala tão sua conhecida, encontrando o Irmão José, que o recebeu fraternalmente, indagando-lhe:

— Então, meu amigo, como passou a noite? Conseguiu descansar?

— Sim, orei e pedi a Deus, pelo menos o conforto do repouso, para me afastar das lembranças, e pude dormir! Acordei mais tranquilo!

— Está disposto a começar?
— Sim, o mais rápido possível!

Novamente colocaram-se diante do aparelho e as imagens foram se sucedendo, uma após outra, desde o momento em que haviam interrompido na véspera, após a revolução de 1935, até a instalação do Estado Novo, em 1937.

Tudo consumado, atingido o clímax de uma longa preparação sorrateira e muito bem trabalhada, e ele – Getúlio Vargas, o Presidente-Ditador de uma Nação com tantos problemas a serem solucionados, apresentando-se como o seu salvador. Aquele que resguardava os anseios da população, da terra que amava, usando de todos os recursos para continuar no poder, eliminando qualquer possibilidade de um governo eleito pelo povo.

Quando o trabalho daquela manhã foi interrompido, Getúlio pediu ao Irmão José para recebê-lo em sua sala, pois sentia necessidade de falar sobre o que vira e recordara. Aquele período fora muito importante em sua vida.

O bondoso orientador, sempre pronto a ouvi-lo, atendeu a sua solicitação e, assim que se acomodaram, Getúlio começou dizendo:

— Querido irmão, sabe do que preciso! Sabe que não prescindo da sua companhia, do seu aconselhamento, das suas palavras de orientação que me asserenam...

— Pois fale, o que o preocupa tanto hoje?

— Pelo que acabamos de ver, diante das minhas responsabilidades lá na Terra, como Presidente de uma nação, o meu Espírito granjeou os maiores compromissos!

— Por que tem esse sentimento? O que quer dizer com isso?

— O senhor não compartilha dessa minha conclusão?

— Por enquanto eu nada direi, devo ouvi-lo primeiro! Tudo que partir de você mesmo, em conclusões, após as análises, lhe será muito mais benéfico ao Espírito! Já lhe disse, não estou aqui como julgador e nem me cabe apontar-lhe nada, ainda que o irmão mesmo o faça. Depois, sim, comentarei alguns pontos, se houver necessidade.

— Hoje senti-me, diante do que realizei, o último dos homens sobre a face da Terra!

— E o que o levou a tal julgamento?

— O senhor estava lá e viu o que preparei, organizei e fiz, apenas com uma única finalidade!

— Sim, vi tudo! Mas fale sobre o que mais o preocupa!

— Como pude, naquela época, conseguir que quase uma nação inteira me apoiasse num ato tão sórdido como o que praticamos! Usamos de artifícios criados por nós, utilizamos de forma aterradora situações que poderiam, se bem dirigidas, ter sido solucionadas de forma fácil. Tudo foi preparado para que o fim colimado fosse atingido!

— Noto que você começou a falar não mais na primeira pessoa do singular, mas está usando o "nós"!

— Sim, o conluio era mais amplo que apenas a minha mente! Para o ato final que verificou, tive o auxílio de muitos que me ajudaram, não só a conseguir, mas a arquitetar! Não era apenas uma cabeça pensante, mas diversas! O senhor viu as reuniões mais ou menos secretas que realizávamos, para arquitetar e planificar direcionamentos para os nossos atos, e nelas sempre tive muitos companheiros que compartilharam dos mesmos anseios que eu.

Getúlio calou-se um instante, mas Irmão José pediu-lhe:

— Continue, que isto lhe fará bem!

— Aqueles que me auxiliavam diziam-se meus amigos, e assim eu os considerava, e a nossa amizade, pelos compromissos das artimanhas, aumentava cada vez mais! Quando nós próprios, como cabeças de um plano, nos deixamos empolgar, as atitudes que os outros tomam, fogem ao nosso controle e eles passam a agir por si próprios, desejando ajudar cada vez mais, entendendo que em tudo estão colaborando, pois sabem o que pretendemos!

— Isso quer dizer que você está indignado consigo próprio, com seus companheiros, e arrependido de ter impedido que as eleições se realizassem normalmente, como estavam marcadas, e o seu governo findo no momento já fixado?

— Eu não saberia responder! Talvez só a minha ambição e desejo tão intenso de me perpetuar no governo, sejam culpados de tudo isso!

— Mas não justificam as ações que praticaram, não é mesmo?

— Sim! O senhor não poderá me esclarecer algo a esse respeito? Sei que me sentirei aliviado e muito!

— Ainda não é o momento certo! Mas não queira reportar a razões anteriores, toda a causa de suas próprias ações! Quando lá estamos, cabe a nós próprios, ao nosso esforço, nos desfazermos das imperfeições que abrigamos em nós, reagindo ao que não é direito, ao invés de trabalharmos para alcançar os fins que colimamos, sem verificar os que derrubamos pelos caminhos.

— Ah, irmão, cada dia que passa vão se acumulando preocupações em mim, pela consciência dos meus compromissos!

— Os seus compromissos, bem como suas atitudes corretas já foram assumidos e praticadas!

— Mas o recordar, o visualizar, conscientizam-me mais intensamente e sofro muito!

— Vejamos um ponto para discutir! Se lhe for permitido voltar à Terra, amanhã, com todos os propósitos nobres que você tinha da outra vez, com todas as promessas feitas, como agiria? Já pensou nisso?

— Nunca pensei, talvez tornasse a errar, não é mesmo?

— Pode ser que sim, uma vez que só não falham em suas

tarefas, quando reencarnados, os Espíritos Superiores!

— Por isso esta atividade é necessária! Para que fique solidificado em seu Espírito o que realizou contrário a seus propósitos, em desfavor de muitos, e um dia, você mesmo, reagindo contra as suas imperfeições, possa corrigir-se. Se agora já sentiu que agiu erroneamente, é um bom sinal! Quando não concordamos com atos indevidos que nós próprios praticamos, é um progresso em caminho para o nosso Espírito, que estará atento de outras vezes! Mas continue! Não há mais nada a acrescentar?

— São tantos detalhes, não é mesmo? Tantas pessoas afastei do meu caminho para que não me impedissem, tantos ajudaram de forma agressiva. Foram muitas coisas que prefiro falar sem especificar nada.

— E o que me diz da Constituição já pronta, publicada para o Estado Novo, como o chamou?

— Já estava sendo preparada de há muito, e quando o golpe foi efetivado, era só publicá-la. O irmão sabe do quanto eu e muitos dos meus companheiros éramos simpáticos ao regime que se instalava na Europa! Muitos de nós tínhamos os mesmos ideais fascistas que lá predominavam, e o exemplo do grande ditador Hitler, fortificou aqui os nossos desejos.

— Agora você tocou num ponto muito importante!

— Sim, irmão, mas não pode me acusar de ter realizado tudo o que ele realizou posteriormente!

— Eu não o acuso de nada! Cada um tem a própria consciência, que é o melhor regulador das ações, ou para acusar, ou para se satisfazer com elas.

— Mas a consciência nem sempre nos acompanha de forma julgadora! Naquela oportunidade, a minha consciência ficou feliz de tudo o que consegui!

— Porque você só viu o que lhe interessava! Se tivesse lhe dado mais atenção, analisando o que deixou atrás de si, para conseguir o que queria, compreenderia que ela não podia estar satisfeita! Até para sentirmos a nossa consciência, centelha divina dentro de cada um, precisamos saber captar o que ela nos direciona.

— Só pode ser isto mesmo, o senhor tem razão! Somos nós que não queremos ouvi-la! Nem sempre o que nos tem a dizer, interessa aos nossos anseios momentâneos.

— No entanto, passado o tempo, quando podemos examinar nossas atitudes, afastados da situação que nos envolvia no momento, compreendemos que fomos nós que não lhe demos atenção, inobstante ela ali estando e nos alertando!

O ambiente da sala onde se encontravam era propício ao trabalho que realizavam. O silêncio e o local mais fechado, proporcionavam-lhe melhor a concentração de ideias, a reflexão e a análise dessa parte de tanta importância ao nosso irmão.

Já estava no governo há sete anos, desde que se instalara pela revolução de 1930, quando o Presidente Washington Luís fora deposto. Ficara um período bastante longo, e as oportunidades se fizeram para que executasse plano tão belo, que levara no Espírito. Tomara providências para dar segurança aos trabalhadores, tão desprotegidos pelas leis, mas nunca trabalhou dentro de uma planificação de objetivos, que os grandes mandatários devem seguir, construindo uma nação melhor e mais progressista. Isso ele nunca realizou!

Apesar dos oportunismos das atitudes, trabalhou em favor da Nação, mas o seu objetivo maior e primeiro, o que comandava todas as suas atitudes, era em razão de si mesmo – da sua continuidade no poder, do qual não pretendia se afastar. Parecia que ali fora imantado por força poderosa, mas de forma a que ele próprio sempre tivera que lutar, para que o ímã não perdesse a força e o expulsasse de seu posto.

Agora estava entristecido pelo que visualizara, e recordava-se da sua nova situação dentro do governo – o governo ditatorial – que conseguiu após lutas silenciosas e trabalhos ingentes, na utilização dos recursos que lhe caíam às mãos, ou idealizando outros, tudo convergindo para um mesmo ponto – a cadeira de Presidente, na qual ele se assentara!

Em vista disso refletia, analisava!... O seu Espírito, após as lembranças do que havia realizado, estaria feliz de ter permanecido?

Nesse particular, Irmão José, que o acompanhava, dirigia-lhe perguntas para melhor auxiliá-lo nas reflexões, levantando pontos obscuros, do recôndito de sua consciência, a fim de que nada ficasse esquecido, para o bem do seu próprio Espírito.

— Irmão Getúlio, conversamos sobre diversos pontos que o afligem, falamos até da nossa consciência, que avisa quando atravessamos um sinal errado, mas gostaria de fazer-lhe uma pergunta!

— O que deseja saber? Sabe que muito confio no senhor, tenho-o como um amigo, e neste lugar não há mais mentiras, que sabemos! Pode perguntar, por favor!

— De tudo o que já viu, de tudo o que recordou, e muito terá diante de si, que ainda não comentamos – o momento não chegou – posso lhe perguntar o seguinte: Em algum instante você se arrependeu da empreitada que levou para executar na Terra, diante do que sente em aborrecimentos e tristezas pelo que cometeu?

— O senhor sabe que aquele posto estava, na Terra, dentro do meu sangue, fazia parte das minhas aspirações! Penso que era porque levava comigo a execução da tarefa. Em nenhum momento, pensei que, se nada daquilo tivesse acontecido, se para lá tivesse partido como um simples cidadão comum, teria errado menos! Em nenhum momento tive aquele lugar que ocupei, como o causador de tantas faltas! O que me preocupa, não é o posto que ocupei, mas sim a forma como o administrei, as atitudes indevidas que tomei! Tinha todas as oportunidades de me sair bem, se ouvisse, talvez, a voz da minha consciência, mas eu a sufoquei muitas vezes, para ouvir a voz de meus próprios instintos, no que se referia à segurança de minha posição!

— A sua conduta, o aprendizado que já fez, estão contribuindo em muito para auxiliá-lo, agora, na análise de si mesmo!

— Aqui não há mentiras! Tudo o que fazemos na Terra, de forma sorrateira, no Mundo Espiritual abre-se para todos, e os desejos inconfessáveis lá, aqui estão expostos, sobretudo a um amigo como o senhor, que me acompanha e me orienta!

— Disso tudo concluímos que não é a posição que ocupamos lá, que vai nos trazer mais ou menos progresso espiritual, mas a forma como desempenhamos as tarefas, a honestidade e correção de caráter com que conduzimos os nossos atos, desde a mais ínfima atividade, até a de mandatário maior da Nação!

— Mas o senhor há de convir comigo que, quanto mais possibilidades temos, mais vulneráveis ficamos aos erros, e maiores os compromissos que assumimos!

— Sim, não se pode comparar as responsabilidades de um Presidente, com as que envolvem um simples funcionário de uma repartição, mas os méritos, tanto de um, quanto de outro, são os mesmos diante de Deus!

— Irmão José, o senhor sabe o quanto tenho estado preocupado, e cada vez sofro mais! Muito ainda devo analisar, mas recordo-me de quase tudo, e tenho receios! As culpas vão se acumulando e o sofrimento aumentando. Ainda demorará muitos dias para terminarmos?

— Se você já se recorda, sabe o que deve ter realizado, e quanto tempo mais permaneceu no seu posto, não é mesmo?

— Tenho noção de muito, mas não vejo a hora de terminar, para, através de um trabalho, redimir um pouco das minhas culpas!

— Não se preocupe com isso! Tudo tem o seu momento certo: o momento de plantar e o momento de colher!

— E eu estou colhendo aqui os espinhos que lá plantei, não é verdade?

— Não disse isso! Todos nós, lá, plantamos espinhos, mas, às vezes, entre os espinhos encontramos alguma rosa perfumada que foi plantada por nós, e o seu perfume é o que nos alimenta o Espírito, nos momentos em que sentimos a picada dos espinhos que nós próprios cultivamos! Se você desejar, poderá se retirar! Já falamos bastante por hoje, e amanhã, então, retornaremos ao nosso trabalho. Procure, como sempre, distrair-se! Ore e assista às preleções realizadas no salão, que só o ajudarão a transpor esses momentos difíceis!

— Obrigado, Irmão José, por todo o carinho com que me trata! O senhor tem sido o anjo bom que me acompanha e me orienta. Que Deus também o abençoe por isso!

— Apenas realizo o meu trabalho, e o faço com muito amor! Que Deus o ampare, o proteja e o auxilie sempre a transpor esses momentos, para um novo amanhã radioso!

Capítulo

13

O estado novo sob novos olhos

Mais um dia terminara na vida de rememorações do nosso irmão. O sofrimento fazia parte de seu ser, mas não o sofrimento que se vê, como aquele em que se encontrava quando para lá fora levado. Agora era um sofrimento calado, um sofrer que atinge o coração e repercute em todo o ser, um sofrer que só quem o sente sabe defini-lo, e, cada vez mais, o acumular de ações mostrar-lhe-ia que os seus compromissos também seriam maiores.

No dia seguinte, quando nova sessão se realizaria, novos temores o tomavam.

— Irmão José, tenho receios! Temo pelo que deverei ter à minha frente, hoje!

— Você já tem as lembranças de tudo?

— Sim, irmão! Mas lembranças, embora vivas, nunca são tão fortes como ver, uma por uma se desdobrando à nossa frente! E hoje, o que devo ver, tem muito que me desagrada, que me entristece!

— Vejamos, então! Podemos começar?

— Apesar dos temores, devemos fazê-lo! Não posso impedir, mesmo porque os compromissos já foram assumidos!

— Sim, mas quem sabe algo bom também exista! Vamos ver!

E começaram a visualizar um novo período.

Um governo ditatorial, que reúne em si todas as decisões, tem que se resguardar muito bem, apoiado em tudo o que lhe dê segurança, que o cerque, sem que ninguém interfira e impeça a realização do que tem em mente.

As atitudes deveriam ser severas e rigorosas nessa hora, às vezes, mesmo impiedosas para com outros. E muitos desses ali estavam.

As suas primeiras medidas, aquelas cujos direitos eram conferidos pela Constituição, preparada para lhe dar autonomia plena, foram de uma repressão incontida. Apoiado nesses direitos, afastava os que se rebelassem, através de prisões ou desterros. Tudo passara a ter o seu controle – até uma simples correspondência, se assim o desejasse, era censurada, como também os órgãos de Imprensa! Os funcionários do governo teriam que compartilhar das mesmas ideias do Presidente, se quisessem manter-se nas suas atividades, porque, do contrário, seriam aposentados ou demitidos. Todas as ações eram realizadas para impedir que o liberalismo continuasse a viger, cerceando as ações que não partissem de um único poder central.

Entretanto, viam-se também providências tomadas para a organização de muitos setores, a criação de Conselhos, sempre no interesse de colocar o País, política e administrativamente em ordem. E o País ia bem!

As influências europeias continuavam a ser sentidas aqui, sobretudo o avanço do nazismo.

Pôde verificar a revolta dos integralistas, quando viram sua ação impedida, no momento em que extinguiu todos os partidos políticos. A oposição foi tão grande, a revolta tão intensa, que culminou com o ataque ao palácio Guanabara, para atingir e eliminar o Presidente.

Quando essas imagens foram mostradas, Getúlio pediu ao Irmão José que as interrompesse um instante.

O aparelho foi desligado, e o orientador perguntou-lhe o que havia acontecido.

— Quero recompor minhas ideias para o que virá após! Foi uma noite terrível!... Fomos todos surpreendidos por invasão tão intensa e tivemos que nos defender! Mas tudo, depois, saiu a contento! O irmão viu como foi um planejamento prolongado e detalhado? Eu apenas imaginava, mas não tinha noção de como fora organizado. Foi bom ver tudo isso!

— Podemos continuar?

— Sim, podemos! O que vi agora, tinha-o em minha mente!

As imagens continuaram e ele viu as prisões efetuadas, recordando-se de que, a partir daquela ocorrência, teve que se proteger mais, razão pela qual determinou a seu irmão Benjamim que organizasse uma guarda pessoal para lhe dar mais segurança.

Viu quando muitos se achegaram, trazidos do Rio Grande do Sul, homens que poderiam executar muito bem a tarefa de defendê-lo. Viu entre eles uma pessoa que, ao lhe ser mostrada, não disse nada, apenas colocou as mãos no rosto e abaixou a cabeça! Sim, ali estava uma figura muito importante, e que muitos aborrecimentos lhe trouxera mais tarde. Alguma coisa além do que estava à sua frente deve ter se lhe achegado à mente, juntamente com a visualização daquela criatura.

— Sente-se bem? – perguntou-lhe Irmão José.
— São lembranças, irmão! Apenas lembranças!...
— Alguma em especial?
— Tive uma sensação muito estranha ao ver aquela pessoa. Mas não quero pensar em nada, não devo!... Continuemos amigo!
— Já conversamos sobre isso! Procure não antecipar nada! Veja o momento que lhe está sendo mostrado, sem se deixar afetar!
— Estou me esforçando, mas quando o vi, não pude deixar de sentir um choque!

Dando prosseguimento ao trabalho que realizavam, eles viram que, após esses problemas ocasionados pelos integralistas, o Estado Novo tornou-se mais firme em sua estrutura.

Irmão José achou que já deveriam interromper, e convidou Getúlio a que se retirassem, perguntando-lhe:

— Gostaria de conversar comigo a respeito do que viu, do que fez?

— Hoje não estou tão disposto a conversas! Quero estar só comigo mesmo, um pouco, tenho muito em que pensar!

— Mas será bom se falar! Deve fazer como tem feito até agora, far-lhe-á bem!

— Talvez o faça, mas pretendo estar só por um tempo! Preciso organizar melhor a minha mente, quero meditar, refletir! O irmão sabe, as ações foram muitas e nelas preciso pensar! Depois, se tiver a bondade de me receber, eu o procurarei, mas agora não!

— Eu o respeito! Faça como achar melhor! Mas vejo que está preocupado!

— Mais tarde eu o procurarei, se tiver um tempo para mim! O senhor sabe que agora é o único aqui que me compreende, e não deixarei de procurá-lo!

Ao despedir-se de Irmão José, Getúlio dirigiu-se ao seu compartimento, deitou-se como uma criança que quer se esconder de alguma arte praticada, e permaneceu quieto, encolhidinho, pretendendo isolar-se do ambiente que o circundava, para poder ficar somente com as suas próprias reflexões.

Pensou, reviveu muitos momentos!... Perdeu a noção do tempo, e sentiu que delicada mão o tocou no ombro, querendo, talvez, acordá-lo para a realidade.

Abriu os olhos e viu à sua frente, Irmã Cíntia.

— Que aconteceu ao meu querido irmão? Há tempos não o via deitado a esta hora! Não está se sentindo bem?

Getúlio apenas olhava-a e não conseguia pronunciar nenhuma palavra.

— Onde está Irmão José, por que não está com ele? Parece que veio refugiar-se aqui!

— Sim, irmã, penso que seja isso! Vim refugiar-me!

— Mas de quê? Aqui ninguém o persegue, não é mesmo?

— A perseguição não é de ninguém, que são todos muito bondosos, mais do que mereço!

— Se o tratam bem é porque o merece, do contrário não estaria entre nós! Vamos, levante-se! Diga-me, o que o aflige tanto?

— São minhas próprias lembranças! Não me refugio de ninguém, mas de mim próprio!

— E pensa que ficando deitado aí, encolhido e alheio a tudo, vai melhorar? Não sabe que é muito pior? Quando temos problemas, devemos exteriorizá-los a alguém, e após, o alívio se fará!

— Sempre tenho agido assim! A companhia do Irmão José tem me feito muito bem, mas hoje precisava ficar só!

— E sentiu-se melhor com isso? Penso que não!...

— É verdade, os problemas parece que cresceram mais, e mais ainda me encolhia, querendo afastá-los de mim!

— A sua atitude não foi a melhor! Levante-se, procure Irmão José, que deve estar preocupado com você e fale o que deseja! Abra o seu coração que sentirá alívio!

— Senti-me tão só, tão abandonado aqui, mas não tinha coragem de reagir!

— Pois agora irá reagir! Levante-se, vá até o gabinete de Irmão José e converse com ele, que diminuirão seus problemas! Ele o ajudará! Vamos, eu preciso ir até lá, e você irá comigo!

Getúlio não tendo como recusar, acompanhou a Irmã Cíntia até a porta do gabinete do bondoso orientador. Ela própria bateu, abriu a porta, introduziu Getúlio, entrando após ele.

— Que surpresa agradável, Irmã Cíntia! Deseja alguma coisa?

— Vim trazer o nosso irmão! Ele não está bem e precisa de ajuda!

— Ele próprio quis ficar só, e respeitei a decisão dele!

— Mas parece que não lhe fez bem!

— Sente-se aqui, irmão! Vamos conversar!

Irmã Cíntia despediu-se e ambos ficaram sós.

— O que houve de tão aterrador?

— Hoje, compreendi o quanto me afastei dos meus planos aqui realizados! Construí em torno de mim, uma muralha, para que somente eu lá dentro estivesse, e de lá comandava, ordenava, reprimia, castigava, apenas para que a muralha não fosse derrubada e ninguém perturbasse a minha segurança. O meu plano aqui elaborado, e a minha realização lá, estão muito distantes! Apenas eu era o mesmo, mas com ideais e atitudes muito diferentes...

— Por tudo o que pudemos ver hoje, também teve boas realizações! Tomou muitas providências, regularizou vários departamentos, o País sentiu-se mais seguro, mais em ordem e o povo, mais confiante.

— Sim, mas o senhor percebeu as minhas verdadeiras intenções, e não realizei o que deveria e nem como deveria!

— É muito difícil, com efeito, conviver na Terra e colocarmos tudo o que pretendemos em execução, sem que sejamos perturbados pelas nossas imperfeições e pelos atrativos que lá envolvem o ser humano. As imperfeições que o nosso Espírito ainda carrega são muito grandes! Já conversamos sobre isso, não é mesmo?

— Justamente por isso é que pretendia ficar só, hoje! Quanto mais o senhor fala, mais sinto que falhei, que assumi compromissos muito grandes, e tenho receio!

— Você sabe que Deus não tem pressa! Se não realizamos as tarefas como desejávamos, para ressarcir erros de outras existências, Ele nos proporciona a oportunidade de retornarmos quantas vezes forem necessárias, para aprendermos a nos desfazer das imperfeições, e, um dia, termos o Espírito liberto para nos achegar até Ele.

— Eu já devo ter errado muito! Não nesta encarnação que estamos analisando, que já sei, mas refiro-me a outras anteriores, e não consegui ainda me libertar das falhas que o meu Espírito carrega.

— Dia virá em que todos nós estaremos libertos e puros, que para isso fomos criados!

— O senhor poderia me adiantar alguma coisa das minhas encarnações anteriores, que me fizesse compreender o porquê de tantas dificuldades para realizarmos tarefas nobres na Terra?

— No momento certo e quando for permitido, você terá o que tanto deseja, mas agora de nada adiantará! Serviria para complicar mais os seus problemas! Se está tendo dificuldades em aceitar o que fez na sua última romagem terrena, como pode abranger encarnações passadas?

— Apenas como justificativa para os meus próprios erros!

— Mas não justificaria! Nada do que fomos desculpa o que somos agora! Poderá explicar muitos dos seus atos, mas justificativas, nunca as teria! Ninguém pode querer justificar uma ação má, por outra já praticada! No momento certo terá, abertas à sua frente, as encarnações que poderão auxiliá-lo a compreender! Há muito ainda para visualizar e, no término de tudo, quem sabe, se for permitido, lhe será proporcionado o que deseja, como complemento do seu tratamento, para ter um recomeço, um aprendizado aqui no Mundo Espiritual e um dia poder retornar à Terra!

— E quando retornar, terei novamente a possibilidade de ser Presidente?

— Isso não é permitido saber ainda, mas lá precisamos passar por muitas situações! A Terra é uma grande escola, e quando nela nos matriculamos, precisamos realizar vários cursos para termos uma cultura geral. Assim é para o nosso Espírito! Temos que passar por oportunidades diferentes, para que, vivenciando em diversas situações, propiciemos-lhe todas as experiências de que ele precisa para o seu aprimoramento completo! Entendeu? Às vezes temos uma chance em uma determinada situação, e, se a perdermos, não a teremos mais! De outras vezes, é nos permitido retornar na mesma situação, para desfazermos os erros cometidos anteriormente! Mas não devemos pensar no que virá, se ainda não terminamos de verificar o que passou!

— O senhor tem razão, sim! Eu queria fugir das minhas responsabilidades, procurando atenuantes que sei, não encontrarei!

— Como se sente agora, após esta conversa, após o extravasar dos problemas?

— Estou um pouco melhor! Mas não há nada que possa fazer, para aquietar-me a mente tão conturbada?

— Poderei, sim, se me acompanhar numa oração, e pensar firmemente em Deus, rogando-Lhe, não o esquecimento, mas o reconhecimento das próprias imperfeições, com seriedade e equilíbrio, para fazer delas, lições de grande beleza para o seu próprio aprendizado. Querido irmão, eleve o pensamento a Deus e repita comigo, apenas mentalmente, as palavras que direi em voz alta.

— Sim, irmão, eu estou pronto!

— Deus de infinita bondade! Que as Tuas bênçãos recaiam, neste momento, sobre este irmão, tão atormentado pelos próprios erros! Que ele, meu Pai Todo-Poderoso, ao recebê-las, afaste de si receios tão profundos, e compreenda que tudo o que realizamos fora dos Teus ensinamentos, nos serve de lição, para o aprendizado do nosso Espírito! Que a Tua misericórdia se derrame sobre todos nós, para a compreensão das nossas faltas, para que saibamos transformá-las em trabalho redentor, àqueles mesmos que ofendemos! Que o Teu olhar esteja sempre conosco, e que o sintamos dentro de nós, a fim de que, em todas as ações que praticarmos, nos reconheçamos mais vigiados por Ti, mais fortificados pelas Tuas bênçãos, e pratiquemos somente aquelas que nos elevam mais espiritualmente! Auxilia, meu Deus, este irmão, a superar os seus erros, e a nós próprios, os nossos, para fazermos de nós um instrumento de conforto, de ensinamento e de auxílio, sempre pronto a este nosso irmão, para que ele supere as suas deficiências e compreenda a finalidade maior da sua criação!

Terminadas essas palavras, Getúlio agradeceu a Irmão José, dizendo estar se sentindo bem melhor, e mais protegido para enfrentar o que ainda seria necessário.

— Você não deve se entregar tão profundamente às suas reflexões! Procure encontrar alguma coisa boa, para amenizar as faltas que cometeu, mesmo que a ferocidade de muitas más ações, ofusque o brilho de qualquer uma de suas realizações mais nobres! Deus não desampara a ninguém e você está protegido aqui! Lembra-se de quando chegou, como se encontrava?

— Sobre isso, ainda quero conversar com o senhor, um dia! Obrigado por tudo o que fez por mim! Agora vou caminhar um pouco, respirar profundamente para sentir-me melhor!

— Quer que o acompanhe?

— Obrigado, mas devo fazê-lo só!

Capítulo 14

Hiato de ternura

Ao deixar o gabinete do Irmão José, Getúlio seguiu um pouco mais sossegado e refeito. As suas palavras, a sua companhia e, muito mais, a prece, trouxeram-lhe paz interior e bem-estar. Estava melhor, e realizou o passeio calmamente.

Mas as horas se sucedem, e chegou outra oportunidade de retornar à sala onde visualizava o seu trabalho, e para lá se dirigiu.

Chegou antes de Irmão José naquela manhã, e estranhou não encontrá-lo, o que nunca havia acontecido. Aguardou uns instantes e logo ele ali estava, desculpando-se e dizendo que depois lhe diria a razão do seu atraso.

Os dois sentaram-se diante do aparelho, e, a um sinal de Irmão José, as imagens foram aparecendo. Desfilaram à sua frente, entre outros fatos, mais alguns referentes àquele período em que as repressões aos integralistas haviam sido intensas e terríveis, e ele pôde ver, após, o País tranquilo e mais acomodado.

O temor que as atitudes do governo infundiram aos revoltosos trouxe a serenidade para administrar.

A Europa passava por um período muito significativo dentro do concerto mundial, e o Brasil não podia estar alheio ao que ocorria.

Assim ele pôde ver quando ele próprio, a contragosto, solidarizou-se com o governo americano, rompendo as relações diplomáticas com os países do Eixo, e também, quando os contingentes brasileiros partiram para lutar na Europa, mais especificamente na Itália. Viu o seu retorno trazendo a vitória e, com ela, o anseio maior do povo – a redemocratização do País, ameaçando a sua permanência no governo.

Quando a apresentação das imagens foi suspensa, Getúlio surpreendeu-se.

— Por que interrompeu?

— Já vimos o suficiente, não?

— Tem razão!

— Vamos sair daqui!

Getúlio levantou-se, acedendo ao convite do amigo, mas nada comentaram do que fora visto. Caminharam um pouco, e, Irmão José, dirigindo-se a Getúlio, perguntou-lhe:

— Como está se sentindo?

— Como sempre, irmão, como sempre!... Se lhe dissesse exatamente como está o meu íntimo, apenas repetiria o que tenho dito diariamente e o perturbaria com as minhas lamentações.

— Não me consta que tenha se lamentado! Temos conversado sobre os fatos que deseja comentar, o que lhe tem trazido um pouco de bem-estar! Por isso deveria falar sobre o que viu hoje!

— Haveria muito que comentar, não é irmão, mas recairia nas mesmas repetições, e cada vez mais, eu sei, fui me comprometendo. Talvez seja melhor deixarmos o que vimos, sem comentário!...

— Far-lhe-ia bem se falasse!

— Mas não o desejo, honestamente! Vou pensar, e depois, então, faremos algum comentário!

— Você sabe que a minha função aqui é exatamente esta – auxiliá-lo nas suas reflexões!

— Mas os compromissos são meus, não é mesmo?

— Sim, não só os compromissos, mas as vitórias, são todas suas! As boas atitudes, os triunfos, são contados a seu favor!

— Mas são tão poucos!...

— Saiba, irmão, que, em lá estando, ao tomarmos alguma atitude, mesmo que não sejamos movidos pela solidariedade humana, mas apenas pelo desejo de conseguir alguma vantagem pessoal, se a tomarmos em favor de muitos que usufruirão do benefício, será contado a nosso favor!

— A maioria das minhas ações em favor do povo, quase sempre tiveram a intenção de solidificar mais a minha posição, mas as realizava, não é mesmo?

— Pois então, isso lhe será computado como créditos conseguidos! O progresso do País foi se efetuando através de muitas das suas medidas, a industrialização foi tomando corpo, e com ela muitas oportunidades de emprego, a segurança que favoreceu os trabalhadores, você também realizou coisas boas! Vamos ver, ao final, qual lado da balança vai pesar mais!

— Mas o peso da minha consciência, reconheço, é muito maior que a alegria que sentirei pelo que aguardamos, ao cabo desta pesquisa!

— Lembra-se do que lhe disse quando começamos hoje? Que lhe contaria, após o nosso trabalho, o motivo do meu atraso?

— Sim, lembro-me! Mas o senhor não me deve explicações!
— Devo lhe dizer e sei que ficará feliz!
— Então diz respeito a mim?
— Sim, fui procurado pela manhã, por Irmã Cíntia, que vinha da parte de Irmão Fabrício, trazendo-me uma notícia, que será uma surpresa muito agradável a você!
— Diga-me, por favor, o que é?
— Levá-lo-ei até o jardim e lá, então, lhe mostrarei! Não devo dizer, porque deixaria de ser surpresa!
— Vamos, sem perda de tempo!

Lá chegando, Getúlio pôde ver, à medida que se aproximavam, passeando por entre as flores, uma senhora, que reconheceu logo.

— Irmão, é Darci que veio visitar-me hoje?!
— Sim, pode ir até ela e fique à vontade! Tem todo o tempo que desejar, ou melhor, até quando ela puder!
— O senhor não estará conosco?
— Não! Eu os deixarei a sós! Devem ter muito que conversar, e, nessa hora, ninguém gosta de intrusos!
— Não seria um intruso! Pelo menos vá comigo até ela!

Ambos caminharam ao encontro de Darci, mas, no momento em que ela se virou para efetuar uma nova volta pelo jardim, viu Getúlio e acelerou o passo para encontrá-lo. Ele afastou-se um pouco do amigo orientador e foi apressado em sua direção.

Abraçaram-se fortemente e, quando Irmão José se aproximou, percebeu lágrimas nos olhos dos dois. Parecia que Getúlio, com aquele abraço, estava querendo resgatar não só uma saudade de há muito, mas desejando que ela compartilhasse também das preocupações que envolviam o seu coração. Era uma forma de sentir-se aliviado!

Vendo Irmão José, ele apressou-se em dizer:

— Meu amigo, esta é a minha querida Darci, que aguardava há tanto tempo!

— Que Deus esteja em seu coração, irmã, e que possa ter trazido, não só o conforto da sua presença junto do nosso Getúlio, mas que encontre as palavras que farão dele um homem menos sofredor.

— Obrigada por suas palavras! Da outra vez que aqui estive, eu não o conheci!

— É Irmão José! - acrescentou Getúlio. - O companheiro abnegado de todas as horas, que me acompanha neste período que estou vivendo agora! Ele tem sempre uma palavra de conforto e ameniza as minhas preocupações.

— Pelo que estou ouvindo, você não tem andado bem, meu querido! O que está acontecendo?

— É o trabalho que estamos realizando! - respondeu Irmão José. - A sua presença, aqui, foi permitida, para que um alento novo seja levado ao coração dele! Agora vou me retirar e deixá-los à vontade! Poderão conversar o quanto desejarem, e se após, irmão, precisar de mim, sabe onde me encontrar! Que a paz de Jesus esteja com vocês e com todos nós!

Irmão José retirou-se, e, num primeiro momento, sem saberem o que fazer, ficaram parados no mesmo lugar. Darci, em seguida, convidou o marido para andarem um pouco. Ele concordando, ofereceu-lhe o braço e foram em direção ao parque.

Enquanto caminhavam, iam admirando as flores tão belas daquele jardim, até que chegaram. Escolheram um banco mais retirado, e sentaram-se.

— Como você está bem, Darci! Vejo-a mais bonita, vejo-a tranquila!

— Tenho me esforçado e aprendido muito, querido! E o meu coração, não fosse a saudade de você, estaria feliz!

— Eu não posso lhe dizer o mesmo! Tenho andado muito preocupado, tão entristecido!...

— O que há para tantas tristezas e preocupações?

— Estou passando por uma atividade, através da qual, a cada dia, tomo conhecimento de mais compromissos assumidos na Terra, no desempenho das minhas funções de Presidente.

— Mas que compromissos são esses? O povo gostava tanto de você! Sempre procurou trabalhar em favor dele, principalmente dos mais desfavorecidos!

— Não é só isso, Darci! Quando daqui parti para a minha última encarnação, organizei um plano com os mais nobres intuitos para desenvolver no Brasil. O plano teve a aprovação dos mentores, e até Espíritos encarregados de me auxiliar, foram-me dispensados! Porém, não realizei quase nada do que havia preparado! Desviei-me dos objetivos aqui planificados, em favor de outros mais imediatos, e sempre trabalhei com a intenção de permanecer no meu posto. Utilizei-me de artimanhas e recursos os mais variados, e nem sempre corretos, para afastar o que pudesse me impedir de continuar. Muitas pessoas foram retiradas do meu caminho, de forma desumana! Você sabia disso?

— É-me difícil acreditar no que está me dizendo, querido! Sempre foi um excelente pai de família, dedicado aos filhos e a mim! Como pode ter a certeza do que está afirmando? Participei de muitas das suas atuações, embora nem sempre os familiares pudessem saber de todas as suas atividades governamentais...

— Tenho participado de um trabalho, em que cada dia me é mostrado, como num cinema, toda a minha vida lá! Nada fica escondido! Mesmo o que foi praticado de forma muito sorrateira, através de conchavos ocultos, aqui me é mostrado, e, nesse espaço de tempo que a essa tarefa me dedico, vejo tudo o que fiz! Tenho vivido a cada dia, até anos de atividades!

— O que eu poderia lhe dizer para acalmar o seu coração? Pense nas coisas boas que também realizou! Pense nas modificações que o País sentiu através do seu governo! Pense em tudo o que realizou em favor do povo! Pense na família da qual sempre cuidou com carinho!

— O Irmão José tem tentado me ajudar, para que eu não me lembre só das ações más e menos dignas, mas me é difícil, Darci! Lá assumi compromissos muito grandes e terei que ressarci-los todos, um dia!

— Deus não nos desampara! Só o fato de aqui estar, tendo esse tratamento, ao invés de estar vagando ao léu, desamparado, deve ser por alguma coisa boa que realizou! Apoie-se nelas, e o futuro se encarregará de mostrar-lhe um novo caminho!

— Fale-me de você, Darci! Estou lhe aborrecendo com minhas lamentações!

— Não são lamentações, querido, são desabafos necessários para libertar um pouco o seu íntimo! Lembra-se do que lhe recomendei a última vez em que aqui estive, que orasse?

— Eu tenho orado muito e recebido muito conforto! Mas fale-me de você!

Os dois ainda permaneceram no parque um longo tempo, rememorando situações felizes da vida em comum na Terra, falaram nos filhos, e Getúlio sentiu-se melhor. Mais aliviado, em dado momento, ele exclamou:

— Ah, Darci, se você pudesse permanecer aqui comigo, tudo me seria mais fácil!

— Ainda não me é permitido, querido! Você tem muita atividade a desenvolver, eu só atrapalharia! Mas a bondade de Deus é infinita, e me permite visitá-lo, às vezes, e agradeço-Lhe muito, quando isto acontece! Faça o seu trabalho da melhor forma que puder, e um dia, quem sabe, ainda poderemos estar juntos! Agora preciso voltar, já estamos aqui há bastante tempo! Vou acompanhá-lo até a entrada da Colônia, e lá nos despediremos!

— Vamos, então!

Seguiram de braços dados, passando por entre as flores do jardim, e Getúlio contou-lhe o que Irmão José havia lhe falado sobre elas, até que chegaram à porta do edifício, onde se despediram. Ela deveria voltar!

Capítulo
15

Humilhação e orgulho

Getúlio, que não contava com aquela surpresa apesar de ansiar por ela de há muito, estava satisfeito e mais reconfortado. Darci trouxera-lhe força e alento para continuar, lembrando-lhe muitas coisas boas que havia realizado, reerguendo-o, apoiado nelas. Muito o ajudou, e ele suportaria, com resignação, coragem e humildade, o peso de suas próprias culpas. Foi com esse espírito, que enfrentou o resto daquele dia, e bastante disposto chegou, na manhã seguinte, onde Irmão José o aguardava para a realização da tarefa.

— A visita de Irmã Darci fez-lhe muito bem!
— Ela conseguiu transmitir-me um pouco de alento ao Espírito, e pude haurir dela mais coragem para enfrentar os meus compromissos.

— Por isso não me procurou, ontem! Já me acostumei à sua companhia, no desempenho desta tarefa, e até sinto a sua falta, quando não me procura!

— Mas o senhor também tem suas atividades, não as tem?

— Sim, nunca estou parado, gosto de trabalhar, mas agora o meu trabalho maior, é em sua companhia! Está disposto a continuar?

— Podemos fazê-lo quando desejar!

As atividades foram iniciadas e, através daquele aparelho, mais um período da sua vida desfilou ante seus olhos.

Entre amigos e antigos companheiros, entre providências e diversos fatos, ele percebeu também o quanto os seus sentimentos e ações, naquele período, convergiam para um único ponto: o término do período ditatorial, com o retorno da democracia, para a qual pugnavam. Isso significava o seu afastamento do governo, o que, na verdade, se efetuou, quando recebeu, em seu gabinete, a intimação de renúncia, à qual se submeteu pacificamente.

Em seguida, viu a posse do Presidente Interino, e a sua retirada para São Borja, com o coração abatido, humilhado, triste, magoado e ferido, por quem julgava ser um grande amigo, e com quem partilhara muitos momentos de tanta cumplicidade...

Ao término das visualizações, conjugadas com lembranças, Getúlio, ainda abatido, sentindo vivos em si, aqueles momentos em que tanto trabalhara e lutara para não perder o posto tão querido, de um momento para outro, vira-se surpreendentemente aniquilado!... Submetera-se sem nenhuma reação!

No silêncio que reinava, após as imagens interrompidas, Irmão José tocou-lhe o ombro, perguntando-lhe:

— Em que está pensando, amigo?

— Em tudo o que vi!

— Você viu que temiam uma preparação sua para impedir

que as eleições fossem realizadas, e, através de um novo recurso, continuasse na Presidência!

— Góis conhecia-me muito bem, e logo soube que era isso mesmo que preparava!

— Mas o povo não mais queria um governo ditatorial! Tudo o que fora conquistado na Europa, tinha que se estender até aqui também, pensavam, e foi o que os animou a lutar!

— Já de há muito estavam trabalhando para o retorno da democracia!

— Era um direito que sentiam possuir, e, para consegui-lo, lutavam! Quantos movimentos foram realizados! Eu penso que você, na ânsia de querer continuar, procurou adeptos onde não deveria, em relação aos anseios do povo, agindo de um modo um tanto incoerente!

— De que fala?

— No apoio que foi buscar! Aquele mesmo que já havia combatido, aquele mesmo contra o qual lutara e fora causa do golpe, em 37! Lembra-se?

— Fala dos comunistas, não é verdade?

— Sim, irmão! Se tanto realizou em 1937, até forjando planos para atemorizar a população contra os comunistas, como queria que fossem aceitá-los? Apenas porque lhe convinha?

— Mas a situação estava diferente!

— Diferente em quê? Lembra-se do que efetuou, junto daqueles que se movimentavam pelas ruas, conclamando que o queriam no governo?

— Os queremistas!

— Eles alarmaram novamente o povo, que sabia da existência de comunistas infiltrados naquele movimento, e as pessoas temiam, assustadas por tudo o que o seu próprio governo lhes infundira!

Essas considerações eram feitas na mesma sala em que realizavam o trabalho, mas Irmão José, no desejo de liberar o jovem da sua tarefa, convidou o companheiro para sair.

Getúlio levantou-se, deixou-se dirigir, e caminhando sem nada dizer, chegaram ao jardim.

— Aqui é um bom lugar para conversarmos, pode continuar!

— De tudo isso, o que está no meu coração, neste momento – parece até que vivo novamente aquela situação – é a grande mágoa por ter tido que deixar o governo! O senhor imaginou a humilhação que senti, tendo que chegar aos meus familiares e dizer que tínhamos que desocupar o palácio, que partiríamos para São Borja, porque havia perdido o meu posto?

— Posso imaginar! Deve ter sofrido muito! Entretanto, teve um lado muito bom, que deve analisar e agradecer àqueles que o retiraram de lá!

— Como assim? Eu não entendi! Como devo agradecer aos que de lá me retiraram?

— Pelo que temos visto sempre, quando verifica as ações indevidas que praticou, tem sofrido muito, não é mesmo?

— Sim, é verdade! O senhor tem me acompanhado e sabe o quanto me sinto abalado por tudo o que fiz, contrário ao que pretendia!

— Pois então, do momento em que é impedido de continuar, também os seus compromissos para com a Justiça Divina passam a ser menores! Se foi impedido de praticar ações que poderiam comprometê-lo mais, deveria agradecer àqueles que o impediram de realizá-las!

— Se olharmos por esse lado, o senhor tem razão! Eu não sei o que teria resultado, se lá houvesse permanecido!

— Como pôde ver, tudo estava mudado, e ser-lhe-ia muito mais difícil! Quem sabe a sua retirada teria sido outra, e muito pior!

— O senhor tem sempre uma palavra de consolo ao meu

abatimento! Isso, vejo-o agora com a sua ajuda, mas, naquele momento, diante de uma Nação inteira, diante de meus familiares, foi muito triste e humilhante! Senti-me tolhido, incapaz e aniquilado! O que me restava fazer? Somente me recolher e foi o que fiz, procurando um pouco de paz para a reflexão!

— Então deve ter sido um período bom para o seu próprio Espírito?

— Não foi bem assim! Pensei muito, refleti bastante, não da forma como venho realizando agora, mas para ressurgir novamente, com toda a aclamação popular, para mostrar quem era Getúlio Vargas diante do povo, para mostrar quem seria Getúlio Vargas diante de uma nação e de todos os que o abandonaram!

— Era o orgulho ferido, era a vaidade tomando conta da sua pessoa! Mas penso que não devemos nos antecipar, pois nada disso ainda nos foi mostrado, e precisamos nos ater apenas ao que já vimos!

— As lembranças estão dentro de mim, e é impossível sufocá-las neste momento!

— Lembre-se de que aqui a situação é outra! Estamos em análises que lhe serão muito úteis, e não deixarei que o orgulho lhe tome novamente o coração, para não perder o que já foi realizado e concluído! Esta atividade está lhe ajudando no resgate dos débitos, pelo reconhecimento das próprias culpas!

Conversaram e conversaram e, aos poucos, Irmão José fez com que Getúlio entendesse a verdadeira razão das análises que realizavam. Não era apenas uma comparação de um plano realizado com o que fora executado. Não era para medir a distância ou a aproximação entre um e outro que efetuavam aquele trabalho. Ele tinha intenções muito mais profundas e, por isso, um orientador o acompanhava. Se fosse apenas para que a distância fosse medida, não seria preciso nenhum acompanhamento.

Era necessária a sua presença, para, em momentos de profundo abatimento, reerguer-lhe o ânimo. Caso verificasse o ressurgir de imperfeições que ainda demoravam no seu Espírito, comprazendo-se com o que fora realizado, o mentor também saberia transmitir-lhe um ensinamento, para mostrar-lhe que a realidade agora era outra.

Assim, após muito conversarem, Getúlio continuou:

— O senhor tem razão, perdoe-me! Empolguei-me e vi-me novamente naquela situação, procurando, quem sabe, uma revanche.

— Entendemos perfeitamente o que se passou com você, e por isso aqui estamos, para impedir que outra vez se deixe levar por sentimentos inadequados.

— Muito lhe devo!

— A mim nada deve, pois faço o meu trabalho com muito amor, e oro a Deus que me inspire para desempenhar essa tarefa, ajudando-o sempre!

— Devo-lhe muito!

— Não se apegue a isso! Agradeça sempre a Deus tudo o que Ele lhe proporciona, e, se aqui estamos juntos, neste trabalho, é porque Ele nos permitiu! Mas devemos continuar! Há ainda alguma coisa que pretende me dizer?

— Penso que, em linhas gerais, abordamos o necessário. Sem dizer claramente, o senhor percebeu que eles estavam corretos nos seus receios, pois eu faria tudo para poder continuar!

— Nós até já falamos também sobre isso! Agradeça a Deus, o ter se livrado de novos compromissos!

Assim, aos poucos, aquele período em que Getúlio deveria visualizar o que fizera, refletir e redescobrir atitudes, caminhava, e, pelo desenrolar dos acontecimentos, logo chegariam a um final, aquele tão importante, e que ainda lhe faltava rever, tão cheio de acontecimentos, de mágoas, de angústias e até de desespero interior.

Novamente os dois se encontraram, na manhã seguinte, para a continuidade do trabalho. Getúlio pôde ver-se exatamente como o dissera na véspera, no seu recanto, refletindo, apesar do abatimento que o tomava, e deparou-se, também, com todos os fatos que se seguiram à sua retirada do governo, e o seu novo envolvimento nas artimanhas políticas.

Viu o seu triunfo como candidato à Assembleia Constituinte, e o pouco sentido que tal função lhe representara, não lhe trazendo nenhum sabor!... No entanto, o que o deixou satisfeito foi o momento em que se viu como candidato à Presidência da República quando o prazo de Dutra expiraria. Viu-se nos palanques, em campanha, viu-se fazendo aliança com o partido de Adhemar de Barros, viu o crescimento de sua candidatura, até a vitória, bem como a decepção e a revolta que tomou os udenistas, que tudo apostavam no seu candidato, o brigadeiro Eduardo Gomes.

Mais um período lhe fora mostrado! Um período que se constituíra numa ponte entre o deixar e o retornar. Um período que lhe servira para reflexões, como ele próprio admitira, mas a reflexão do arquitetar planos para um retorno. Era o que estava no seu íntimo – o poder mostrar a todos, sobretudo aos seus adversários, aqueles a quem a sua presença incomodava na chefia da Nação – que podia voltar, e isso ele o admitia, junto do Irmão José.

— Estou feliz, não por agora, que tudo já passou, mas estava feliz naquele momento em que mostrei a todos o quanto o povo ainda me era grato, e quanto desejavam o meu retorno, apesar de muitos o abominarem. Se era um pleito em que o povo escolhia, a maioria da Nação me escolheu! O senhor pôde ver o quanto me senti feliz, apenas pelo retorno!

— Pude, realmente verificar, através da aclamação, o quanto ainda o veneravam, e, através do seu júbilo, o quanto estava feliz! Mas a felicidade demonstrada era muito mais pela satisfação do orgulho, ferido há tempos atrás, que a alegria de poder servir à Nação! Diga-me se era isso ou não!

— O senhor conhece-me o íntimo, que aqui nada se esconde, e, sem que lhe diga, já percebeu!

— No entanto, é importante para o seu Espírito que o revele!

— E me confesse, para atenuar um pouco das minhas falhas!

— Interprete como quiser! Mas o que nós próprios reconhecemos como falhas em nós, você sabe que, por si só, já estarão diminuídas! É um progresso, se compreendemos que precisamos encontrar em nosso íntimo um ponto de partida para ser trabalhado, e delas nos desfazermos.

— Pois bem! Aquele momento foi muito importante para mim! Eu não me sentia mais com disposição de enfrentar toda a carga de trabalho, e todas as suas implicações, como um novo chefe da Nação, mas precisava retornar, precisava mostrar que ainda era querido, sobretudo entre as massas trabalhadoras.

— Continue, amigo, não era só isso!

— Não, não era! Tinha que mostrar aos udenistas, aqueles que sempre me atacaram, aqueles que sempre procuraram impedir que o meu governo transcorresse como eu desejava, que eu conseguiria novamente me sobrepor a eles que só acumulavam derrotas sobre si!

— Agora está bem! Assim está melhor! Reconhece em tudo isso a manifestação do orgulho e do egoísmo?

— Orgulho, sim, mas por que egoísmo também?

— Porque onde está o orgulho sempre está o egoísmo! Se você quis mostrar tudo isso, era a manifestação do egoísmo que alimentava o seu desejo pelo exercício do poder!

— Mas o senhor viu que seria diferente! As condições políticas do País já eram outras!

— Sim, os ideais democráticos tinham retornado e estavam

se afirmando, após tantos anos de governo ditatorial que havia imposto ao País, mas eu lhe pergunto: – O irmão estava preparado para governar naquelas condições?

– O senhor sabe que o meu desejo era voltar, fosse como fosse, e, para lhe dizer a verdade, eu não havia pensado nisso ainda! Era sabido que não gostava de ter as ações controladas por nenhum Congresso, todavia, se as condições para o retorno eram aquelas, eu me submeteria!

Como ainda não haviam deixado a sala de Revisão, Irmão José consultou Getúlio sobre a possibilidade de continuarem a conversa em outro lugar, e assim dirigiram-se ao gabinete do orientador.

– Por favor, continue o que me dizia! – pediu-lhe Getúlio, depois que se acomodaram.

– Eu quero perguntar-lhe, não o que sentiu naquela oportunidade, quando pôde mostrar o que desejava aos seus adversários e à Nação toda, mas como está o seu íntimo agora, numa situação diferente, e como se sente, ao reconhecer tudo o que o moveu a retornar.

– O senhor tem perguntas, às vezes, que me desconcertam! Fez-me sair daquela realidade na qual havia penetrado, e aqui retornar para enfrentar esta outra realidade!

– Mas é isso o que importa neste momento, o que viu hoje já passou, já foi realizado. Cabe-lhe agora analisar os seus sentimentos atuais em relação aos sentimentos antigos!

– É muito difícil!

– Mas necessário!

– O senhor deseja que eu reconheça o meu erro, que não se coloca uma Nação em jogo, apenas para mostrar orgulho, que não se deve proceder como eu procedi?

– Não me cabe dizer nada, mas a você próprio analisar e concluir!

— Se digo que não deveria ter agido daquela forma, agora que reconheço outros valores, eu estarei dizendo a verdade! Mas, se eu dissesse que naquela época eu não tinha desejado o retorno, eu estaria mentindo!

— A verdade é sempre a que deve prevalecer em qualquer situação, porque, partindo dela, estaremos sendo autênticos para com os outros e para conosco mesmos!

— Eu o reconheço, agora, que, aclamado como o fui, teria a oportunidade de realizar muito em favor daqueles que me elegeram. Mas, diante do que ainda me falta ver, mesmo estimulado por tanta aclamação, talvez eu não lhes tenha devolvido atitudes que melhoraram as condições de vida da população, levando um pouco mais de progresso àquela Nação!

— O que importa, é o que analisou! E o que virá, deixaremos para a próxima sessão de visualizações.

— O senhor considera que no período visto hoje, meus compromissos, diante da Justiça Divina, aumentaram ainda mais?

— Não serei eu quem deverá concluir, mas a sua própria consciência! O que ela lhe diz?

— Já me senti muito mais responsável em outras oportunidades! Talvez esse período em que eu estive afastado do governo, me tenha sido benéfico!

— Não se esqueceu de que, durante esse período, tinha também uma responsabilidade a cumprir, porque fora eleito para um cargo para o qual se candidatara! Esqueceu-se desta particularidade?

— Eu o reconheço, não fui um bom parlamentar! Não gostava de participar do Congresso, não estava em mim! Não gostava de compartilhar com tantos, de atos com os quais não concordava!

— Pois então! Se assim reconhece, por que o quis?

— Sem falarmos do orgulho, havia uma outra finalidade!
— E qual foi?
— Queria verificar, no termômetro da aclamação popular, como estava o meu conceito perante eles, após ter perdido o cargo de Presidente! Eu tive que sufocar o orgulho e esquecer humilhações, para novamente enfrentar o povo e meus adversários, na realização da campanha. Queria mais uma vez impor o meu nome! A receptividade foi muito grande e deixou-me feliz!

Quando Getúlio achou por terminada a conversa com o seu orientador, e satisfeito com os esclarecimentos e a condução de suas reflexões, retirou-se. Ficando só, Irmão José voltou a pensar em todas as ocorrências do acompanhamento daquele irmão. Ligou o seu aparelho, e visualizou muitos fatos que Getúlio ainda desconhecia, mas que estava próximo dele tomar conhecimento. Por aquelas imagens, pelos seus pensamentos, concluiu que, no momento em que aquele trabalho terminasse, deveria ter uma nova entrevista com irmão Fabrício, e receber as diretrizes para a condução do que haveria de lhe ser mostrado. Não sabia qual a reação de Getúlio, e precisava estar preparado para ajudá-lo, dar-lhe explicações, dar-lhe apoio para o seu completo refazimento, após a conscientização de tudo.

Nesses pensamentos, desligou o aparelho e começou a imaginar a melhor forma de proporcionar essa ajuda, naquele período, ao companheiro sob a sua responsabilidade!

Getúlio, ao se retirar, fez uma caminhada pelo parque, como a realizava sempre, tomou conhecimento de que naquela noite haveria palestra no salão principal, e ficou atento para não perdê-la. Eram-lhe muito salutares, estava aprendendo bastante e sentindo-se melhor!

Capítulo

16

Oportunidades

Quando novo dia se mostrou, no horário aprazado, lá estava Getúlio, na sala, junto do Irmão José, para dar continuidade ao que deveria ver.
As imagens confirmaram a falta de entusiasmo que ele próprio já reconhecera, e mostraram-no rodeado pelo Ministério que tivera que formar, satisfazendo acordos e compromissos com partidos políticos. Viu, com o passar do tempo, a substituição de muitos de seus Ministros, e a chegada de antigos companheiros e amigos para a sua composição. Viu ainda aquele jovem amigo que trouxera para ajudá-lo, no Ministério do Trabalho, assim como os recursos utilizados por ele, alertando as forças armadas e a UDN, até quando fora obrigado a demiti-lo, para que complicações maiores não adviessem ao seu governo.

Tudo desfilava à sua frente, e ele via que nada do que fazia ou mesmo do que não fazia, ficava sem comentários e ataques.

As suas atitudes estavam sendo muito bem observadas, para que nada passasse despercebido, principalmente aos olhos da UDN, que procurava ensejo de afastá-lo do governo.

Pôde ver ali, já no ano de 1954, o quanto o seu governo estava desgastado, atacado e caluniado. Nenhuma iniciativa de maior importância era tomada! Para um governo que tanto prometera, muito pouco estava realizando.

Mais um período de atividades de Getúlio, à frente da chefia desta Nação, passou, para que ele tivesse não só as lembranças, mas que, aliadas às imagens, pudesse reviver mais intensamente, essa época que lhe fora de capital importância na sua vida de encarnado.

Quantos anseios levara do Mundo Espiritual, e quase tudo havia feito de forma contrária, apesar de ter permanecido naquele posto por tantos anos! Atravessou o melhor tempo de sua vitalidade física, lá, desde que fora empossado, em 1930, como Presidente Provisório. O tempo passou, os anos decorreram, tantas oportunidades se lhe apresentaram... Muito também realizou, pois que os seus propósitos permaneciam latentes no Espírito, mas desviou-se bastante.

Lutara sempre muito, mais para os seus propósitos imediatos de continuidade, que para os nobres, trazidos do Mundo Espiritual. Todavia, para a felicidade do seu Espírito, em meio aos atos indevidos, pôde ajudar a Nação a crescer, a se organizar e a progredir.

Depois retornara, diante de uma segunda oportunidade, mais autêntica, pois a conquistara pela aclamação popular. Se assim o conseguiu era porque o povo ainda tinha na lembrança o que lhe fizera de bem. O povo, aparentemente, nunca sabe o que vai nas atitudes, no íntimo de seus governantes, e quase nunca

consegue apreender-lhes as verdadeiras intenções, mas estimava-o, e por isso o levara de volta à Presidência. Contudo, também ele soubera trabalhar o povo, que novamente se empolgou.
E o que fizera ele, em reconhecimento?
Já estava no cargo há alguns poucos anos, e verificou que muito pouco havia realizado. Sentia-se apático, indiferente, diante da Nação dependente dele, de seus atos. E, naquela oportunidade, tudo era diferente! A democracia dava direito a muitos de criticar abertamente, e até de exacerbarem cada ocorrência, mostrando-as à Nação, de forma exagerada, com finalidades demolidoras.

Sim, os adversários, aqueles que se sentiram prejudicados em seus anseios de conseguirem o poder, estavam revoltados, observavam-no e ameaçavam-no.

— Como se sente, irmão?

— Parece que já estou tão cansado como me sentia naquela época!

— Por que esse abatimento hoje? Tem sabido superar bem o que tem visto!

— Não sei, mas uma sensação estranha está dentro de mim, parece que um receio muito grande está me tomando!

— E qual a razão?

— Talvez uma premonição do que ainda há de vir! Sinto que algo terrível me está reservado, e tenho medo!

— Nada deve temer! Seja o que for, já foi praticado, não é mesmo? Não pensemos no que há de vir, e sim, no que vimos hoje!

— Pretendo, se possível, me retirar daqui!

— Sim, poderemos sair!

— Quero ficar só, com os meus pensamentos!

— Mas não é o melhor caminho! Quando temos preocupações e ficamos sós, elas crescem muito e tomam conta de nós, perturbando-nos mais ainda! Conversemos, coloque tudo o que achar que deve, e sentir-se-á melhor!

— Eu sei disso! O senhor tem sempre uma palavra que me conforta!

— Pois então, fale! Quem sabe o nosso Pai me inspire alguma palavra para amenizar-lhe o sofrimento! Onde vamos, onde acha que se sentirá melhor?

— Vamos caminhando, pode ser assim?

— Como desejar, mas fale!

— Estou preocupado, pois que pude ver como me sentia naquele período! Talvez eu nunca devesse ter querido voltar! Eu o fiz com uma única intenção, que já lhe expus, mas não estava disposto a enfrentar as implicações todas que o cargo requeria. Reconheci-me, naquelas circunstâncias, muito vulnerável, e sinto que acontecimentos muito piores ainda virão! Não tenho todas as lembranças, que elas vão até certo ponto e depois não consigo continuar!... Parece que uma barreira muito forte se interpõe entre mim e os acontecimentos seguintes.

— Falemos apenas do que vimos hoje! Não há nada que valha a pena ser comentado?

— Sim, nós sempre temos muito a comentar! Quando comecei a minha gestão, estava esperançoso, mais animado, porém, com o passar do tempo, vendo-me tão cerceado, vendo-me ter que governar de forma tão diferente da que sempre estivera acostumado, e talvez pela própria idade mais avançada, fui me desencorajando, não obstante ainda me interessasse em tomar alguma medida em favor do meu País!

— Continue!

— Nem sei o que devo dizer!

— Lembra-se do episódio do seu Ministro do Trabalho?

— Trouxe-o para me ajudar junto das massas trabalhadoras, e ele estava desempenhando as funções exatamente como eu necessitava! Precisava continuar a contar com o apoio do povo! A máquina administrativa tomou um rumo, cujo funcionamento, em relação à inflação que crescia, deteriorava os salários, o único meio de que os trabalhadores dispõem para proporcionar-lhes, pelo menos, um mínimo necessário à sua subsistência, e isso estava ficando difícil.

— Mas teve que demiti-lo, não é mesmo?

— Eu reconheço que seus atos não eram adequados, mas era o de que precisava, e estava já chamando a atenção de todos os olhos que me observavam, e fui obrigado a ceder!

— O irmão nunca pensou em poder se adaptar a essa nova forma de governo?

— Havia muitas interferências! Era-me difícil governar!

— A palavra final, todavia, era sempre sua!

— Um tanto difícil de concordar com isso! Mas as responsabilidades eram minhas, sempre foram minhas, embora muitos interferissem, e outros, às vezes, agissem à minha revelia, mas eu era o responsável! Estou feliz amigo, pelo que tenho em mente e em meu Espírito, pela idade com que contava, estamos para terminar essa atividade! Como terminará, não sei, como já lhe disse, mas sei que está para terminar!

— Não se preocupe! Quando descortinar toda a verdade, não terá importância, porque o senhor já está aqui, e recebendo o amparo de que necessita!

— Mas o meu íntimo?

— Esse também se modificará! Muitas oportunidades ainda se lhe achegarão, pela Misericórdia Divina, e você resgatará todos os débitos, como nós, mais dia, menos dia, resgataremos os nossos! Deus não tem pressa e faz-nos pagar suavemente, o que, às vezes, praticamos de forma intempestiva! O irmão ainda trará justificativas para muitos dos seus atos, embora não o eximam de suas responsabilidades! Muito ainda se abrirá à sua frente! Confie em Deus que Ele o ajudará, como o fez sempre e o está fazendo agora!

O abatimento de Getúlio, ao término do que vira, era mais em razão do que pressentia. Um período bastante difícil, pelo qual passara na Terra, estava próximo de ser visualizado, e ele temia ter que novamente revivê-lo.

O ato final ainda lhe era vedado vislumbrar! Ser-lhe-ia ali apresentado, sem que nada o prevenisse. Seria o momento crucial das suas angústias, mas teria que enfrentá-lo.

Capítulo 17

O ato final

Aquele dia se encerrou, cheio de maus presságios para o seu Espírito, e uma nova manhã chegou. Quando compareceu para o trabalho, desabafou com Irmão José, os seus receios:

— Parece que não descansei nem um pouco! Minha mente trabalhou muito durante todo o tempo, desde que o deixei ontem, e o meu coração está confrangido!

— Já lhe recomendei mais de uma vez, que não tenha receios antecipados! Deve analisar-se como se sentia antes de ter iniciado este trabalho!

— Aquele tempo era outro, não poderia compará-lo! Tinha lembranças, mas eram diferentes! Hoje vim, como se caminhasse para uma câmara de torturas!

— Não é essa a nossa intenção! A finalidade maior é o seu refazimento total, mas para que ele seja possível, terá que tomar conhecimento do que se passou, para saber trabalhar em si mesmo os pontos negativos, e fazê-los transformar em virtudes para a aquisição do seu Espírito!

— Eu compreendo, e deveria ser grato pelo que me tem dispensado! O senhor deve saber o quanto é difícil reviver as próprias culpas, e, muito mais, reviver aquelas que nos são imputadas, sem que sejamos culpados!

— É a carga que devemos carregar dos próprios débitos! Não nos são imputadas culpas, se não as merecemos! Se não somos devedores delas no momento em que as temos de suportar, certamente somos devedores daqueles que no-las imputaram em outras vidas! Sabe que convivemos sempre com aqueles que o Pai permite, para ressarcir débitos antigos!

— O senhor está trazendo novidades ao meu Espírito, que ainda não posso alcançar!

— Tem razão! Talvez eu tenha me antecipado! Deixemos, então, de considerações, e vamos ao nosso trabalho de hoje!

— Se pudesse, fugiria desta sala!

— Terá de enfrentá-los para o seu próprio bem! Um dia ainda conversaremos sobre tudo isso, e você irá agradecer a Deus, reconhecendo o bem que lhe fez!

— Queira Deus, isso aconteça!

Colocado o ponto final na conversa, as imagens começaram exatamente do ponto em que haviam sido interrompidas na véspera!

Ah, quanto sofrimento foi sendo acrescentado ao nosso irmão! Sentia, pelo que visualizava, que um cerco muito grande e forte estava se fechando em torno dele, e o encurralando cada vez mais dentro de seus próprios sofrimentos.

Verificou a pressão dos udenistas para que ele abandonasse o governo, e todos os recursos dos quais se utilizaram. A preparação para as eleições e a exploração do momento político, em torno de sua pessoa, quando foi o motivo principal de críticas e ataques, alguns até caluniadores.

Mas o que lhe causou um grande desconforto, foi quando visualizou aquela figura, o centro de onde partiam quase todas as acusações que lhe eram feitas. Aquela figura cruel e obstinada que fazia de seus atos e de sua pessoa o motivo principal de sua vida de jornalista. Sim, falamos do diretor da "Tribuna da Imprensa", o senhor Carlos Lacerda!

Quando ele foi mostrado, Getúlio torcia as mãos e ficou aterrado.

— Acalme-se! – pediu-lhe Irmão José, que naquele dia, observava mais Getúlio, que propriamente o discorrer dos fatos. Todos já eram do seu conhecimento, e ali estava para ampará-lo.

— Não posso impedir de sentir o que estou sentindo!

— Procure ficar menos tenso, não fique assim, que será pior! Aqui não deve haver lugar para ressentimentos! É por isso que estamos trabalhando.

— Não são ressentimentos nem ódio, mas senti-me apavorado por tudo o que ainda virá!

As imagens continuaram, e ele, mais calmo, pôde ver o que aquele irmão lhe preparava. Um fato muito comprometedor da sua dignidade foi mostrado, quanto aos recursos utilizados na instalação do jornal "Última Hora".

Verificou os receios que surgiram em relação à vida do jornalista e todas as providências para preservá-la. Viu exatamente o que aconteceu, de um episódio do qual apenas tinha notícia e sofrera as consequências – o atentado ao jornalista, com a morte do jovem major que lhe dava proteção.

Irmão José, atento, verificou que Getúlio, naquele momento, prestava muita atenção para descobrir detalhes de como os fatos haviam ocorrido, porque, a partir de então, tudo em sua vida mudara. O cerco se fechara mais! Viu a ferocidade com que o jornalista se lançou sobre ele, e o empenho da Aeronáutica em descobrir os causadores do crime, os elementos de sua guarda pessoal! Embora tudo tivesse sido praticado à sua revelia, ele era o acusado!

Quando soube e, naquele instante comprovou, que o responsável maior fora aquele que lhe dava proteção, aquele que não via hora, nem dia nem noite para proteger-lhe a vida, sofreu muito naquela oportunidade e sofria agora.

A pessoa que não tem a formação e a inteligência adequada para medir as consequências de uma ação, e vê apenas o instante imediato, realiza-a, movido pela intenção de salvaguardar a tranquilidade de seu protegido, sem, contudo, ter o necessário discernimento para verificar o alcance da sua atitude. Pratica-a dentro da sua capacidade – com boas intenções –, se é que assim se pode dizer, sem pensar que lidam com outro ser humano que também tem direito à vida. É a falta da crença num Deus, que tudo vê, tudo sabe e tudo permite, através do livre-arbítrio, mas não nos exime da responsabilidade das nossas ações.

As imagens foram continuando, e ele foi verificando que cada vez mais o seu horizonte se fechava, caminhando para a sua deposição. Viu a insistência para que ele renunciasse, viu a proposta do seu vice, Café Filho, e também quando o documento dos oficiais das Forças Armadas, pedindo a sua retirada do governo, lhe chegava às mãos. Viu quando, no dia 23 de agosto, o seu Ministro da Guerra o procurou para lhe dar ciência do que ocorria nos meios militares. Pôde ver como estava apreensivo e abatido, e viu a reunião ministerial que ele próprio determinara.

Ah, aquela reunião tão importante em sua vida e tão inútil ao mesmo tempo! Viu a participação de sua querida filha. Viu a apresentação daquele recurso fatídico, com o qual concordara

– o do seu licenciamento, para retorno posterior! Viu também quando a notícia foi levada à reunião dos militares, obtendo como resposta que sua licença seria definitiva.

Nesse momento, Getúlio, um tanto confuso e desarvorado, pediu a Irmão José que interrompesse as imagens. Sentia-se esgotado e não queria ver mais nada.

— Não devemos, irmão! Mais um pouco e terminaremos. O que está acontecendo?

— Não sei, daqui para a frente não sei mais nada, mas tenho um receio muito grande! Sinto que algo tenebroso me aguarda!

— E o que será tenebroso para você?

— Não sei, não sei, não sei!...

Ele estava se desesperando, e o orientador, falando-lhe ternamente, incitou-o a que terminassem, e logo se retirariam.

— Tenha calma! Lembre-se de que é apenas uma visão, de que o irmão está aqui no Mundo Espiritual, recebendo o amparo e o auxílio para o seu Espírito e não se preocupe com o que poderá ver! Não tenha receio de nada! Como lhe disse, seja o que for, já aconteceu!

— Por que não consigo saber de nada mais? Se não me lembro, é porque algum fato terrível está me aguardando! Sinto-me como que à beira de abismo muito profundo, e, se caminhar mais um passo, me arremessarei nele, entende-me, irmão?

— Compreendo sim! Nada deve recear, mesmo que seja um abismo! Podemos continuar, então?

— Se não há outro meio, continuemos, mas me ajude que tenho muito medo!

— Estou aqui para isso!

As imagens continuaram a desfilar, e ele viu-se em seus aposentos, tendo terríveis pensamentos após a notícia do seu afastamento definitivo, levada pelo irmão. Viu-se sentado a uma pequena mesa, escrevendo alguma coisa; viu-se caminhando à procura de uma arma, e viu-se ali, com ela na mão. Viu-se sentado em sua cama, colocando a arma em direção ao peito e, num esforço muito grande, disparando-a nele mesmo, viu-se tombar...

— Era isso que devia ver? Foi o que pratiquei? Foi isso que cometi?

— O irmão viu tudo em detalhes, não viu?

— Sim, mas eu preciso que me esclareça! O abismo no qual eu próprio me devia arremessar era esse?

— Acho que agora devemos sair daqui! Tudo está terminado! Você, de fato, tinha pressa que esta parte se completasse, e nada mais importa que veja! Lá apenas ficou o seu corpo. O Espírito aqui está e continua vivendo! Muito ainda conversaremos, você entenderá, e não sofrerá tanto quanto sofre agora!

Capítulo
18

Legado de morte

O desespero interior tomava conta do nosso irmão, e, deixando-se levar, acompanhava o orientador e amigo, sem se interessar pela direção que tomavam. Irmão José sabia que, naquele momento, o melhor lugar seria a Natureza aberta! Muito mais adequado que um compartimento fechado, onde poderia se sentir oprimido!

Assim caminhando, chegaram ao parque.

— Respire fundo, amigo! Procure ver a beleza deste céu tão azul, as árvores tão belas, esta sombra agradável com um ar tão puro! Respire fundo diversas vezes, e isto lhe fará muito bem!

Getúlio obedeceu, mas demonstrava bastante nervosismo. Irmão José convidou-o a sentar-se num banco, recomendando-lhe:

— Você precisa acalmar-se, que o seu sofrimento será menor! Não entendo porque ficou tão agitado!

— Foi a surpresa do ato! Toda a carga de ressentimento que experimentava, naquela oportunidade, retornou toda!

— Muito maior foi a decepção, a frustração por nada mais poder fazer! E, para que não saísse pela porta da frente, por seus próprios pés, procurou para si aquele final, como se ele representasse uma represália que fazia aos outros!

— O senhor tem razão, e me entendeu perfeitamente! Era como se com aquele ato, eu me vingasse de todos os que me forçavam de lá sair! Eu não me sentia culpado do que me imputavam! Aquele infeliz que queria me proteger, e promoveu aquele crime, não teve o meu assentimento! Jamais concordaria com uma ação que voltasse contra mim mesmo!

— Estou entendendo!

— Eu não tinha outra saída!

— Teria tido, sim, uma saída muito honrosa!

— Como saída honrosa, naquelas circunstâncias? Seriam capazes até de me atirarem pedras, quando surgisse à porta!

— A saída honrosa teria sido para o seu Espírito! Naquela oportunidade, ser-lhe-ia a maior das humilhações, mas, para o seu Espírito, teria sido glorioso! Deixaria de ter assumido compromissos tão sérios como assumiu! Mas isso tudo é passado!

— Eu não via nada disso! Apenas o meu orgulho ferido, e o fiz como uma espécie de vingança aos que me forçavam àquela situação! Eu nunca cederia à vontade deles! Já tinha tudo em mente! Bastava uma vez em que fora obrigado a sofrer aquela humilhação! Quando eu quis voltar, foi justamente para lhes mostrar que o povo ainda me queria! Mas o povo é muito facilmente conduzido! Sabia de tudo o que se passava, e aqueles mesmos que sempre me aclamaram, mantinham-se mudos a tudo o que me atribuíam, e, talvez, até esperassem que eu fizesse o que tantos desejavam e forçavam!

— Sempre o orgulho, o maior mal que ainda grassa no coração do ser humano! O orgulho, às vezes, é até certo ponto aceitável se aplicado a grandes descobertas, a grandes empreendimentos no bem, mas o orgulho ferido, com propósitos demolidores, esse, sim, é o mal maior que ainda vive nos corações!

— Tem razão, e movidos por ele, praticamos atos que, às vezes, não teríamos coragem de enfrentá-los de outra forma. O irmão sabe, quando nada mais via que pudesse atenuar o sentimento tão forte de decepção, de dor, de mágoa e, ao mesmo tempo de revolta que sentia em mim, ainda enderecei-lhes aquele pequeno bilhete, que ficou marcado na Terra, como a minha vingança! Agora recordo-me de tudo!

— Sei, era aquele que falava do seu legado aos seus inimigos!

— Ainda me lembro dele, neste momento, palavra por palavra:

"À sanha dos meus inimigos, deixo o legado de minha morte. Levo o pesar de não ter podido fazer pelos humildes tudo aquilo que eu desejava."

— Sim, eu deixei o Catete, deixei o governo, mas deixei para eles o meu legado macabro! Deixei-os livres de minha presença física, mas teriam em seu coração o peso do legado de minha morte!

— Você acha que tendo lhes deixado esse legado, diminuiu a sua culpa? E que a responsabilidade, a partir daquele momento, caberia somente a eles?

— Eu não entendo disso, mas sei que não seria possível, embora eles se sentissem um pouco responsáveis por ela, a partir do bilhete. A responsabilidade do ato e suas consequências, eu sei, foram só minhas!

— Por que diz foram só minhas, ao invés de dizer: são?

— Por que me lembro do quanto já padeci, após aqueles acontecimentos, e não tenho noção ainda do tempo que permaneci sofrendo, ao léu, vivendo em meios tão infelizes, onde só tormentos havia! Não tenho noção de quanto tempo fiquei inconsciente de mim mesmo, até que me vi aqui, adquirindo, aos poucos, a minha consciência, e depois, aos poucos, também, fui tomando conhecimento de tudo! O irmão pode me dizer quanto tempo faz que aqui cheguei, em que ano estamos, se estivéssemos na Terra?

— Isso ainda não lhe é importante! Continue o seu desabafo, que está lhe fazendo bem!

— Eu não sei o que se passou depois, mas toda a Nação deve ter se sentido chocada com o meu ato!

— Isso também não tem importância agora, não é mesmo? Procure lembrar-se de algum fato ou situação em referência aos seus últimos dias lá, anteriores àqueles tão fatídicos!

— Sim, eu tenho uma pergunta a lhe fazer! Por que aquele jornalista, lá na Terra, tomou a minha pessoa, os meus atos, só para atacar? Eu era o motivo das suas atitudes e dos seus artigos no jornal! Caluniou-me muito, irmão! Ofendeu muito a minha dignidade a até a minha moral! Duvidou da minha correção de caráter no comando da economia da Nação, e tudo fazia para que o meu governo, a cada dia, ficasse aberto ao povo, através do que lia, mas nem tudo era verdade! Estava já velho, cansado e muito magoado! Nada mais fazia que pudesse me condenar. Reconheço que, em outras oportunidades de meu governo, nem sempre agi como devia – já analisamos e conversamos sobre isso –, mas o que ele afirmava, nem sempre retratava a realidade! Um fato insignificante e despercebido de todos, ele o fazia reboar, com as cores das pinceladas com que o pintava.

— Você saberá no momento adequado! Penso que agora

está mais calmo, não é mesmo?

— Estou mais calmo, mas não significa que meu coração não sofra muito! Sabe o que gostaria? De correr para os braços de Darci! Ela sempre soube me ajudar, me estimular e me compreender!

— Também ainda não o pode, amigo! Terá que se contentar com a minha companhia! Não sei se lhe agrada tanto quanto ela o faria, mas estou à disposição para ajudá-lo em todos os momentos!

— Não sei o que seria, se não o tivesse comigo! Não suportaria o desespero!

— Se assim o sente, pode dispor desse amigo todas as vezes que o desejar!

— O senhor me disse que este trabalho estava terminado! O que faremos agora? Não irá me abandonar, não é mesmo?

— Não, absolutamente! Ficaremos juntos até quando Jesus permitir! Quando não precisar mais de mim, continuaremos a ser amigos, e poderemos estar juntos o quanto nos for permitido! Acostumei-me à sua companhia, e, no que puder ajudá-lo, eu o farei! Ainda estaremos ambos felizes, quando você estiver mais despreocupado!

Getúlio estava mais confortado, mais calmo e seguro. Sentira-se apoiado em Irmão José, que tanto o auxiliara naquele período tão difícil como todos o haviam sido, desde que deixara o seu corpo e ficara perdido, em sofrimento, apenas ouvindo vozes e gemidos, em escuridão tenebrosa! Depois, sem que soubesse quanto tempo passou, viu-se naquela Colônia, sendo tratado com carinho, por auxiliares e por Irmão Fulgêncio. Mais tarde, quando transferido para o novo departamento, o dos Recuperados, iniciando essa atividade tão dolorosa, tivera sempre o carinho, o auxílio, e a compreensão de Irmão José, que se dispunha agora, como amigo, a continuar a ajudá-lo no que lhe fosse necessário.

Contudo, estava sofrendo ainda, e, se comparado ao sofrimento anterior, não saberia dizer qual o mais amargo. Não era a aflição do nada, da inconsciência total, mas a da consciência plena, da responsabilidade reconhecida! Porém, agora não estava só. Retornando ao prédio principal da Colônia, ao se despedirem, Irmão José ainda acrescentou:

— Querido amigo, sabe que desejo auxiliá-lo em tudo o que me for permitido, e gostaria de vê-lo feliz! Sabe que pode contar sempre com este companheiro, e amanhã nos veremos novamente! Entretanto, se precisar, pode me procurar a qualquer hora, mesmo durante a noite! É só pedir a um auxiliar do seu departamento, que ele saberá onde me encontrar! No entanto, aconselho-o a que ore muito a Deus, e peça-Lhe o conforto da paz para o seu Espírito, e o repouso que o fará esquecer as angústias que o oprimem!

— Tentarei orar e repousar! Amanhã devo estar melhor, e aí, eu o procurarei em sua sala. Esforçar-me-ei por não pensar em mais nada, embora saiba que será difícil!

— Isso mesmo! Nós muito conseguimos através do esforço! Quanto maior ele for, maior será a ajuda que recebemos de Deus!

Capítulo 19

Orientações

Ao deixar Getúlio, Irmão José recolheu-se em seu gabinete, para também pensar. Tinha cumprido a tarefa que lhe propuseram e agradecia a Deus o poder tê-la realizado, mas não dava por encerrado o seu trabalho. Estava disposto a acompanhar o irmão, ainda nesse período de bastante necessidade, e, após, continuar com ele como amigo, que sentia, já o eram.

Precisava dar ciência a Irmão Fabrício de tudo o que ocorrera, e assim, na manhã seguinte, logo cedo, foi ao seu encontro.

Ao término das suas informações, o bondoso Mentor indagou:

— E como reagiu ele?

— Ficou muito chocado, porque não conseguia lembrar-se de nada, como fora programado! Surpreendeu-se muito!

— E como reagiu depois, nas reflexões e comentários, em relação às suas responsabilidades?

Irmão José referiu-se a todas as conversas que mantiveram no dia anterior, todos os comentários e revelações feitas por Getúlio, quanto aos sentimentos que o moveram à consumação daquele ato, e terminou pedindo novas instruções de como proceder daí em diante.

— Alguns dias mais deverão passar, até que ele se coloque mais em paz! Se puder, será bom que o acompanhe, de modo informal e sem compromissos assumidos com nenhuma atividade! Apenas far-lhe-á companhia, como um amigo, para distraí-lo! Deixe também que ele o procure, e assim a serenidade irá retornando ao seu coração. Ele já sofreu bastante, embora não tivesse plena consciência do sofrimento – não sabia onde estava, nem como passou aquele período longo, naquelas regiões infelizes.

— Procederei como me pede, e até mesmo já havia lhe oferecido a minha companhia! Ele sente-se muito só, aqui, eu o reconheço! Lembra-se sempre da esposa, com quem gostaria de estar!

— Quando for oportuno e benéfico, ela virá!

— É o que sempre lhe digo! E a respeito do outro período, como faremos?

— O irmão perceberá quando chegar o momento adequado, e saberá como fazer! Mas procure-me antes! No transcorrer desses dias, terão oportunidade de conversar bastante e, sempre que houver ensejo, peço-lhe que lhe passe instruções sobre as verdadeiras finalidades do Espírito, e aconselhe-o a que leia, estude e ore, em seu próprio benefício! Quando chegar a hora em que ele próprio requisitar, e se sentir que está preparado, mostrar-lhe-emos a vida pregressa, a fim de que seja auxiliado ainda mais, a compreender todos os seus erros. Talvez lhe seja pior, mas espero que possa ajudá-lo!

— Agradeço-lhe bastante a atenção, a sua orientação, e farei o que me recomenda, para que ele vá adquirindo a sua plenitude espiritual, e um dia possa retornar em condições melhores de espírito, em conceitos e aprendizados mais concretos e solidificados em si, para cumprir bem o que lhe for determinado.

Nada havia programado e nem marcado para aquele dia, entre o orientador e Getúlio, mas era sabido que, nas condições em que se encontrava, ele não ficaria só, ser-lhe-ia muito difícil. Com certeza procuraria Irmão José, em quem se apoiava, ultimamente, e nem seria possível que fosse diferente. De fato, quando ele voltou da entrevista com Irmão Fabrício, já o encontrou à porta de seu gabinete, visivelmente preocupado, dizendo não ter conseguido dormir.

Irmão José convidou-o a entrar, indagando o motivo da sua aflição.

— Nada novo, mas não desejava estar só! Não via a hora de vê-lo e ter alguma palavra de conforto, algum ensinamento!

— Estou às suas ordens! Você me disse que não conseguiu repousar muito bem, por quê?

— Tudo o que me ocorreu, vem como uma avalanche sobre mim, perturbando-me o coração, e fazendo-me sofrer muito.

— Qual o fato, qual a lembrança que o martiriza mais?

— São tantos, que ainda não consegui separar e especificar nenhum! É difícil, em meio a tanto sofrimento, separar-se o que dói mais, mas fico angustiado quando me lembro de tudo o que me fizeram, no meu último governo. Quantos problemas ficaram sem solução! Quantos ataques não me permitiam agir como pretendia! Quantas ameaças, quantas calúnias e quanta pressão para eu abandonar o governo!

— Se você tivesse suportado com resignação, com compreensão, apoiado em Deus e nos ensinamentos de Jesus, muito teria lucrado, muito o seu Espírito teria evoluído e ressarcido débitos antigos!

— Como débitos antigos?

— Ainda conversaremos detalhadamente sobre isso, mas o que sofremos em uma encarnação, quase sempre é reflexo do que já fizemos outros sofrerem em uma outra! Compreende-me?

— O irmão quer dizer que sofri, porque já fiz outros sofrerem, aquilo mesmo?

— Não significa que tenha feito a eles exatamente o que lhe fizeram! Mas você sabe que temos muitas vidas. Já vivemos muitas existências! O Espírito é eterno e assim vamos à Terra e retornamos ao Mundo Espiritual, muitas vezes. Você sabe disso! Já examinou os propósitos que foram feitos e levados para execução na Terra, e lembra-se ainda de ter partido para a sua última encarnação!

— Sim, mas não me lembro do que possa ter feito antes e nem de como tenha vivido em outras vidas!

— Isso também ser-lhe-á mostrado, no momento certo! Mas voltemos ao que conversávamos!

— O senhor dizia que nem sempre o que sofremos é exatamente o que fizemos outros sofrerem!

— Sim, compreendeu bem! O que ocorre em uma vida, nem sempre acontece do mesmo jeito em outra. A Terra progride, as condições de vida são outras, e não podemos repetir a mesma situação que tivemos em outra oportunidade. Porém, o sofrimento fica marcado no Espírito, e, se não conseguiu perdoar, quando retorna e tem a oportunidade de conviver na mesma época com quem lhe fez sofrer, seja perto ou mais afastado, sem nem mesmo saber como, aquele ódio retorna e, dentro das condições que lhe são oferecidas, persegue a sua presa o mais que pode. Ao mundo parece uma injustiça, mas perante Deus é a Sua Justiça em ação!

— Quer dizer que tudo o que sofri era porque já havia feito sofrer?

— É isso mesmo! Às vezes não são os mesmos que atingimos, mas Deus permite que outros o façam, como forma de ressarcir os débitos e progredirmos mais! Mas isso também não livra aquele que nos faz sofrer, de suas responsabilidades, entendeu, irmão?

— Sim, e estou com medo, porque muito realizei também em desfavor de tantos, no cumprimento de minhas atribuições de governante. Muitas vezes agi, ou melhor, consenti que agissem sem piedade, para afastar perturbadores da paz, para retirar aqueles que pretendiam atrapalhar o bom andamento do governo.

— Todos os nossos atos têm que ser ressarcidos um dia, mas não significa que vamos encontrar, frente a frente, os que prejudicamos! Deus nos dá uma infinidade de oportunidades, para trabalharmos em favor de muitos, e desfazermos males antigos! Existem muitos meios para resgatarmos os débitos! Penso que estamos nos afastando um pouco do assunto central! Continue a falar dos seus receios e lembranças! O que mais o aflige ainda?

— Pelo que compreendi, através do que me explicou, a responsabilidade que assumimos, ao retirarmos, com nossas próprias mãos, a vida que Deus nos concedeu, é muito grande!

— Sim, é o maior crime que praticamos contra nós próprios! A vida é o maior bem que Deus nos concede, é a oportunidade de crescimento espiritual! Contudo, não o realizamos só para nós, mas para muitos que convivem conosco e, se a retiramos, poderemos retornar, um dia, em condições difíceis, querendo muito fazer, sem nada poder!

— Não me amedronte mais!

— Não o estou fazendo, apenas explicando! Há muitos

meios de resgatar débitos, perante Deus! Ele tem diversos caminhos que são, às vezes, desconhecidos por nós, mas nos são mostrados no momento certo. O irmão deve lembrar-se de que já resgatou muito, por ter estagiado em regiões infelizes, como se lembra!

— Sim, tenho ainda em mim todo o sofrimento pelo qual passei, todos que me cercavam e gritavam: suicida, suicida, suicida!... Eu não compreendia naquela ocasião, mas, aos poucos, aquele tempo está retornando todo! Ficamos numa região escura, onde apenas sombras negras transitavam, choravam e gritavam muito! Foi muito triste, irmão! Só não tenho a noção do quanto lá permaneci!

— E como saiu desse lugar, não se lembra?

— Apenas lembro-me de ter tomado consciência de mim, quando me vi aqui, sendo ajudado!

— Muitas coisas devem ter acontecido até que aqui retornasse!

— Eu não me lembro! Às vezes ouvíamos, nesse lugar, um sino batendo, e irmãos que nos diziam palavras confortadoras. Era como se fosse uma pequena delegação que nos levava um pouco de alento. Convidavam-nos a ouvir, e pediam a Deus que nos amparassem! Mas nem todos davam ouvidos ao que diziam, tão mergulhados nos seus próprios sofrimentos se encontravam! Quem sabe foram eles mesmos que me trouxeram aqui! O senhor deve saber!

— Sim, eu sei, mas pretendo que o irmão mesmo se recorde! Foram eles que o recolheram nessas expedições e o trouxeram! Lembra-se do que lhe foi falado, que amigos desta Colônia o acompanhariam na sua encarnação na Terra, para ajudá-lo?

— Lembro-me, mas eu nunca, talvez, tenha percebido!

— Mas eles lá estavam! Muito sofriam quando você não realizava o que devia, afastando-se dos objetivos que planificou!

Pois então, amigo, nesta Colônia estávamos sempre informados de tudo, inclusive do seu ato final, do qual procuraram demovê-lo, mas o irmão não conseguiu perceber!

— Por que eles, então, não me recolheram e me trouxeram para cá, no momento em que deixei o meu corpo?

— Exatamente pelos débitos adquiridos no uso do seu livre-arbítrio, e na execução do ato final que encerrou lá a sua vida! Compreende-me?

— É muito difícil!

— É a execução da Justiça Divina, irmão! Deus não pune ninguém, somos nós próprios que nos punimos, pelos nossos atos e pela nossa vontade! Deus é bom e nos proporciona sempre o ressarcimento dos débitos, em novas oportunidades! Se não as aproveitamos, vamos acumulando mais débitos para nós!

Capítulo

20

Surpresa reconfortante

A união entre Getúlio e Irmão José tornava-se cada vez maior, pois que das conversas, das confidências, das reflexões, dos ensinamentos e ponderações que o generoso instrutor lhe transmitia ou estimulava-o a realizar, propiciava-lhes a oportunidade de estarem cada vez mais chegados um ao outro.

Terminada aquela atividade em que deveriam estar atentos às imagens que lhes eram mostradas, aquela união fraterna e amiga passou a dispor de mais tempo para mais estreitamente se solidificar.

Quantas vezes Getúlio o procurou! Queria esclarecimento, queria trazer-lhe alguma lembrança mais, para ter uma palavra de Irmão José! Era já uma amizade muito bonita, que vinha do coração, da satisfação de auxiliar e da alegria de ver que tudo Getúlio assimilava e compreendia!

O seu Espírito estava mais calmo, mais ponderado, embora se percebesse ainda o sofrimento que abrigava em si! Este, só com o tempo, só com alguma tarefa, no desempenho da qual se sentisse útil, só com novas oportunidades, iria se desfazendo.

Alguns dias se passaram, até que Irmão José sentiu que ele estava preparado para conhecer quem fora, o que fizera no seu passado, para que tantos entraves tivesse encontrado, sobretudo no seu último período de governo.

Assim pensando, voltou a se entrevistar com Irmão Fabrício, para levar-lhe a sua opinião, as suas conclusões, informando-o de que Getúlio já se encontrava preparado para o que ainda lhe faltava mostrar.

— Como ele passou esses dias todos? – indagou o Mentor, depois de receber as primeiras notícias.

— Estivemos sempre juntos e, de acordo com as suas orientações, transmiti-lhe alguns ensinamentos, conforme a oportunidade do assunto, e ele pareceu-me assimilá-los e compreendê-los bem!

— Se o irmão entendeu que já é o momento, providenciaremos, mas antes quero também conversar com ele! Não que descreia do que me está transmitindo, não é isso, mas será importante para ele que conversemos! Eu próprio preciso verificar como se encontra, como estão os seus pensamentos, como está o seu íntimo!

— Ser-lhe-á muito útil! Ele aprenderá bastante e depois, poderá partir para as atividades que lhe temos reservadas, de forma um tanto mais segura e determinada, compreendendo melhor que tudo o que realizar aqui, será em seu próprio benefício!

— Poderemos marcar! O irmão o trará e permanecerá conosco, durante o tempo em que estivermos juntos. Ele se sentirá

melhor, tendo um amigo consigo!
— Compreendo! Quando o trarei?
— Daqui a três dias! O irmão receberá o aviso quanto ao horário, e até lá continue a dar-lhe o apoio para o seu maior fortalecimento.
— Não poderíamos, até que esse dia chegue, permitir-lhe um encontro com a esposa, que ele tanto aguarda?
— Acredito que sim, e até lhe fará bem! Pode autorizar a sua vinda para amanhã, e, quanto à surpresa ou contar-lhe, deixo a seu critério, que já o conhece o bastante para saber o que será melhor!
— Preciso falar-lhe sobre outro assunto!
— Sim, todos os que desejar!
— Quando terminar esse trabalho com Irmão Getúlio, o que eu farei?
— Por enquanto continuará naquela sua atividade, aquela que tem sido a razão do seu próprio Espírito, mas não deixe de estar com ele sempre que lhe for permitido, porque, quando lhe dermos uma atividade, também terá necessidade de uma orientação, e penso que ninguém melhor que o próprio irmão, no qual ele se apoia muito, para fazê-lo!
— Entendi! Obrigado, por permitir que realize o de que tanto gosto, não obstante nesse período, nos momentos em que me foi possível, sempre continuei o meu trabalho! Mas saber que terei mais tempo para realizá-lo, é-me extremamente agradável e por isso agradeço-lhe muito!
— Sabe que trabalho nunca nos falta, e atividades sempre as temos! Mas, até que aquele companheiro esteja completamente bem e possa caminhar por si só, desempenhando com segurança uma tarefa, e enquanto não surgirem novos encargos para santificar as suas horas disponíveis, o irmão estará mais livre.
— Obrigado, muito obrigado!

— Agora pode ir e espere a minha comunicação quanto ao horário para trazê-lo até mim!

Irmão José de lá se retirou, bastante feliz com a bondade e compreensão de Irmão Fabrício, e foi até o seu gabinete. Ao chegar, encontrou Getúlio à sua espera.

— Como está, meu caro amigo?

— Estou bem, muito bem, graças a tudo o que tem me proporcionado!

— Venho de uma entrevista com Irmão Fabrício, o nosso Mentor, e ele quer vê-lo!

— A mim, mas por quê?

— Quer conversar, verificar como se encontra. É uma felicidade poder ter uma conversa com ele!

— Mas eu não mereço!

— Se pediu que o levasse à sua presença, é porque o merece, e não nos cabe julgar! Você ficará feliz, aprenderá muito, e terá diretrizes para a continuidade de suas atividades depois.

— Então me será importante? E como deverei me portar em sua presença? Quando o vejo nas preleções, no salão, admiro-o muito! Parece-me um ser inatingível, e agora que deverei estar em sua presença, emociono-me bastante. Terei que pedir forças a Deus para controlar-me, e poder apreender tudo o que ele tem a me dizer!

Getúlio, preocupado com a deferência de Irmão Fabrício, em recebê-lo, formulava muitos pensamentos, e externava-os ao seu querido instrutor.

— Terá ele alguma reprimenda a me fazer, agora que o nosso trabalho está terminado, e eu, consciente de todos os meus atos, esteja preparado para receber dele a minha sentença?

— Aqui, não mantemos nenhum tribunal! Não estamos para acusar e nem julgar ninguém, já lhe disse isso uma vez! A nossa sentença, somos nós próprios que a determinamos, por

nossas ações! Não há julgamentos, nem sentenças!
— Desculpe-me, mas preocupei-me!
— Não o devia! A entrevista com Irmão Fabrício, tenho certeza, será em seu próprio proveito! Ele tem sempre a cada um de nós, palavras sábias de orientação, de força e encorajamento! Jamais o acusaria, jamais lhe daria alguma sentença! Ele quer verificar como se encontra, quer também ter com você uma conversa informal, e, após, quem sabe, alguma diretriz para o seu próprio refazimento!
— Eu entendo e agradeço muito! Vou me esforçar bastante para estar preparado, no momento em que lá devamos comparecer! E quando será?
— Ainda não tenho a hora certa, mas será depois de amanhã!
— Sou grato pela sua aquiescência em me receber, mas agora devo me retirar! O senhor tem o que fazer, e não quero atrapalhar!
— Não me atrapalha, mas será benéfico que também procure aprender alguma coisa que não parta das nossas conversas! Por que não vai à Biblioteca? Através de alguma leitura salutar, sobretudo daquelas que esclarecem sobre as verdades espirituais e trazem exemplos edificantes, poderá aprender muito! Depois, então, teremos mais sobre o que conversar! Se algo não entender, ou quiser maiores esclarecimentos, procure-me!
— Eu farei isso, com prazer, e muito obrigado!

Irmão José nada lhe disse da permissão que tivera para trazer Irmã Darci. Gostava de surpresas, e queria fazê-la!

Tomou as providências necessárias e, no dia imediato, à hora aprazada, ela já se encontrava no jardim, esperando por ele.

Desta vez foi Irmão José que o procurou, logo cedo, convidando-o a um passeio.

Ao se encontrarem no lado de fora, descortinando aquele belo jardim, Irmão José induziu-o a que caminhassem em dire-

ção ao ponto que sabia, ela os aguardava. Tão distraído estava do ambiente e atento à conversa, que Getúlio, ao aproximar-se, não percebeu, de pronto, a sua presença. Irmão José, porém, interrompeu o que dizia, chamando-lhe a atenção:
— Irmão, parece que conheço aquela senhora que ali está, olhe!
— É Darci, é Darci!
Reconhecendo-a, apressou o passo para encontrá-la. Ela, que o aguardava, fez o mesmo, e ainda puderam, num abraço, trocar a ternura da saudade que os envolvia.
Irmão José também se aproximou, perguntando-lhes:
— Felizes?
— Muito, irmão, muito! – responderam os dois.
— Que Deus os abençoe, e possam, na companhia um do outro, desfrutar desses momentos que Jesus permitiu, fossem só seus! – e dirigindo-se a Darci, completou: – O nosso querido Getúlio estava muito ansioso pela sua visita. Ele tem muito que conversar com a senhora! Peço-lhe que o compreenda como sempre o fez, que o reanime e lhe dê forças para que o seu Espírito seja revigorado com a sua presença! Agora deixo-os a sós, e, se mais tarde necessitar, caro Getúlio, procure-me!
De fato, ele tinha muito que lhe contar – tudo que descortinara de si próprio, e os comprometimentos que sentia, havia assumido. O tempo decorreu célere, Darci precisou se retirar, e Getúlio voltou ao seu compartimento.
Vinha mais leve, mais feliz, mais revigorado e preocupava-se agora, com a visita que faria a Irmão Fabrício. Naquela noite haveria preleção, e seria ele quem lá estaria, levando a todos a sua palavra de conforto e de ensinamento.
Getúlio compareceria, e procuraria vê-lo, não com olhos de algum ser inatingível e distante, mas conforme o encontraria no dia seguinte, e ficou mais confiante. Não seria possível mesmo,

que alguém, falando com tanto amor a tantos necessitados que lá se encontravam, fosse criticá-lo ou acusá-lo. Ficou até feliz por compreender que aquela entrevista ser-lhe-ia realmente uma dádiva do Alto, e aproveitou para agradecer a Deus o ter permitido.

No término da preleção, quando deixava o local, sentindo-se leve e abençoado, encontrou Irmão José, que também comparecera.

— Que alegria, irmão! Também aqui vem?

— Sim, é sempre uma bênção a oportunidade de desfrutarmos de tantos ensinamentos e de tantas palavras de encorajamento!

— Mas o senhor não precisa mais disso!

— Como não! Todos nós precisamos sempre haurir alento para o nosso próprio Espírito! Todos somos falíveis, e devemos estar preparados e escudados nas palavras de Jesus, para a defesa contra o mal que em suas teias queira nos envolver, e o que parte das nossas próprias imperfeições! Eu o esperei, porque tenho a hora em que devemos comparecer perante ele, amanhã!

— Será amanhã, então?

— Sim, amanhã, à tarde, Irmão Fabrício nos aguarda! Eu irei buscá-lo ou, se preferir, procure-me por volta de três horas, e iremos à sua presença! Como se sente, agora?

— Hoje estou muito feliz pela visita de Darci, pelo que conversamos, e agora, por estas palavras tão belas e tão importantes que Irmão Fabrício nos dirigiu! E, completando o meu dia, tive a alegria de encontrá-lo também! Hoje devo agradecer muito mais a Deus, o que tem me concedido, e cada vez mais estou convicto de que não o mereço!

— A misericórdia de Deus é sempre muito maior do que merecemos, mas até dela precisamos nos fazer dignos, e certamente você a está merecendo! Se precisar de mim, pode me procurar mesmo antes do horário que já combinamos!

— Amanhã devo deixá-lo um pouco às suas próprias atividades! Farei o meu passeio, e depois irei à Biblioteca! Estou lendo um livro que está me atraindo muito!

— Que livro é?

— É a história de um governante! Foi-me indicado pela pessoa que lá permanece para nos auxiliar! Estou gostando muito!

— E como era esse governante?

— Penso que me foi indicado justamente porque nele há pontos que se assemelham com as minhas próprias atitudes, e, por isso, estou interessado, querendo ver o que lhe acontecerá no final!

— Depois poderemos conversar, se for do seu interesse! Agora devemos nos retirar, você precisa repousar. O seu dia foi cheio de emoções diferentes e o repouso far-lhe-á bem!

— E o senhor, não vai repousar também?

— Ainda não! Tenho um trabalho para realizar e quero aproveitar algumas horas para isso!

— Qual é sua outra ocupação aqui, além da que exerce com necessitados como eu?

— Tenho uma atividade que venho realizando há muito tempo, e que está já em meu Espírito! Tenho muita satisfação em desenvolvê-la!

— Posso saber de que se trata?

— Há algumas encarnações, que lá na Terra tenho tido, como atividade principal, esta capacidade que Deus me deu, e que me traz muita felicidade – a de escritor!

— O senhor tem sido um escritor em suas últimas encarnações?

— É a minha atividade maior, é a que desenvolvo com muito amor, e procuro aqui também desempenhá-la! Numa outra ocasião, conversaremos mais sobre isso! Agora deve ir para o seu repouso que ainda lhe é muito necessário!

— Ao senhor não o é?

— Logo entenderá melhor as minhas palavras! Que Deus o abençoe, o ilumine sempre, e esteja com você em todos os momentos, dando-lhe a paz, a alegria e a reflexão, que lhe serão muito benéficas!

Capítulo

21

Entrevista com o mentor

No dia seguinte, até antes do horário determinado, ansioso, Getúlio estava à porta do gabinete de Irmão José. O tempo demorava a decorrer, por isso chegou antes mesmo do esperado. Aguardou alguns instantes antes de bater e, quando ia fazê-lo, eis que o querido instrutor abre a porta com a intenção de ir buscá-lo.

— Que surpresa, não contava encontrá-lo aqui!
— Cheguei há pouco, não quis incomodá-lo!
— Podemos ir, então, mas devia ter entrado!

Chegaram à sala onde Irmão Fabrício os aguardava, cuja porta até se encontrava entreaberta. A uma leve batida de Irmão José, tiveram a permissão de entrar. Getúlio, um tanto acanhado, seguia o seu orientador, mas observava atentamente aquela figura tão sublime ali sentada. Aquela mesma que estava habituado a ver nas preleções do salão, mas um tanto diferente, talvez pela proximidade e pela situação.

— Esse é o nosso Getúlio, Irmão Fabrício!

— Que Deus o abençoe, e que a sua presença aqui conosco, esteja sendo agradável e edificante ao seu Espírito!

Getúlio nada respondeu, sentou-se na cadeira que lhe foi indicada, e Irmão José fez o mesmo.

— Tenho acompanhado o seu progresso desde que chegou, e agora, concluído o que havíamos programado, era necessário que conversássemos, para uma avaliação mais direta de como se encontra.

— A bondade de todos, aqui, tem me proporcionado muito bem-estar, e, a cada dia, sinto-me melhor, apesar da carga tão pesada que consegui juntar para mim próprio!

— Todos nós sempre erramos, meu filho! Aqueles que já se desfizeram das imperfeições e conseguiram superar todas as faltas, também erraram muito! No entanto, como fomos criados pelo nosso Pai, para sermos seres perfeitos, um dia ainda todos nós seremos Espíritos puros, e as imperfeições e os erros ficarão tão longe, que nos parecerá impossível que os tenhamos carregado em nós!

— Entendo! Antes de tudo quero lhe agradecer pelo que me tem proporcionado aqui. Agora consigo pensar, refletir e analisar, após um período de tanta inconsciência de mim mesmo, quando deixei o meu corpo na Terra, de forma tão irrefletida e irresponsável!

— Deus sempre tem caminhos que nos trarão novas oportunidades, mas, se não as aproveitarmos, os débitos irão se acumulando e o progresso espiritual se retardando cada vez mais! O irmão já errou muito em outra época em que lá na Terra esteve, e muito prometeu para esta sua última encarnação, a fim de ressarcir seus erros. Muito realizou lá também, que teve grandes oportunidades! Ajudou de certa forma o seu País a progredir, a estar mais organizado, abrindo caminho a muitos, depois! Mas, a par disso, também errou muito, e nem sempre os métodos que usava eram os mais adequados perante Deus! O que realizou de bom, propiciou-lhe o amparo que vem tendo aqui, e, novas oportunidades, um dia, poderão lhe ser dadas! Não sabemos ainda em que condições, principalmente pelo fim que deu à própria vida! Mas o irmão pôde já resgatar muitos de seus débitos, no período em que estagiou naquelas regiões de onde foi trazido para cá!

— Tenho muito receio do que ainda me aguarda! Estou consciente dos meus erros, e nem sei se sou merecedor de tudo o que recebo aqui.

— Somos merecedores, pois sempre temos algo a nosso favor, e o irmão também tem! O País, a partir do seu governo, tomou um novo rumo, partiu para uma completa remodelação e valorização mais integral de suas potencialidades, ao invés de estar segregado apenas a um setor! Foi a partir de suas ideias, da sua implantação de diretrizes, que o Brasil muito mudou, propiciando também a outros que prosseguissem! Mas, como já dissemos, na sua caminhada lá, muitos compromissos assumiu! Tudo lhe é contado, e as coisas boas serão a atenuante das más! Não fosse o ato final que praticou, estaria em muito melhores condições!

Getúlio ouvia todas as suas palavras, mas não as sentia como um julgamento, nem disso se lembrou. A bondade e a serenidade com que Irmão Fabrício lhe falava, dera-lhe a impressão de que conversava com um grande amigo.

Irmão José permanecera apenas para apoiá-lo com a sua presença, mas não deveria interferir, a menos que fosse solicitado.

A conversa continuou assim, por muito tempo, mas Irmão Fabrício, sempre muito calmo e prudente, deixava-o à vontade. No transcorrer do assunto, em determinado momento, Getúlio perguntou-lhe:

— Agora, o que acontecerá comigo? Irmão José, que tem sido não somente um orientador, mas sinto nele um grande amigo, disse-me que eu deverei desempenhar alguma tarefa, algum trabalho que possa me ajudar a saldar um pouco dos meus débitos. Quero lhe dizer que estarei pronto para o que me determinarem, e pretendo realizá-lo o melhor que puder!

— No momento adequado, terá uma tarefa! Mas antes deveremos ainda mostrar-lhe alguma coisa que será importante para a sua consciência plena e total!

— O que é, irmão?

— Estamos providenciando para que tenha conhecimento de encarnações anteriores, particularmente daquela que lhe foi muito importante, e está relacionada com a função que desejou desempenhar na Terra! Após, uma atividade lhe será dada, e o irmão, simultaneamente, poderá estudar e aprimorar o Espírito, não só pelo trabalho, mas pelo conhecimento. Quanto maior o conhecimento, mais o Espírito caminhará dentro das suas responsabilidades, e se esforçará por cumprir as tarefas com correção, apoiado nos ensinamentos de Jesus e com os olhos voltados para Deus, que é a nossa meta final! Compreendeu-me, irmão?

— Sim, e sinto que minhas iniquidades aumentam, pois estive sempre muito afastado daquilo que deveria ter sido o meu objetivo maior!

— Sempre há um recomeço, e não é necessário martirizar-se tanto, pensando no que ficou para trás! Apoie-se nas suas faltas, apenas no que elas possam lhe servir de lição para um aprendizado maior! Não devemos ficar parados, lamentando, mas nos esforçarmos para progredir, é o que o irmão deve ter em mente agora! Do esforço, do estudo, do desempenho de um trabalho aqui, em favor dos mais necessitados, é que o progresso irá se fazendo! Acima de tudo, apoie-se sempre em Deus e ligue-se a Ele em orações, a fim de que a sua mente e o seu coração estejam protegidos e fortificados para a nova caminhada, até que Deus permita o seu regresso!

— Obrigado, por todas estas instruções, e, tenha a certeza, de tudo o que conversamos, terei comigo um vasto material para refletir e analisar, em confronto com as minhas próprias tendências. Esforçar-me-ei bastante por corresponder a todo o carinho, atenção e ensinamentos que tenho recebido aqui!

— Que Deus o abençoe e lhe dê forças para caminhar em direção a Ele! Por agora pode ir, e, se alguma necessidade tiver, fale com Irmão José a quem está mais diretamente ligado! Ele terá as orientações a respeito do que deve ser feito, e quanto à sua atividade também!

Irmão José agradeceu, e, convidando Getúlio, retiraram-se.

Aliviado da tensão, e com o coração abastecido de energias novas que lhe seriam muito salutares, Getúlio caminhou alguns passos em silêncio, mas logo Irmão José perguntou-lhe:

— Então, amigo, como está o seu coração?

— Como há muito não me sentia! O contato com figura tão elevada, de quem se percebe irradiar tanto amor, fez-me um grande bem! Mas ele falou em atividade, falou que eu tomarei conhecimento de encarnação anterior, quando isso se realizará?

— Aqui, tudo tem um tempo certo, mas será logo! Por enquanto continuará as leituras, os passeios, e, muito mais que isso, os seus raciocínios e análises!

— Eu o farei, mas não desejaria me furtar também da sua companhia, quando puder dispor de algum tempo para mim!

— Sabe onde me encontrar! Terei o maior prazer em atendê-lo!

— O irmão é muito bondoso!
— E agora, o que faremos? – perguntou-lhe o orientador.
— Deixo-o livre! É tarde, e vou repousar um pouco e pensar!
— Que Deus o abençoe, e esteja sempre em seu pensamento, amparando-o nas suas reflexões!
— Obrigado, companheiro de jornada, e que Deus o ilumine sempre, também, e o inspire cada vez mais na sua atividade, para que cada vez mais o seu trabalho lhe traga muitas alegrias!
— Certamente! Um dia este trabalho me trará muitas alegrias! Ainda conversaremos sobre ele também!

Alguns dias mais passaram. Às vezes Getúlio procurava Irmão José, e de outras era o próprio orientador que o procurava, até que a sua nova atividade foi permitida. Chegado era o momento em que visualizaria uma encarnação pregressa, que lhe traria muitos esclarecimentos, se colocada em confronto com esta última que havia passado na Terra.

Irmão José procurou Getúlio no seu compartimento, para lhe dar a notícia, porém, não o encontrou. No caminho de volta, avistou-se com Irmã Cíntia que, após trocarem algumas palavras sobre suas próprias tarefas, o informou de que vira aquele irmão caminhando em direção ao parque.

— Então irei ao seu encontro, e aproveitarei também para dar o meu passeio! Até mais ver, irmã!

Passando pelo jardim florido, encontrou-o caminhando no parque, devagar, mãos para trás, meio cismarento.

— Alguma preocupação, meu caro Getúlio?
— Que bom vê-lo! Há quanto tempo não estávamos juntos neste local!
— Procurei-o, e Irmã Cíntia informou-me que o vira dirigindo-se para cá, resolvi também vir! É sempre muito bom desfrutarmos dessa maravilha que é a Natureza aqui!
— Deseja alguma coisa comigo, de especial?

— Tenho uma notícia que talvez lhe agrade muito!
— O que é?
— Irmão Fabrício permitiu que veja uma encarnação sua, que lhe trará muitos esclarecimentos a algumas das suas indagações e ressentimentos!
— Quando isso ocorrerá?
— Poderemos marcar para amanhã cedo!
— E onde a realizaremos? Como será?
— Da mesma forma como visualizou toda a sua última encarnação lá na Terra!
— E no mesmo lugar?
— Sim, utilizaremos a mesma sala e a mesma aparelhagem, mas verá uma época diferente!
— E eu me reconhecerei nela?
— Com certeza!
— O senhor não poderá me adiantar alguma coisa?
— Não me é permitido, pois já começaria a fazer julgamentos que poderiam ser inadequados, por não ter a totalidade do que lhe é necessário.
— Amanhã, então, no horário de sempre?
— Sim, no mesmo horário, logo cedo! Assim teremos o resto do dia para analisarmos e compararmos, se sentir necessidade.

Dadas essas informações, ainda permaneceram no parque por algum tempo, e Irmão José, sempre aproveitando todas as oportunidades, transmitiu a Getúlio ensinamentos baseados na vida cristã, e no conhecimento da vida espiritual.

Retornaram mais tarde, e Getúlio, ansioso, já aguardava o dia seguinte. Terminara a leitura do livro que lia, e muito verificou a respeito da personalidade central, diferente de si próprio, e gostaria também de conversar com Irmão José sobre isso, quando houvesse oportunidade, ainda mais que sabia ser ele um escritor.

O dia se encerrou, e nova manhã surgiu, aquela em que deveria estar em confronto novamente consigo mesmo, só que não trazia em si nenhuma lembrança que pudesse ajudá-lo. Assim, encaminhou-se à sala indicada, onde Irmão José o aguardava.

Capítulo

22

Num tempo remoto

Dirigiram-se ambos frente à aparelhagem. Não mais aquela, mas outra semelhante, e outro jovem fora encarregado de atendê-los.
Como se tratava de um tempo desconhecido de Getúlio, uma aparelhagem pequena foi acoplada ao aparelho principal, e colocada, como um pequeno capacete, na cabeça do nosso companheiro. Esse engenho lhe proporcionaria, no momento em que se deparasse com as imagens, também as lembranças, reconhecendo-se naquela nova situação, reconhecendo, também, aqueles que o rodearam e tiveram influência importante, e, muitas vezes, decisiva, em fatos de sua vida pública.
Ele estranhou um pouco, mas Irmão José deu-lhe todas as explicações, recomendando-lhe ainda que as imagens deveriam

ser paradas, quando necessário, para melhor serem fixadas e trabalhadas.

Seria um discorrer mais vagaroso e que ele ficasse atento a tudo!

— Podemos começar? Está confortável?

— Sim, a minha ansiedade é grande, mas sinto algo estranho! Parece-me que vamos ver atos e pessoas que não me dizem respeito!

— Isso é natural! Mas no momento em que começarmos, sentirá como se estivesse vivendo a sua última encarnação, tão próximos ficarão de você!

A uma ordem de Irmão José, o aparelho foi ligado, e começaram a ser mostradas imagens de um tempo longínquo, pelo apanhado feito daquele pequeno reinado.

Era um país distante! As imagens foram caminhando vagarosamente, e fixaram-se em um palácio real.

Adentradas que foram no palácio, muitas pessoas por ele circulavam, muito trabalho era efetuado e os que serviam estavam em atividade. Todos que o protegiam, mantinham-se a postos! Grande vala ao seu redor, dava-lhe segurança, e ninguém se atreveria ultrapassá-la, porque era toda habitada por répteis peçonhentos e animais aquáticos de maior porte, com suas mandíbulas abertas e ávidas de conseguir uma presa.

Chegamos agora a um grande salão, onde algumas pessoas circundavam um trono, no qual estava instalado um rei, que discutia com os que o rodeavam, planos para uma conquista.

Nesse momento, Irmão José procurava perscrutar a fisionomia de Getúlio, ao mesmo tempo que, a um pequeno sinal, a imagem foi fixada, para que nela pudesse examinar os que ali se encontravam.

— O que me diz, irmão?

— Estou estupefato!

— Por quê? O que aconteceu?
— Estou me vendo ali, sentindo-me como naquela época!
— Quem era o irmão, ali?
— Eu sou aquele rei! E o que me deixa mais surpreso, é que já vi essa cena!
— Como, irmão?
— Sim, lembra-se de quando lhe contei ter sonhado que era um rei muito mau, e que segurava um cetro com mãos de ferro?
— Lembro-me! Naquela ocasião não podia lhe dizer nada, mas sabia que fora uma visualização permitida, e que se tratava desta sua vida pregressa!
— Agora entendo muitas coisas!
— Podemos prosseguir?
— Ainda não! Deixe-me examinar essas pessoas com quem converso!
— Fique à vontade!
— Estou reconhecendo muitos dos que conviveram e trabalharam comigo! Alguns do meu governo, sobretudo militares que me foram fiéis, e que me ajudaram bastante nos planos que organizávamos, para que as nossas estratégias fossem bem sucedidas!
— Pelo que vejo, então, a situação parece ter sido a mesma! Planejavam ali, uma conquista, e tinha, a seu serviço, os mesmos asseclas que o ajudaram nesta sua última encarnação!
— Sim, vejo-os como se estivesse vendo os mesmos companheiros! Até, parece incrível, vejo entre eles, o meu irmão Benjamim!
— Estão ali muitos com os quais conviveu! Veja, amigo, que em uma encarnação, temos ao nosso redor muitos dos que estiveram conosco em anteriores! Podemos continuar?
— Sim, quero ver mais!
As imagens continuaram e ele pôde ver a realização do que

planejavam – a conquista realizada! Mas para que ela tivesse sido vitoriosa, muitos pereceram pelo caminho, muitos foram aniquilados e tiveram suas casas destruídas, seus familiares mortos, e o chefe dos inimigos também, despojado de seu posto.

Irmão José pediu que novamente as imagens fossem interrompidas e fixas naquele ambiente de muito sangue, quando traziam para o rei, como troféu, aquele chefe inimigo, amarrado, espezinhado, sofrido!

— Por que, irmão, interrompeu num local tão sangrento, assim?

— Apenas para que visse do que era capaz, e, muito mais que isso! Olhe bem para aquele que vem sendo trazido à sua presença – foi para isso que o conservaram vivo e aniquilado! Para que o visse! Veja bem e procure reconhecê-lo! Lembra-se, irmão, de alguma pessoa com quem conviveu, lá na Terra? Quem pode ser identificado como sendo este que assim vê?

— Estou reconhecendo, sim, o meu inimigo mais ferrenho! Aquele que voltou para poder justiçar o que lhe fora feito naquela ocasião! Aquele que me oprimiu de todas as formas, até que eu próprio tive que me retirar da vida!

— Veja, irmão, como se realiza a Justiça Divina! Não foi ele que o oprimiu para que se retirasse da vida, foi você próprio, que, acovardado moralmente, não quis enfrentar as consequências de um ato que imputou de calunioso e injusto!

— Assim me pareceu! Quando lá estamos, não sabemos o que fizemos, e consideramos estar sendo alvo da maledicência.

— Pois então! Aquele jornalista, sem nem mesmo saber porque, tinha um ódio imenso por sua pessoa, e atacava-o de todas as formas, querendo derrubá-lo do governo, como você o fizera, através de seus comandados, em outra oportunidade, e muito mais, arrasando tudo o que estava sob a sua jurisdição.

— Este trabalho será feito somente hoje, ou o faremos em

partes, como o anterior?

— Apenas lhe mostraremos fatos que têm relação com a sua última experiência na Terra, e você, após, terá em sua mente, ligando os acontecimentos, toda a sua vida. Assim, realizá-lo--emos todo hoje! Podemos continuar?

— Sim, mas me está sendo difícil!

— Nunca é fácil verificarmos nossos erros, mesmo que sejam de um tempo longínquo!

A aparelhagem foi novamente ligada, as imagens tiveram vida, movimentando-se à sua frente, e ele pôde ver os vencedores adentrarem-se no palácio, jubilosos, levando submisso, à presença do rei, aquele que trouxeram abatido e dominado.

— Aqui está, majestade, o troféu que é a prova da conquista por nós efetuada! Trouxemo-lo para provar a Vossa Majestade, o que conseguimos! O território, antigamente dele, vos pertence totalmente, e ele aqui está, para que façais de sua pessoa, o que bem desejardes! Vossa Majestade merece tê-lo em vossas mãos!

— Regozijo-me com todos vós, pela conquista efetuada, pelo acréscimo de meus domínios, e, merecedores são todos, de grande festa que daremos, hoje mesmo, à noite! Tereis bebidas, quanto quiserdes, mulheres, todas as que desejardes! Quero também que esse troféu seja exibido no local mais alto, como prova de nossos feitos!

A estas palavras, uma ovação muito forte foi ouvida, manifestada por todos os que haviam partilhado da tarefa.

— Podeis retirar-vos agora, que providenciaremos o festim para esta noite, mas deixai essa criatura no salão, num local onde todos possam vê-lo!

Aquela criatura, humilhada, urrava pedindo misericórdia, mas ninguém lhe deu ouvidos. Foi colocado num pátio, onde todos o viam.

A humilhação era muito grande, a execração a que o obrigavam foi a mais dolorosa e terrível que sofreu em sua vida, muito maior que se o tivessem eliminado, juntamente com quase todos do seu povo. Sua cabeça baixa não mais pronunciava uma única palavra! Sabia que, após os festejos, após todos terem-no visto, teria também um fim terrível.

Os festejos chegaram e, para eles foram trazidos todos do palácio. Convites foram expedidos com urgência, e, do lado de fora, a algazarra era imensa, porque todos os guerreiros lá estavam, bebendo e se divertindo.

No grande salão, a alegria não era menor! Os mais graduados ali estavam, aqueles mesmos que viram no início, num conciliábulo com o rei, planejando o ataque. E o vencido também ali estava!... Ficaria até altas horas!... Nem um alimento lhe fora dado, e era alvo de todas as humilhações dos presentes.

Aqueles homens fortes, mas com mentalidades estreitas, e que divertiam o rei com lutas, demonstrando-lhe a sua fidelidade e sua força, também haviam sido trazidos para as festividades. Eram fiéis ao rei e procuravam servi-lo em tudo.

Um deles, muito forte e muito alto, mas com a cabeça pequena e gestos até infantis, se destacava entre todos. A um dado momento, o rei chamou-o para perto de si e disse-lhe:

— Ao final da festa, aqui, podereis levar o prisioneiro aos festejos lá de fora, e lhe dareis o fim que desejardes! Ele é todo vosso!

Aquela imensidão de corpo sorria, e demonstrava alegria junto ao rei, considerando aquele gesto como se fora agraciado com um novo brinquedo.

Nesse instante, Irmão José interrompeu as imagens, e verificou o quanto Getúlio estava chocado e compenetrado naquelas cenas todas. Mas chamou-o e perguntou-lhe:

— Reconhece naquele lutador, cuja presa lhe foi dada para dar o fim que quisesse, alguém que com você conviveu?

— Sim, amigo, e isso foi o que me surpreendeu mais!

— Ele era fiel ao seu soberano, feliz na sua pouca inteligência, e agradava-lhe que o rei lhe dispensasse atenção! E o rei era atencioso com ele porque precisava de sua força bruta e pouca inteligência, para dar fim àqueles que mais diretamente o importunassem, sem que houvesse um campo de luta.

— Por isso ele me foi tão fiel e me protegia de todas as formas! Mas ainda sua inteligência não estava suficientemente desenvolvida para saber que, às vezes, ao me proteger, estava me prejudicando, como ao determinar aquele crime, que foi o começo do meu próprio fim!

— E note-se que foi com a mesma criatura que, revoltado, quis fazer justiça por tudo o que havia sofrido por sua culpa!

— Irmão José, ainda é necessário que vejamos mais? Não gostaria de ver mais nada, e parece-me que nada mais do que possa me mostrar, seja tão triste quanto já o vi!

— Apenas mais um pouquinho, e logo mais estará terminado! Vejamos o final da festa!

— Se pudesse ainda fazer algum pedido, eu rogaria, irmão, paremos com tudo isso! O senhor já sabe o que aconteceu com aquele vencido, colocado para a execração pública!... Ele dali não sobreviveria, ainda mais que foi entregue ao lutador, não é verdade?

— Você está a par do que o lutador fez com ele após a festa?

— Sim, irmão, e não desejo vê-lo!

— Lembra-se de que após todos se divertirem com ele do lado de fora do palácio, quando estavam já bêbados e inconscientes, o lutador o jogou na vala dos animais?

— Sim, lembro-me de tudo!

— Então, penso que podemos nos retirar!

Irmão José agradeceu ao jovem encarregado da aparelhagem e retiraram-se.

Getúlio saiu cabisbaixo, mas Irmão José tinha que trazê-lo de volta à realidade atual e assim falou-lhe:

— Compreendeu, amigo, o que lhe aconteceu nos últimos tempos de sua mais recente encarnação? Compreendeu porque tantos o atacaram e queriam retirá-lo do governo? Compreendeu porque foi vítima da execração pública através dos jornais? Os tempos eram outros e os meios também outros!

— Compreendi tudo, e até que mereci o que me fizeram! Nunca mais direi que fui caluniado e difamado!

— A maioria dos fatos que nos envolvem em uma encarnação têm origem em pontos muito distantes de nossa vida de Espírito eterno! Nesta última encarnação você conseguiu resgatar muitos dos débitos adquiridos naquela!

— Quanto tempo faz, que essa encarnação que vimos hoje, ocorreu?

— Você deve ter verificado, pelos costumes, pelas roupas, pelas atitudes, pelo palácio! Todos esses detalhes podem precisar bem a época em que se passou!...

— O senhor tem razão! E desde aquele período só voltei como Getúlio? Como foi o fim daquele rei que fui?

— Envelheceu no trono e partiu para o Mundo Espiritual em condições muito tristes, de muito sofrimento!

— E nunca mais encarnei?

— Sim, teve duas encarnações mais! Aprendeu muito, porém, nunca mais em condições de mando. Ser-lhe-ia perigoso! Poderia novamente assumir mais compromissos!

— O que fiz, então?

— A primeira delas lhe foi muito difícil, tanto em relação a condições financeiras como físicas, favorecendo-o de muitas formas, a pensar, a refletir em seu próprio benefício, e nada realizar em desfavor de tantos!

— E a outra?

— Na outra havia já resgatado bastante, e teve meios de aprimorar os estudos e ter uma vida melhor! Pôde fazer algo em favor de muitos, ressarcindo débitos em razão de sua dedicação a uma pequena comunidade, onde exercia a função de pároco, levando-lhes o conforto da palavra e da ajuda material. Foi o que pediu, para começar a auxiliar, onde muito havia errado!

— Foi no mesmo local, então?

— O local não importa! O que importa são Espíritos ajudados e, naquela encarnação, você realizou bastante! Era um teste para que pudesse novamente envergar a posição de mando, e verificar se os propósitos idealizados pelo seu Espírito, estavam já cristalizados no coração, ou se falharia novamente!

— E eu falhei, não é irmão?

— Não podemos fazer tal afirmativa! Por tudo o que analisamos, sabe que também muito realizou, muito ajudou, organizou o País, deu início a diversos departamentos que se desenvolveram, facilitando a sua economia! Enfim, se errou, também ajudou!

— E agora, o que me resta fazer?

— Teremos as ordens de Irmão Fabrício, que lhe dará uma atividade para desenvolver, possibilitando o resgate de muitos dos seus débitos! Mas, enquanto isso, continuará a estudar, a ler, a orar e, sobretudo, a refletir, para quando voltar – não sabemos quando –, partir com um plano concreto e solidificado em si, a fim de conseguir, não só resgatar débitos, mas progredir bastante!

— Quem sabe um dia também poderei ser como o senhor, e ainda chegue a ser um orientador!

— Isso não vem ao caso! Não me tome para exemplo, que também temos nossos erros! O nosso único modelo e guia será sempre Jesus.

Capítulo

23

Consciência plena

Muito mais do que já havia visualizado e recordado, Getúlio precisava pensar. Tudo o que vivera estava ligado a fatos anteriores, mas nada do que constatara, servia para atenuar-lhe as culpas, pelo contrário, sentia-as mais intensamente.

Se não lhe diminuíram os compromissos, pelo menos serviram-lhe para mudar a mente, em razão de pessoas que julgava terem-no perseguido, caluniado, e lhe imputado responsabilidades que não reconhecia como suas. Agora mudava a maneira de pensar – deixava os outros para pensar somente em si, em tudo o que fizera naquela encarnação longínqua, trazendo reflexos, após séculos!

Sobre esse particular, depois de muitas reflexões, quando

teve oportunidade, conversou com o instrutor amigo, pedindo-lhe esclarecimentos, começando por indagar:

— Por que levamos tanto tempo para resgatar débitos tão antigos, e por que convivemos com pessoas com as quais estivemos em épocas tão remotas?

— O que fazemos de errado em uma encarnação, não saldamos logo na seguinte, para não acumularmos tanto sofrimento para nós! Suas perguntas afiguram-se-me um tanto ingênuas, após tudo o que tem aprendido!

— Não entendo porquê?

— É muito simples! Os nossos atos insanos e tão comprometedores fazem-nos acumular tantas dívidas, que não é possível as resgatemos de uma só vez! Não suportaríamos uma carga tão forte! Lembra-se do que já lhe disse – Deus não tem pressa, e faz-nos pagar suavemente o que realizamos de modo intempestivo, irresponsável e até desumano! Às vezes, levamos milênios, para saldarmos compromissos contraídos pelo nosso Espírito, em uma única existência!

— Isso quer dizer que ainda tenho muito para saldar!

— Todos nós temos! Uns em menor, outros em maior escala, mas temos que encarnar muitas vezes para resgatar nossos débitos! Isso ainda quando procuramos viver de forma cristã, dentro dos ensinamentos de Jesus, trabalhando em auxílio a muitos, para não adquirirmos mais compromissos. Deus se agrada muito do trabalho que realizamos em favor de outrem, e desconta, a nosso favor, e com a nossa permissão, já que cada um tem montado um tribunal, dentro de si mesmo, em decorrência do livre-arbítrio, débitos que ainda trazemos, amenizando-os.

— Compreendo, irmão! Tudo depende de nós, é de nossa responsabilidade – o praticar e o saldar!

— Sim, é o que se dá! Às vezes nossos débitos são tão profundos, que pedimos a Deus a oportunidade de renascer em condições difíceis, para resgatarmos um tanto mais depressa, o que talvez levasse muitas encarnações! De outras, as condições difíceis nos são compulsoriamente impostas, porque a nossa inconsciência é tanta, que não teríamos condições de escolher ou de resgatar de outro modo, tudo sob a supervisão dos Maiores da Espiritualidade!

— Nada se perde diante da Justiça Divina, que é a perfeição em si mesma, não é verdade, irmão?

— Não há privilégios, não há subornos, nada que desarmonize! Tudo decorre com uma precisão infinita! Está satisfeito com as respostas?

— Muito satisfeito, e compreendo agora que, se tivesse que ter saldado logo em seguida, todas as minhas ações daquela época, não teria suportado.

— Tudo vai acontecendo de forma a que a nossa ficha, nos registros divinos, vá sendo aliviada ou mais acumulada!

— Entendo, então, que, como Getúlio, saldei, em parte, meu débito com aquele infeliz que tanto humilhamos naquela oportunidade!

— Em parte, sim, esse foi o saldar maior dentre outros, mas enquanto não houver perdão mútuo – entre você e a antiga vítima – e ambos venham a se amar como verdadeiros irmãos, o saldar não terá sido completo, requisitando mais tempo da Divina Providência! Muito ressarciu também em relação a tantos que o atacavam e queriam vê-lo fora do governo! A tantos que a sua pessoa incomodava, a tantos que nunca simpatizaram com você!

— Nada fica perdido, não é mesmo? O que me preocupa, é que nesta minha última encarnação, conquanto tenha resgatado débitos antigos, assumi muitos outros, inclusive o mais grave de todos, ao forçar os umbrais da desencarnação, destituído do mínimo de coragem moral.

— Depende muito da compreensão, do esforço, do aprimoramento, o resgate de nossas dívidas! Se você tem consciência de que deve se esforçar para progredir, a reparação de compromissos se faz de forma pacífica, conquanto necessariamente dolorosa, sem revoltas, compreendendo o que lhe acontece, pacientemente, sem reclamações e sem revides.

— A nossa preparação é muito importante, sobretudo aqui, antes de nos reencarnarmos! Mas, quando lá chegamos, esquecemos tudo e reincidimos nos mesmos erros.

— Isso significa que o nosso Espírito não está suficientemente trabalhado, mas, de qualquer forma, sempre progredimos um pouco! Em cada encarnação que nos é oferecida, caminhamos um pouquinho em favor de nós mesmos e dos que nos cercam!

— O senhor sempre nos traz uma palavra de conforto, apesar de todos os erros que cometemos! Quero me esforçar bastante, e quando me for permitido voltar, quero levar comigo uma bagagem em meu espírito, que me permita viver de modo o mais correto possível, resgatando muitos dos meus débitos, e quero progredir também um pouco! A propósito, quando estarei desenvolvendo a minha atividade?

— Irmão Fabrício já a tem, e mais alguns dias lhe será dada! Mas quero adiantar-lhe: não espere posição de mando e nem privilégios, que aqui, sabe, não os temos!

— Nada disso me importa! Sinto-me bem e quero desempenhar a função que me for determinada! Seja a mais ínfima, vou me esforçar para realizá-la bem! Entendo agora que tudo o que fizermos para os outros, estaremos fazendo para nós mesmos! Quem sabe um pouco do que não realizei lá, possa fazê-lo aqui?

Getúlio estava visivelmente modificado por todo o trabalho realizado, que lhe dera plena consciência de toda a sua vida, com erros e acertos, e da sua ligação com passado longínquo.

Tinha condições de se esforçar, para, a cada dia, aprender mais, e melhorar a si próprio.

Assim, na manhã em que Irmã Cíntia o avisou de que Irmão José o esperava no seu gabinete, ele para lá se dirigiu, certo de que já teria a sua tarefa para desempenhar. Lá sempre comparecera para conversar, aprender e receber o estímulo e o conforto das suas palavras, entretanto, naquela manhã, fora chamado e, se assim ocorrera, não era para uma conversa fraterna e informal, embora todas fossem sempre de muito proveito.

Quando entrou, foi saudado com muita alegria.

— Recebi o seu recado, e penso ser o que espero há tempos!

— Realmente, tem razão! Irmão Fabrício chamou-me, ontem, para passar-me o que deverá realizar, em tarefa, nesta Colônia, onde há tantos necessitados!

— Quero fazer o melhor que puder! Esforçar-me-ei para isso!

— Pois bem, então vamos a ela! Depois de estudar, para verificar o que lhe será melhor aproveitado, Irmão Fabrício determinou a sua ocupação! Espero que a realize com bastante amor e dedicação, adiantando-lhe que você a ela não está obrigado! Aqui instruímos, informamos, conduzimos, porém, não obrigamos, mas espero que não vá se furtar!

— Se a aguardo há algum tempo, jamais deixaria de cumpri-la! Já lhe disse: esforçar-me-ei para realizá-la o melhor que puder!

— É muito bom ouvir isso! Lembra-se de Irmão Fulgêncio?

— Como não! Devo-lhe muito, e a todos os que com ele colaboravam, no atendimento a tantas carências naquele departamento!

— Você deverá estagiar lá, só que agora, graças ao Pai, em condições bem melhores, pois que é sempre melhor poder auxiliar que precisar receber o auxílio!

— Vou trabalhar com Irmão Fulgêncio?

— Sim, é para lá que deverá ir, e doar, algumas horas do seu dia, no auxílio àquele departamento.
— E o que farei? Estou contente de novamente poder conviver com ele!
— O seu trabalho terá duas partes bem distintas! Você sabe, porque lá viveu, que há diversas espécies de atendimento, mas, para que cheguemos aos mais nobres, temos que começar pelos mais simples!
— Já sei o que deverei fazer lá!
— Como assim?
— Naquele departamento, como recebem irmãos infelizes, ainda inconscientes de si próprios – eu, por exemplo, não me lembrava nada do fim dramático de minha vida física – o trabalho de limpeza é muito grande! Há muito esforço por parte dos Benfeitores Espirituais, para que aqueles espíritos possam ir se libertando do sofrimento e partir para a recuperação!
— Vejo que já aprendeu bastante!
— Eu lá estarei! É isso que devo realizar?
— De certa forma sim! Você trabalhará uns tempos de auxiliar, mas o fará em relação aos necessitados, ajudando-os em seus leitos, para que após, os outros auxiliares possam entrar com a outra parte, que é um atendimento mais direcionado ao Espírito. Caso se esforce, e se saia bem nessa tarefa, depois de uns tempos passará também a auxiliá-los nessa segunda parte, e deixará o outro serviço.
— Eu sei que não me será fácil, mas não importa, me esforçarei! É para o meu próprio bem e o conforto maior deles! Eu também fui atendido assim, embora, naquele tempo, não tivesse consciência. Mas estou feliz! Além do trabalho que realizarei, terei o conforto da amizade e da palavra de estímulo do Irmão Fulgêncio.

Enquanto conversavam, eis que achega aquela figura tão

amiga de Getúlio, Irmão Fulgêncio!

— Como está, amigo? Já tive notícias de que irá estagiar conosco, no nosso departamento, e vim trazer-lhe o meu apoio, uma palavra de estímulo, e também externar a minha alegria em tê-lo conosco novamente, não mais como um grande necessitado, mas exercendo um trabalho!

— A alegria em vê-lo, é muita, mas, necessitado sempre o serei! Se não o fosse, para lá não seria mandado!

— É uma bênção de Deus poder realizar um trabalho em favor dos que sofrem!

— Estou feliz, ainda mais por trabalhar com o senhor! Quando devo começar?

— Agora mesmo, se desejar, eu o levarei até lá!

— Gostaria, mas preciso ainda de algumas instruções de Irmão José e, se puder me esperar, iremos logo em seguida!

— Estou à sua disposição! – falou-lhe Irmão José.

— Quero saber quantas horas lá devo passar, pois pretendo também poder continuar a receber suas orientações, que me são tão valiosas, e saber onde ficarei abrigado!

— Continuará no seu compartimento, que ainda este trabalho faz parte de sua recuperação! Trabalhará apenas quatro ou cinco horas por dia, por se tratar de serviço pesado, e por precisar de algum tempo para os estudos e para os passeios!

— E posso procurá-lo nas minhas horas disponíveis?

— Quantas vezes desejar!

— Não irei atrapalhar o seu trabalho?

— Se até aqui pude também desenvolvê-lo, por que não o faria agora? Lembre-se de que terei ainda todo o tempo em que estiver naquela enfermaria!

— Assim ficarei mais tranquilo! – e, dirigindo-se a Irmão Fulgêncio, completou: – Se desejar, podemos ir!

— Pois então vamos! Hoje apenas lhe mostrarei o serviço,

passarei instruções, e amanhã, no horário que vou determinar, poderá começar!

— Que Jesus o abençoe, nesta sua nova tarefa, e que possa realizá-la com todo o amor de que seu coração é capaz, não só em benefício daqueles que lá estão, mas em seu próprio!

— Obrigado, Irmão José! Tenha a certeza de que vou me esforçar bastante!

Getúlio despediu-se e retirou-se juntamente com irmão Fulgêncio, para uma nova jornada que lhe seria muito difícil, mas da qual, tinha certeza, sairia vitorioso!

Capítulo 24

Em tarefa

No início daquela atividade, apesar de todo o esforço de Getúlio, e de toda a boa vontade com que desejava realizá-la, era impossível não sentir certa repugnância.

Um trabalho ao qual nunca fora submetido – em tempo algum precisara realizá-lo quando encarnado – e agora se defrontava com aquela situação que era uma constante nos leitos – emanações viscosas, escuras e mal cheirosas, expelidas por muitos dos que ali se encontravam... Ele devia estar atento e fazer a assepsia, proporcionando àqueles irmãos em recuperação, um pouco mais de conforto e um ambiente mais limpo e agradável, para que os outros auxiliares pudessem se preocupar com a mente, e irem trabalhando de acordo com as necessidades.

Nos primeiros dias, tão cansado e enojado ficou, que ele

próprio, após o término do trabalho, requisitava um auxílio para refazer-se.

Passou três dias sem procurar Irmão José, extremamente deprimido, mas pôde contar com a palavra de estímulo, força e amizade do Irmão Fulgêncio, que, vendo-o tão sofrido, perguntou-lhe se desejava desistir, mas ele, determinado e persistente, não aceitou.

— Se foi a tarefa que me determinaram, como sendo a mais importante ao meu progresso espiritual, ao meu resgate, eu a realizarei, se Deus quiser, e sei que Ele o quer! Fico assim só nos primeiros dias, depois me habituarei!

— Louvo muito a sua insistência! Insistindo e persistindo, venceremos! Da dedicação e amor com que a realiza, quem sabe seu tempo de permanência nela seja menor!

— Quando me habituar, poderei permanecer, que não terá mais importância!

Irmão José também não o procurou. Precisava deixá-lo à vontade, e, sabedor de que estava sob as atenções do Irmão Fulgêncio, embora ansioso para lhe falar, conteve-se, limitando-se apenas às informações que colhia do responsável por aquele departamento, quanto ao seu desempenho.

Mas, passados mais alguns dias, foi procurado em seu gabinete por Getúlio.

— Que alegria vê-lo, amigo! Como está se saindo em sua nova tarefa?

— Não me está sendo fácil, mas penso que os dois ou três primeiros dias me foram muito piores!

— Quanto tempo está permanecendo lá?

— Não vejo o tempo passar, tanto serviço há, e, após três ou quatro horas, nem sei, Irmão Fulgêncio me dispensa e manda-me passear pelo jardim e pelo parque, respirar ar puro e agradável, para eu me refazer!

— Então está sendo tão difícil assim?

— Foi difícil, mas estou me habituando, e ainda quero chegar a um tempo de realizá-la sem nada sentir! Tenho procurado ver, em cada um que atendo, um necessitado como eu próprio o fui, e assim está ficando mais fácil. Sinto até alegria quando me retiro de perto de um leito, deixando aquele irmão limpo e mais confortável!

— Estou feliz por ouvi-lo falar com entusiasmo, de uma tarefa aparentemente tão difícil como esta que lhe foi designada!

— Já falamos de mim, deste meu trabalho... falemos agora do senhor, de como tem aproveitado o tempo em que o tenho deixado livre!

— Como já sabe, tenho escrito muito!

— Posso fazer-lhe uma pergunta?

— Todas as que desejar!

— Por que escrever tanto, aqui? Qual a finalidade deste seu trabalho?

— Você conhece a nossa Biblioteca, não é mesmo?

— Sim, para lá tenho ido sempre que posso, e estou lendo e me instruindo bastante!

— Pois bem! Tudo o que escrevo tem duas finalidades: uma, levar àqueles que a frequentam exemplos de irmãos nossos que viveram na Terra, e para o Mundo Espiritual voltaram, trazendo compromissos ou trazendo bênçãos de uma vida dedicada a outrem! Faço-o de forma a que aprendam e se estimulem a não praticar erros, como também a seguir os exemplos dos que voltaram vitoriosos de missões tão importantes de amparo, de trabalho dedicado, que levaram à Terra! A tudo isso, procuro sempre colocar os ensinamentos de Jesus, para um aprendizado através de lições concretas!

— Exatamente como tem feito comigo, sempre me transmitindo, de cada ato, de cada fato, ensinamentos e conselhos que me têm sido tão valiosos!

— É isso mesmo!

— Mas falou em duas finalidades! Qual será a outra?

— A outra, é a de que, quando me for permitido, quero levar à Terra, através de algum médium que me for designado, esse meu trabalho, para que lá também, de forma diferente desta aqui, concreta para os encarnados, tenham todos esses exemplos a que já me referi!

— Como isso é possível?

— Um dia ainda voltaremos a esse assunto, e lhe explicarei, detalhadamente! Você entenderá! É possível levarmos para o mundo dos encarnados, a nossa experiência, os ensinamentos de Jesus, através de histórias, de forma a serem absorvidos pelos que os lerem.

— Dessas explicações, ocorreu-me uma ideia, que, se me permitir, eu lha exporei!

— A sua vida não é mais segredo para mim, você sabe disso! Pode dizer!

— Será possível, um dia, quando o senhor puder realizar esse trabalho lá na Terra, levar ao meu povo – àqueles que me amaram, àqueles que me ofenderam, àqueles que me atacaram – a minha história, a história de Getúlio Vargas, ligada ao Plano Extrafísico, depois daquele meu tresloucado gesto de que me arrependo amargamente?

— Você gostaria de ter a sua atual experiência aqui, exposta lá na Terra?

— Penso que me será benéfico, se puder ser, um dia, realizada!

— Poderei escrevê-la sob a sua orientação, dizendo-me a parte que pretende, seja descrita!

— Não há segredos! Poderá fazê-la como entender, diante de tudo o que conhece e que vimos juntos, e, muito mais, diante do que sabia e eu não, e me foi mostrado há pouco! O que pensa desta ideia?

— Sabe que preciso pedir permissão a Irmão Fabrício!

— Ele permitirá, por certo! A minha intenção, ao fazer-lhe este pedido, é mostrar ao mundo o quanto erramos, o quanto nos afastamos dos propósitos aqui realizados, e o quanto a nossa vida lá, está ligada a atos que nós próprios cometemos num passado distante! Mostrar a todos, que devem, também lá, apegar-se mais aos ensinamentos que Cristo nos trouxe e ter uma vida mais voltada para os outros e não para si próprios, e, particularmente aqueles que terão a incumbência de dirigir uma nação, que tenham a minha apagada vida – *Getúlio, em dois mundos* – como o mais simples de todos os exemplos!

— As intenções são muito boas, poderemos pensar! Devo deixar amadurecer esta ideia em mim e, após, consultar Irmão Fabrício. Depois, tornaremos ao assunto!

Irmão José, um tanto surpreso por aquele pedido, pensava já em poder realizá-lo, pois, passado o primeiro momento, analisando todo o alcance que teria, quando pudesse trazê-lo à Terra, compreendeu e concordou com ele.

Indubitavelmente será um exemplo útil a muitos! Se todos os que estivessem na Terra fossem conscientes de seus vínculos com a Espiritualidade Superior, não se sentiriam tão egoístas e orgulhosos, dominados pela vaidade, desobrigados dos compromissos assumidos anteriormente, e das consequências do que realizariam. Não viveriam apenas o momento presente, sem ontem e sem amanhã!...

Essa obra seria um meio de lhes mostrar o que realmente ocorre. A colheita dos nossos atos impensados, como também a conscientização de que, aqueles que nos rodeiam, são, na maioria das vezes, nossos velhos conhecidos de antigas jornadas terrenas! Tudo, enfim, seriam esclarecimentos a muitos! Ainda mais, mostrar-lhes-ia essa ligação de forma concreta, individualizada, com uma personalidade marcante que lá viveu, e não apenas um simples nome, que passaria, aos muitos leitores, por uma simples trama de ficção!

Passados alguns dias em que esse pensamento permanecia em sua mente, delineou um esboço de como a obra deveria ser, e consultou Irmão Fabrício a respeito.

Expostas que foram todas as ideias, após relatar-lhe a solicitação de Getúlio, Irmão Fabrício pediu-lhe o esboço do livro, dizendo que também iria pensar no assunto. Apesar de confiar muito em Irmão José, o relator de todos os fatos, um trabalho dessa natureza tinha que ser muito bem estudado anteriormente, para não correrem o risco de trazer um efeito contrário, a leitores incautos!

Irmão José compreendeu e louvou o cuidado de Irmão Fabrício, e colocou-se à disposição para todos os esclarecimentos que desejasse, como também, a obra pronta, caso a permissão lhe fosse dada, seria levada para a sua apreciação e crítica.

Assim ficou combinado! Irmão José transmitiu esses esclarecimentos a Getúlio, que continuava o trabalho naquela enfermaria, não o sentindo mais tão difícil, desempenhando-o até com alegria.

Getúlio entendeu, também, a precaução de Irmão Fabrício, embora ainda sem o alcance que ambos possuíam, mas agradeceu a decisão, mesmo porque Irmão José lhe afirmou, que talvez ainda demorasse muito para ter permissão de levar o seu trabalho à Terra.

A amizade de ambos continuou sempre e a cada dia mais forte! Agora tinham, além de tudo o que conversavam, mais um motivo – o assunto do livro, que cada vez mais crescia e os empolgava.

— Se não for permitido, Irmão José, penso que terei uma frustração! Esse desejo já está muito grande em mim, e ficarei triste!

— Sempre temos que compreender as decisões dos superiores, cujo alcance e visão são muito maiores que os nossos! Se não nos for permitido realizá-la, devemos aceitar, como nos sendo salutar.

— Eu entendo! Quem sabe é uma vaidade que está me envolvendo neste momento!

— Pelos motivos expostos, não acredito em vaidade, pelo contrário, é uma humilhação! O reconhecimento de que erramos, não é orgulho nem vaidade! A demonstração do sofrimento porque passou também não o é, e ainda mais, se colocarmos no livro, o trabalho que vem realizando, acha que seria alguma demonstração de vaidade?

— O senhor tem razão, e quero que tudo isto seja colocado também, pois do contrário, a minha intenção de alerta e advertência àqueles que lá estão, perderia o seu sentido! Aqui no Mundo Espiritual trabalhamos com a verdade, não há subornos, e se é essa a verdade que enfrento agora, nada tenho a esconder! Muitos não acreditarão; não tem importância, o que importa é que estamos sendo honestos, e temos a consciência em paz!

— Vejo que aprendeu bastante, irmão! Estou feliz pelos conceitos que formulou, baseados todos no aprendizado que vem realizando.

— Estou me esforçando! Também não tenho ideia exata, mas o senhor deve saber há quanto tempo estou aqui, o quanto passei naquelas regiões infelizes, e, se consegui, após tudo isso, com sofrimento e com aprendizado, compreender melhor as verdadeiras finalidades da nossa criação, já me sinto feliz!

— O tempo, amigo, quando já temos em nós algum entendimento, não importa! De que lhe adiantaria dizer que passou naquelas regiões, dez ou vinte anos? De que lhe adiantaria dizer que está aqui há dois, três, cinco ou dez anos?

— Mas eu gostaria de saber! Quanto tempo faz que deixei o meu corpo na Terra?

— Se isso lhe for benéfico, um dia saberá! Por ora, posso

lhe adiantar apenas que faz muito tempo, se lá na Terra estivesse contando os dias! Porém, no Mundo Espiritual, diante da eternidade do Espírito, podemos dizer que é um tempo ínfimo!

— O senhor tem razão! Lembrei-me agora do que me mostrou naquela época em que fui rei, e pareceu-me que tudo tinha acontecido há poucos dias!

— O que importa, é o que vamos acumulando em nós, seja a nosso favor, em realizações de amor, seja em compromissos, se praticarmos o mal! É nisso que devemos pensar, para sermos cada vez melhores, pelo esforço em estudar, em aprender, em levar auxílio aos semelhantes, a partir do amor, na sua mais sublime expressão! O amor sem fronteiras, que não vê hora, nem local e nem escolhe aqueles a quem deseja ajudar! O amor que emana dos corações, dedicado aos que nos rodeiam, colocado em todas as nossas ações! O amor voltado a Deus, a quem devemos louvar pela nossa criação, e a Jesus, pelos ensinamentos que nos trouxe! Compreende o que representa o amor!

— Graças a Deus deram-me o senhor como orientador, pois a cada vez que conversamos, levo comigo um aprendizado, uma palavra de estímulo e uma força muito grande. Que Deus o abençoe por tudo isso!

— Aprendi com a vida, com o sofrimento, com a resignação, que podemos distribuir amor, mesmo que o coração esteja sangrando pela dor que nos acicata!

Que conversa edificante para o Espírito de Getúlio! Quanta força hauriu daquela convivência tão fraterna e amiga!

Ele saiu revigorado e desejoso de poder transmitir muito amor àqueles a quem dedicava um trabalho tão insignificante, tão simples, por tudo o que ele fora, mas o que lhe possibilitaria um resgate muito grande dos débitos que acumulara!

Capítulo 25

Um novo legado

Ansiosos ainda estavam pela resposta de Irmão Fabrício, e os dias decorriam. Muitas vezes mais estiveram juntos, mas nada lhes chegava, até que numa oportunidade em que Irmão José precisou conversar com ele, aproveitou para perguntar-lhe daquele pedido feito há algum tempo. Obteve como resposta que ainda estava estudando, mas, pelo que já havia visto, acreditava não haver nenhum impedimento. Os propósitos eram bons e, muito mais que tudo, era uma demonstração pública do reconhecimento dos erros, e um testemunho das qualidades que estava adquirindo, mostrando a muitos e muitos, o que passou no Plano Extrafísico, inclusive o trabalho que ora desempenhava.

— O irmão não toma como uma manifestação de orgulho ou

de vaidade, pelo fato de lá na Terra não mais estar, mas, através do livro, da sua história, ter uma nova oportunidade de retornar, de forma diferente, embora, pelas narrativas da sua vida, reunidas em dois mundos, o dos encarnados e o dos desencarnados?

— Não, filho, não vi dessa maneira, mas como alguém que parece bem intencionado e que, talvez, por não ter podido realizar, por si próprio, os propósitos formulados aqui, queira levar a outros a oportunidade de não cometerem os mesmos erros, e de policiarem-se mais, quando investidos de posto tão importante ao País, e, ao mesmo tempo, tão comprometedor a seus Espíritos!

— Fico satisfeito que assim tenha interpretado, porque são exatamente essas as suas intenções!

— Se o irmão não se importar, permito que escreva tudo o que sabe, o que viu e temos, como escritor renomado que foi, e continua sendo aqui, para nós! Porém, quero apreciá-lo, depois de concluído, não que não confie no seu trabalho, conforme já o disse, mas precisamos saber como disporá o assunto, assim também como colocará, em cada fato, o ensinamento adequado! As orientações que puder inserir no transcurso dos acontecimentos, aquelas mesmas que tem transmitido ao nosso irmão, é que serão muito mais importantes que o próprio fato em si, porque, na Terra, pela personalidade que ele foi, o simples transcorrer de sua vida, não tem novidade e nem interesse, que todos já a conhecem de sobejo!

— Entendo, irmão, e por isso fiz o esboço preliminar que deixei para a sua apreciação! Porém, no desenvolvimento das narrativas, procurarei transmitir sempre ensinamentos que possam servir, não só a ele que aqui está conosco, mas muito mais ainda àqueles que lá estão, imersos em problemas materiais, e afastados do que lhes seria a própria vida, considerando a eternidade do Espírito!

— Sei que posso confiar no irmão e deixo-o à vontade para realizá-lo como deseja, apenas recomendo que o traga após, para a minha apreciação!

— Há outro particular ainda! Tenho já muitas obras que gostaria de levar à Terra, mas não sabemos quando isso me será permitido, não é mesmo?

— O irmão compreende como tudo deve se passar! O seu plano de retorno para esse trabalho lá, já saiu de minhas mãos e está agora com Mentores maiores. Diante da eternidade do Espírito, como já disse, o tempo é sempre muito pequeno, e, quando menos esperar, terá uma resposta! O irmão sabe que saiu de minhas mãos com o parecer favorável, mas, como se trata de trabalho tão importante, não posso decidir sozinho, que também sou subordinado a queridos prepostos de Jesus!

— Eu entendo e saberei esperar! Agradeço o seu parecer favorável e, enquanto aguardo, vou desempenhando o meu trabalho aqui, em favor dos que de mim necessitarem! Nos momentos em que puder, desempenharei essa outra atividade, que é a razão da minha vida, e irei acumulando livros, para, quando tiver a permissão, ter muitos para levar!

— Que Deus o abençoe! Que possa, cada vez mais se dedicar aos outros, porque, mesmo só escrevendo, o seu trabalho, quando puder ser levado à Terra, é dedicado não a um só, como o que realiza entre nós, mas aos milhares que poderão ter o alimento a seus Espíritos, com os ensinamentos que lhes transmitir. Irmão José, tenho a certeza de que tudo será aprovado! Poderá escrever essa obra, e, assim que terminar o trabalho que já havia começado, trabalhará na vida de Getúlio!

O devotado orientador sabia como deveria realizá-lo, e o faria de acordo com o esboço levado a Irmão Fabrício.

Quando encontrou Getúlio, falou-lhe da conversa com o Mentor, sem, contudo, mencionar a autorização, porque sentiu nele a ansiedade para também fazer-lhe uma comunicação. Assim, deixando-o falar primeiro, ele revelou o seu encontro com Irmão Fulgêncio, transmitindo-lhe, palavra por palavra, a conversa que mantiveram, através da qual ele fora informado de que sua tarefa atual estava encerrada, e que seria deslocado para novas funções.

— Pelo que vejo, o dia de hoje reservou-lhe muitas alegrias, pois o Irmão Fabrício também me permitiu escrever a sua história!

— Eu sabia e confiava que ele não impediria! Quando começará?

— Logo que terminar o que escrevo! Você saberá!

— Poderei lê-lo todo, depois de concluído?

— Sim, a história é sua! No transcurso do meu trabalho, ainda trocaremos muitas ideias!

— Quero fazer-lhe um pedido que não havia feito ainda, por não saber se a minha solicitação seria autorizada! Ser-me-á possível ter uma participação também nesse trabalho?

— Mas você participará do começo ao fim, se é de você próprio que falaremos!

— Eu compreendo, mas é meu desejo, naturalmente se houver permissão para tanto, enviar à Terra, ao término do livro, escrita por mim mesmo, uma carta!

— Ora, amigo, por quê?

— É importante para mim, enviar a todos os que lá estão, de meu próprio punho, uma outra carta! Não aquela em que *saio da vida para entrar na história*, mas outra, em que volto da história para ensinar a vida! Permite-me, irmão?

— O livro é todo seu, e quando chegar o momento eu lhe direi!

Getúlio tinha em mente cada detalhe delineado, tudo o que desejava transmitir, e que constituía a sua intenção maior – o alerta, o seu apelo consciente, pelo muito que havia aprendido.

Quando Irmão José lhe disse que o avisaria no momento de escrevê-la, ele sabia que não haveria essa necessidade porque já estudava os pontos que pretendia ressaltar.

Irmão José trabalhava no término do livro que escrevia, mas também, com o esboço que havia traçado, ocupava-se mentalmente do assunto, dos detalhes. Um dia aquela obra ainda chegaria à Terra! Estava esperançoso no trabalho que aqui viria realizar, e a traria como um desejo daquele irmão.

Algum tempo mais foi passando, e Getúlio se viu acomodado na sua nova função. Mais tranquilo, aplicava-se aos estudos, e ajudava, muitas vezes, mesmo fora de suas atividades, a irmãos que sabia, também precisavam de uma palavra de conforto, justamente de quem já passara pelo acerbo e inexorável sofrimento de alimentar e pôr em prática o ato de autoeliminação do corpo denso. Estava feliz! Já até deixara o Departamento dos Recuperados e passara para o Departamento dos Auxiliares.

O bom desempenho do seu trabalho propiciou-lhe esta nova e abençoada oportunidade de regeneração, para, da união dos que auxiliavam em diversos setores, da troca de ideias, do desejo de ajudar, conversarem, comentarem algum caso, aumentando o sentimento de fraternidade, pois todos trabalhavam também para si mesmos, para a sua recomposição plena e para o seu progresso.

Mas ele não deixava de estar, quando lhe era permitido pelas próprias atividades que desenvolvia, com Irmão José, o grande amigo, como o considerava e era considerado. E, quando tinham essa oportunidade, o assunto do livro, que já estava sendo escrito, era sempre discutido com entusiasmo.

— A carta, Irmão José, tenho-a pronta! Logo a trarei e a deixarei com o senhor, pois vejo que, em pouco tempo, o meu livro estará pronto!

— Sim, amigo, já está bem adiantado! Se a deixa comigo,

pretendo, antes de transcrevê-la, analisá-la detidamente, embora saiba, em detalhes, de suas intenções! Mas, já que falamos em carta, deveremos lembrar daquela que lá deixou antes do seu ato estouvado, e que ainda não tivemos ocasião de comentar!

— Não me agrada falar sobre ela, embora saiba que foi muito comentada, quando lá deixei o meu corpo! Serviu para que muitos se comovessem, e muitos não acreditassem na sua autenticidade, mas lhe afirmo: aquela carta já estava escrita há muitos dias! Tive ocasião de estudá-la, de corrigi-la, de fazer acertos e de deixá-la pronta, para qualquer eventualidade, pois eu sabia, conquanto me fosse pesaroso e difícil, o que faria quando nada mais me restasse!... Por isso, ela, toda pronta, me acompanhava sempre para que ninguém a descobrisse e pudesse me impedir do desassisado gesto que, doentiamente, aguardava o momento de praticá-lo! Mas eu digo e reafirmo, eu próprio a escrevi e, pensando nela, foi que me veio esta vontade de escrever outra! Aquela encerrou a minha vida lá! E esta, será para levar à Terra, a notícia de que continuo vivo, não mais perturbado e temeroso, mas feliz e tentando me equilibrar sempre mais, espiritualmente, desejoso de transmitir àqueles que lá estiverem, a minha amarga experiência! Quem sabe outros, pretendendo fazer o que fiz, desistam, ao conhecer a minha verdadeira história – não aquela de lá, que todos a conhecem, mas a daqui –, levando-lhes a minha consciência plena, não das mágoas que trouxera em razão dos que me oprimiam, mas a mágoa do que eu próprio amealhei para mim mesmo!

— Compreendo, e acho que tocamos num ponto importante, que havia ficado para o momento oportuno, e ele se fez agora!

— Na próxima vez que aqui vier, trarei a carta e a deixarei com o senhor! Poderei até lê-la, em voz alta, se o desejar, e quando o livro estiver pronto, é só encerrá-lo com ela! Poderá dizer que essa carta é o meu novo legado à minha Nação! Não mais um legado de morte, mas um legado de vida, de advertência e de amor, dedicado a todos os que lá ainda estão!

— A sua modificação tem sido muito grande!

— Graças a Deus, a Jesus, ao senhor que muito tem me ajudado e a tudo o que me proporcionaram aqui! Só tenho a lhes agradecer!

— Agradeça a Deus a oportunidade que lhe vem dando, e peça-lhe também que possa aproveitar, de cada situação, de cada olhar de sofrimento que vê nos rostos dos necessitados, uma ocasião para transformá-los em momentos de amor, que pode transmitir a todos! Que Deus o abençoe, auxiliando-o a continuar neste novo caminho, sempre em direção a Ele, pelo seu esforço em refletir, analisar, estudar, ajudando e trabalhando em favor dos outros, que só isto fará que esteja trabalhando para si mesmo!

Getúlio se retirou, deixando Irmão José feliz do que observava, comparado àquele dia em que fora levado ao seu leito, por Irmã Cíntia, onde o encontrara tão abatido, desesperançado e triste! Mas, graças a Deus, tudo estava mudado e mudaria muito mais ainda, até que novamente ele pudesse ter outra oportunidade de retorno à Terra, em condições e situação que só Deus o poderia determinar!

Passados mais alguns dias, eis que seu livro caminhava para o final. Getúlio visitou novamente Irmão José, e levou-lhe a carta de que tanto falara.

— Quero, por gentileza, que a leia para mim, antes que eu possa lê-la por mim mesmo! Anseio por sentir o efeito da reação que terá o leitor lá na Terra, e não como um documento que devo incluir no livro! Quero ouvi-la, e recebê-la como um cidadão encarnado, vivendo no seu País!

— Posso lê-la, sem mais detença?

— Sim, serei todo atenção!

Que as bênçãos de Jesus possam envolver, neste momento, todos os que desta mensagem tomarem conhecimento, e saibam compreender aquele que aí viveu, e agora retorna, não mais com uma mensagem-testamento, de mágoas e frustrações, mas para provar-lhes a sobrevivência do Espírito, e transmitir-lhes uma palavra de reconhecimento e de amor!

O reconhecimento, como conscientização dos erros que aí cometi, quando da oportunidade maior que me foi colocada às mãos, a meu próprio pedido, para auxiliar esse País necessitado, e o reconhecimento, em forma de gratidão, ao País que me acolheu e ao povo que me amou!

Por isso retorno, não como aquele que aí viveu, mas como este que hoje sou, após muito ter sofrido, por tantos erros e atos impensados praticados! Entretanto, apesar de muito ter errado e me afastado dos planos que deveriam ter sido postos em prática, Deus, na sua misericórdia e justiça, também levou em conta, para atenuar as minhas faltas, o que pude realizar em favor dos outros!

Volto, com a consciência, a meu ver, mais equilibrada e lúcida, para mostrar-lhes que assumimos compromissos profundos, quando não vivemos pautados pelos ensinamentos da Doutrina Cristã, e temos que responder, após, por todos os atos praticados em desfavor de outrem!

Muito padeci aí, por tantos que me oprimiam, mas a eles também transmito o meu agradecimento! Serviram para que débitos antigos fossem ressarcidos, e hoje, lembro-me deles com muito respeito!

Que todos os que ofendi possam lembrar deste velho Presidente, como alguém que hoje está modificado, e muito tem sido ajudado, aqui, neste País da Verdade, agora, onde me encontro! Quero lhes dizer ainda que, às vezes, pensamos que aí sofremos por injustiças, mas um passado longínquo, com o qual temos ligações profundas, pela prática de atos reprováveis diante de Deus, nos obrigou àquele sofrimento. Mas, graças a Ele mesmo, a Jesus, e aos Amigos Espirituais, temos a oportunidade de retornar, quantas vezes forem necessárias, para que os resgates sejam efetuados!

Que todos possam ter o meu apagado exemplo, como um alerta em suas vidas, para não cometerem o que cometi, mas que se esforcem, por sempre fazerem o melhor, não para si próprios, mas o melhor diante de Deus! Que nunca pratiquem o que pratiquei, como retirada do mundo dos encarnados, porque o sofrimento que nos aguarda, depois, é muito grande!

Se volto, através desta mensagem, é para mostrar que agora estou bem, e dizer o quanto sofri, o quanto me arrependi, após, pois tudo o que valorizamos aí, e pelo qual lutamos, aqui pouco importa!

Àqueles que me amaram, àqueles que me perseguiram, àqueles que me oprimiram, ao País que me acolheu, a Deus que me amparou, embora eu d'Ele tenha me afastado muito, a minha gratidão!

Que Deus abençoe a todos, dando-lhes a força para sempre reagirem aos impulsos infelizes, para que um dia, de retorno à Pátria Verdadeira, possam encontrar a alegria dos que os acompanharam, a gratidão dos que foram beneficiados pela sua companhia, e o amor de Deus, em forma de amparo e de luz para si próprios!

Espiritualmente renovado, o velho Eça de volta

Ao prezado leitor, habituado a lavrar o campo da Literatura Mediúnica, poderá parecer surpreendente que um autor, famoso pela marca deixada em seus livros, em sua grande maioria negativos do ponto de vista espiritual, mas que por se revelarem estilisticamente estruturados, passaram a integrar, pela sua importância, um gênero literário bem-sucedido na França, enriquecendo a *intelligentsia* não só de seu país de origem quanto a das demais nações de fala portuguesa, poderá parecer surpreendente, repetimos, que um autor com essas características, retorne através da instrumentalidade medianímica, com um estilo – que se frise isto – linear, sem a preocupação maior de se revelar como era. A sua intenção, agora, é revelar-se como está, após conseguir, sob ingentes esforços, o avanço espiritual, na grande senda do progresso, que se processa nos dois planos da Vida Imortal, para transmitir as suas novas vivências para as massas, disposto a ser renegado, se preciso for, pelos seus antigos pares e pelos críticos que continuam se deixando influenciar pelos materialistas desencarnados.

Aliás, em prefácio datado de 3 de outubro de 1962, à obra *Antologia dos Imortais*, recebida pelos médiuns Francisco Cândido Xavier e Waldo Vieira (Rio, FEB, 1ª edição, 1963, pp. 19-20), já ficou registrada a nossa modesta opinião quanto à possibilidade de encontrar o leitor, "de permeio com autênticas obras-primas, poesias menos belas, quer quanto à forma, quer quanto ao fundo, de vez que não há poeta que viva sempre em momentos sublimes. Todos eles, no mundo experimentam dificuldades e angústias, inibições e frustrações de estaca-zero e não seria lícito esperar que, desencarnados, comparecessem, entre nós, invariavelmente no apogeu da cultura e da emoção, segundo os cânones e as regras estabelecidas pela crítica humana. Forçoso igualmente considerar que o médium não pode ser responsável pelos hiatos, lacunas, oclusões e omissões por parte dos poetas desencarnados comunicantes, compreensivelmente muito mais ocupados e interessados na eliminação dos conflitos íntimos, ante a grandeza da vida, que se lhes descerra além do túmulo, que atentos à observação e à análise da opinião pública terrestre." Um ponto ficou bastante claro: é que todos os poetas, quase sem exceção, buscaram ater-se à confirmação do continuísmo da vida após a morte do corpo físico e aos consoladores ensinos da Doutrina Espírita, preocupação que não existia, num sentido total, no *Parnaso de Além-Túmulo*, primeira obra recebida pelo médium Xavier, lançada pela Federação Espírita Brasileira, em 1932.

O mesmo se pode dizer, cremos, a propósito do Espírito Eça de Queirós (ao longo de todo este comentário, ora grafaremos Queiroz, ora Queirós, obedecendo à fidelidade que se torna imperiosa à transcrição de passos das obras consultadas).

Ao percorrer as páginas 26-29 do órgão de divulgação da Federação Espírita do Rio Grande do Sul (FERGS) – *A Reencarnação* (Ano LIX, N° 405, maio/93, "Chico Xavier, um Homem entre dois Mundos"), verá o leitor que fizemos um breve estudo sobre o estilo de Eça-encarnado e Eça-Espírito, transcrevendo-lhe trechos da sua obra terrena, demonstrando que o grande escritor português retornou autocrítico, mas com a mesma personalidade literária, com base nas duas dúzias de mensagens transmitidas ao médium português Fernando Augusto de Lacerda (Loures, 6 de agosto de 1865 – Rio de Janeiro, 7 de agosto de 1918), na primeira década deste século, a partir de 31 de dezembro de 1906, e por Francisco Cândido Xavier, duas belíssimas comunicações, a última datada de 6 de dezembro de 1934. À primeira vista, poderá parecer um apanhado unilateral do assunto o que foi feito com o que pretendemos agora fazer, mas, na essência, devemos convir que o Espírito, à medida que verifica o quanto errou neste mundo, por não compreender o quanto lhe tornaram benéficas as humilhações que lhe foram infligidas, desde a primeira infância, há de se esforçar pelo crescimento espiritual, deixando de lado a preocupação de agradar *in totum* os críticos literários e os seus fiéis leitores e releitores, mas se preocupando, ao contrário, em mandar ao mundo a mensagem viva do quanto é difícil governar qualquer povo que precisa sofrer para se despojar de antigas mazelas, cultivadas, coletivamente, ao longo dos milênios. Na verdade, ao que tudo indica, Eça não espera que venham a reconhecê-lo tal qual era, depois de tantos anos na erraticidade, já que o seu objetivo, agora, é ajudar a Humanidade, em nome do Cristo e de acordo com os ensinos de Allan Kardec, procurando recuperar o tempo aparentemente perdido, ventilando assunto ligado à Política, à qual deu atenção, mas de forma galhofeira, sem assumir com ela compromisso sério, quando envergava a libré carnal. Mais adiante, veremos as diversas declarações dele – Eça –, com relação à temática sobre o nosso enfoque, mas, antes, vejamos algo sobre a sua biobibliografia e as mensagens transmitidas do Além, às quais acima nos referimos.

No Volume II de *Os Imortais* da Literatura Universal (Editor Victor Civita, São Paulo, abril, 1972, p. 102), há um passo muito importante sobre os primeiros anos de vida de nosso José Maria, descrevendo, de início, a sua saída da casa de ensino, onde estudava, ao lado de outros alunos, e dados importantes sobre o que lhe viria a moldar o caráter:

"Quando tocar o sino, haverá beijos e abraços nos corredores da escola, onde esperam, impacientes, os pais dos estudantes. Só ele ficará sozinho. Inexplicavelmente, seus pais pouco ou nenhum interesse manifestam por sua existência. Com apenas dez anos de idade, o menino não compreende ainda aquilo que, algum tempo mais tarde, lhe causará vergonha e humilhação frente aos colegas.

O pequeno era o produto de uma aventura entre Carolina Augusta Pereira de Eça e o delegado de comarca José Maria de Almeida Teixeira de Queirós. Ao constatar sua gravidez, a moça abandonou o lar paterno e refugiou-se num casarão da Praça do Almada, em Póvoa de Varzim, bastante próxima da cidade do Porto. Ali, aos 25 de novembro de 1845, nasceu José Maria.

Quatro anos mais tarde, sem que fosse necessária a intervenção do delegado – pois, afinal, o próprio Queirós já exercia esta função –, os dois amantes resolveram casar-se, e foram morar no Porto. Só então chamaram o filho para perto de si.

A criança, que passara esses anos sob a guarda dos padrinhos, era para eles um estranho. Apesar de ter tido posteriormente outros filhos, o casal jamais colocou José Maria em pé de igualdade com os demais. Ele seria sempre o filho ilegítimo, a lembrança de um passado ilícito.

Interno no Colégio da Lapa, no Porto, o menino cresceu quase como um órfão, passando suas férias alternadamente com os padrinhos ou com amigos da família. Mais tarde, procuraria apaixonadamente a resposta aos misteriosos sentimentos e instintos em consequência dos quais viera ao mundo. Essa procura se tornaria uma constante em toda a sua obra.

No mês de outubro de 1861, o jovem Eça de Queirós, bem vestido, empertigado, atravessava os portões de Coimbra. Na velha e tradicional faculdade, assistia, perplexo, a longas e pedantes preleções: lógica, retórica, moral, tudo era ensinado segundo antigos cânones escolásticos, tendo-se a impressão de que os mestres nada mais faziam senão tirar o pó dos compêndios seculares da biblioteca e recitá-los com fidelidade, ano após ano.

Havia no ar, entre os alunos, um sentimento de revolta contra o tradicionalismo da universidade. Identificados com a renovação espiritual que vinha da França, os rapazes de Coimbra indignavam-se com o atraso e a indiferença intelectual de sua terra.

O radicalismo liberal de Voltaire (1694-1778) e Rousseau (1712-1778), o socialismo utópico de Saint-Simon (1760-1825) e de Proudhon (1809-1865), a dialética de Hegel (1770-1831), as teorias evolucionistas de Darwin (1808-1882), o positivismo de Auguste Comte (1798-1857) fervilhavam e confundiam-se na mente dos jovens estudantes, que procuravam neles uma saída moderna e 'racional' para seus próprios problemas e para as misérias de Portugal. (....)

Eça presenciou com interesse a polêmica [entre Antero de Quental (1842-1892) e Ramalho Ortigão (1836-1915), com quem chegou a bater-se em duelo, depois de se polemizar com o velho Castilho (1800-1875)], também conhecida como Questão Coimbra. Sua posição, contudo, não se definia; uma admiração espontânea empurrava-o na direção dos 'modernos', mas suas leituras preferidas situavam-no no campo romântico: a poesia de Théophile Gautier (1811-1872) e de Gérard de Nerval (1808-1855), e, sobretudo, os romances de Victor Hugo (1802-1885). Sua timidez e um certo sentimento de inferioridade compeliam-no mais a ouvir que a pronunciar-se."

De valor para os nossos estudos, sem dúvida, o que se encontra a certa altura da nota "Eça de Queirós", com que Massaud Moisés enriquece o seu livro *A Literatura Portuguesa* através dos textos (São Paulo, Editora Cultrix, MCMLXXI, pp. 322-323):

"Formado, segue para Lisboa, a fim de advogar, e de lá para Évora (1867). Em 1868, de regresso à Capital, integra o grupo do 'Cenáculo', e no ano seguinte viaja para o Cairo a fim de assistir à inauguração do Canal de Suez, e fazer-lhe a reportagem mais tarde enfeixada em *O Egito* (1926). De regresso, participa das Conferências do Cassino Lisbonense, e depois de passar algum tempo em Leiria como administrador do *Concelho* (de que lhe vem a ideia de *O Crime do Padre Amaro*, publicado em 1875), abraça a carreira diplomática, indo servir em Havana (1873), de onde se transfere para Bristol (Inglaterra), e de lá, em 1878, para Paris, onde se casa e encontra tranquilidade para dedicar-se à sua obra literária, e onde falece [na tarde de 16 de agosto] em 1900. Escreveu: romance (*Mistério da Estrada de Sintra*, em colaboração com Ramalho Ortigão), 1871; *O Crime do Padre Amaro*, 1875; *O Primo Basílio*, 1878; *O Mandarim*, 1879; *A Relíquia*, 1887; *Os Maias*, 1888; *A Ilustre Casa de Ramires*, 1900; *A Correspondência de Fradique Mendes*, 1900; *A Cidade e as Serras*, 1901; *A Capital*, 1925; *Alves & Cia.*, 1925; conto (*Contos*, 1902) jornalismo, literatura de viagens e hagiografias (*Uma Campanha Alegre*, 2 vols., 1890-1891); *Cartas de Inglaterra*, 1903; *Prosas Bárbaras*, 1905; *Cartas Familiares e Bilhetes de Paris*, 1907; *Notas Contemporâneas*, 1909; *O Egito*, 1926; *Últimas Páginas*, 1912), etc."

Das páginas D-10 a D-12 que *O Estado de S. Paulo*, de 12 de abril de 1997 (**Cultura** – N° 866 – Ano 17) dedicou ao lançamento dos dois primeiros volumes da nova edição da *Obra Completa* de Eça de Queirós – *Ficção Completa* –, organizados e anotados pela professora Beatriz Berrini para a Editora Nova Aguilar, num dos quais aparecem *A Tragédia da Rua das Flores* e os textos póstumos fragmentários, vale a pena deter-nos em alguns pontos.

De "Ficção de Eça sai em edição bem cuidada", de Vilma Arêas, professora de Literatura Brasileira na Unicamp:

"Um capítulo importante e reconhecido da atuação de Eça diz respeito à transfiguração da língua portuguesa, que começou a ser arejada e amaciada pelo esforço de Garrett, contra o que era arcaico e arrastado ainda na prosa romântica. Mas nas mãos de nosso autor a língua transformou-se num instrumento dútil, plástico, sutil, capaz de dar conta do mundo e da arte moderna."

Da entrevista ("Ficcionista continua atual, diz especialista") que Carlos Haag fez com a professora Beatriz Berrini:

"**Estado – O Eça antiburguês e que criticava a família, ao final, transformou-se no Eça mais humanitário de *A Cidade e as Serras*. O que aconteceu?**

Berrini – Ele estabeleceu-se, criou família e ficou mais calmo, mais conformado, atenuando a sua crítica da humanidade. Eça passou a aceitar que os homens são fracos e ponto final, perdendo o ideal de lutar com as palavras por um mundo melhor. Não desistiu de todo, continuando a usar seu verbo para defender ideias, embora não acreditasse que, com elas, iria reformar o mundo. Ainda assim, ele permaneceu fiel a esses ideais até o fim de sua vida. Algumas leituras superficiais insistem em dizer que não, mas o estilo crítico o acompanhou sempre. Certo, não pensava mais em mudar a sociedade, estava mais cético e mais jovial. Porém é o mesmo nas entrelinhas, cheias de descrições duras.

Estado – Qual é o grande atrativo do leitor?

Berrini – É a sua atualidade constante. Ele descrevia os vícios eternos, que atravessaram o seu tempo e permanecem entre nós: corrupção política, as traições conjugais, as misérias humanas. Mas o fazia de forma extremamente sedutora. Outra qualidade é o seu estilo. As frases de Eça são inesquecíveis e sua escrita é simples, direta, quase coloquial. Mas só na aparência, porque há muito trabalho de revisão cuidadosa do texto."

Digno de consulta, a nosso ver, o artigo "Helvécio Ratton leva Eça para as telas", de Luiz Zanin Oricchio, e as palavras do próprio cineasta que ficou conhecido como diretor de dois filmes destinados a crianças – *A Dança dos Bonecos* (1986) e *Menino Maluquinho* (1995) – em "Bom filme é forma de homenagear escritor".

* * *

A fim de refletirmos sobre o motivo por que Eça, desencarnado há quase um século, somente agora veio a se preocupar com um tema recente da História de nosso País, a par da clareza do estilo, vejamos alguns trechos de Álvaro Lins relacionados com a política e os políticos, o anseio de perfeição quanto ao jogo de combinação das palavras, na obra terrena de nosso Autor, extraídos de *História Literária de Eça de Queiroz* (Edições de Ouro, Rio de Janeiro, RJ, Tecnoprint Gráfica Editora, MCMLXV, conforme a quarta edição de "O CRUZEIRO"), referindo se o ilustre membro da Academia Brasileira de Letras, às págs. 78 e 179, metaforicamente, ao Espiritismo e a um "espírito desencarnado":

1 – Pp. 23-24 – "Quando esta geração [de 1865] apareceu em Coimbra, a decadência de Portugal tinha se tornado um acontecimento irremediável. Não era mais uma decadência só pressentida pelos filósofos, pelos historiadores, pelos críticos. Era uma cena espetacular entrando pelos olhos mais distraídos ou mais sonhadores.

A decepção para os jovens de 1865 deve ter sido tremenda. Porque não há nada de mais triste do que a decadência: é mais triste do que a morte. É como um morrer, com metade de vida;

uma sensação de enterrado vivo. Nem fica a certeza – que é uma forma de viver pela saudade – da missão que foi cumprida. A decadência corrompe e devora até mesmo a lembrança de um passado gordo e glorioso.

Diante da decadência, nenhuma atitude de meio-termo seria possível, tornava-se preciso escolher entre a conformidade que era a morte, e a luta, que era a vida. É uma circunstância que explica este paradoxo de céticos, à maneira de Eça, que se dedicam todos ao combate afirmativo e quase heróico. Mas era um combate de reação mesmo quando parecia mais destruidor; uma luta contra o artificial pela volta ao que era natural; uma campanha contra 'o atual' pela vontade de retomar as linhas da verdadeira tradição portuguesa. Repudiavam o que estava mais perto, e que soava falso, para atingir o que estava mais longe, e que lhes parecia autêntico."

2 – P. 30 – "Diante de Antero [que se matou com um tiro, aos pés de uma inscrição onde se lia a palavra "esperança"], a posição de Eça não foi bem a de um discípulo, mas a de um admirador estático. Em Coimbra, ele mesmo confessa, não tomou parte nas agitações ideológicas e pessoais dos seus companheiros. Enquanto os outros faziam discursos em favor da liberdade da Polônia, Eça dava-lhes a sua contribuição representando – ora de virgem traída e vestida de branco, ora de traidor, soltando gargalhadas cínicas – em espetáculos de benefício no Teatro Acadêmico."

3 – P. 35 – "Chegando a Lisboa, de volta de Coimbra, vinha já tomado e devorado das suas ambições. Mas todas muito imprecisas e, à maneira das de Carlos Eduardo as suas 'flutuavam, intensas e vagas'. Escreve folhetins. Redige um jornal político de província. Viaja pelo Oriente. Debate-se em procura do seu caminho verdadeiro."

4 – P. 36 – "Eça sentiu, muitas vezes, poeticamente, mas

não encontrou nunca a expressão poética. A seu favor seria um argumento dizer que o absoluto poético está no silêncio. Mas também o absoluto poético no silêncio é um privilégio exclusivo dos místicos e Eça é o tipo mais comum do antimístico."

5 – Pp. 39-40 – "Mais tarde haveria de se espantar do abuso das imagens, dos adjetivos que se acumulavam, em desordem, na frente e nas costas dos substantivos, e de períodos como este: 'A lua que ao nascer é material e metálica como uma moeda d'oiro nova, depois, na suavidade do azul, é tão pura, tão casta, tão imaculada, tão consoladora, como uma chaga de Cristo por onde se lhe visse a alma.' [*Prosas Bárbaras*, pág. 27). Haveria também de achar estranho que tivesse transmitido um conceito de arte que seria o oposto da sua: 'Na arte só têm importância os que criam almas, e não os que reproduzem costumes. A arte é a história da alma. Queremos ver o homem – não o homem dominado pela sociedade, entorpecido pelos costumes, deformado pelas instituições, transformado pela cidade, mas o homem livre, colocado na livre natureza.' [*Prosas Bárbaras*, pág. 159].

6 – Pág. 41 – "O que resulta, a princípio, desta viagem [partindo de Lisboa com destino ao Oriente, ao lado do conde de Rezende] é bem pouco: uns cadernos de notas, esquecidos, só encontrados 57 anos depois, e que formam *O Egito*. Mas com estas notas já aparece a sua capacidade de descobrir os aspectos reais do mundo através das suas aparências. Diante do Egito, Eça não quer ver as construções modernas, as postiças instituições europeias, o pequeno círculo internacional da capital. Atravessa esta camada para encontrar o *fellâh* e a miserável organização social do país."

7 – Pp. 42-43 – "O Oriente agiu sobre Eça despojando-o do que havia nele de contrário às suas próprias tendências. Os mundos antigos, os mundos aparentemente mortos, contêm esta força inexplicável de colocar o homem diante de si mesmo. Há

de ter sido poderosa a repercussão, em Eça, desse espírito das cidades antigas que pousa suavemente sobre nós, cheio de um sentido que nem sequer explicamos e todo feito de mistérios. Um sentido que aniquila o tempo e nos dá a possibilidade de viver outras vidas, muitas vidas, em outras épocas, em séculos distantes e esquecidos. A emoção de andar devagar, indiferente ao tempo; de olhar as ruas e as casas que não mudam e que não mudarão nunca; de entrar numa velha igreja, fugindo de tudo o mais; tudo isso que só será possível nas cidades antigas deixa marcas definitivas. Deixou-as em Eça de Queiroz."

8 – Pp. 57-58 – "Os menos prudentes chegaram mesmo a falar em plágio e de um modo insensato. Isolaram-se frases dos primeiros folhetins, do *Mandarim*, da *Relíquia*, para compará-las com outras de Gérard de Nerval, de Renan, de Flaubert. Quase sempre frases comuns que se tornaram propriedade deste vago sábio que se chama todo-o-mundo. Procurou-se identificar o *Primo Basílio* como um pastiche de *Madame Bovary*. E ninguém quis anotar que, apesar de todas as aproximações, Eça sempre permaneceu o próprio Eça. Mas o autor, ele mesmo, foi quem mais contribuiu para essa incompreensão julgando-se, em mais de uma ocasião e com um exagerado rigor, uma expressão da influência estrangeira. Nem reparou muito em si próprio – para constatar que se não estivesse colocado por cima das excitações vindas de fora, teria desaparecido como uma unidade popular, sem nome e sem significação."

9 – Pág. 59 – "Na sua página autobiográfica, o *Francesismo*, Eça conta que foi num ambiente francês que viveu desde menino. As histórias que ouviu nas pernas do velho escudeiro preto foram as de Carlos Magno e dos Doze Pares. Na escola inicia-se na leitura por intermédio de um livro francês e, em Coimbra, os compêndios vinham dessa mesma fonte. Nos costumes, na vida política, no teatro, na literatura – a França, sempre a França

diante dele. Explica assim, salvando-se da responsabilidade, o que há de estrangeiro na sua obra. E, por isto, esta página de autobiografia causa pena: é a primeira vez que Eça condescende com o gosto vulgar dos seus leitores mais destituídos de interesse."

10 – Pp. 65-66 – "De Proudhon Eça aproveitou sobretudo ideias políticas, sociais-econômicas – as que se deduzem indiretamente dos seus romances, as que estão explícitas nos ensaios e artigos de jornal. A campanha, por exemplo, que empreendeu contra a decadência da instituição da família, tão ardente no *Primo Basílio* e nas *Farpas*, encontrou muitas das suas bases no autor de "La pornocratie ou les Femmes dans les temps modernes" — no Proudhon, de quem diz Bouglé, que 'si cet esprit anti-religieux conserve une religion, c'est bien celle du foyer.' [C. Bouglé, *La sociologie de Proudhon*, pág. 225].

Mas Eça difere de Proudhon justamente porque não é um espírito anti-religioso. Poucos escritores terão, à sua maneira, perseguido, com mais constância e mais paixão, os assuntos religiosos. Desde a *Morte de Jesus* até os manuscritos dos santos nas *Últimas Páginas* – toda obra de Eça parece desenvolver-se por entre três tendências que quase se tornam monótonas na sua insistência: a religião, o oriente, o realismo literário. E na interpretação dos fenômenos religiosos o seu guia é Renan. Foi com Renan que ele apreendeu da religião, mutilando-a, o seu exclusivo lado sentimental. Sentimentalismo religioso que explica a sua grande fascinação pelo cristianismo e também a sua incompreensão diante da realidade da doutrina do Cristo. O conto *Suave Milagre* é, por isso, uma página que Renan assinaria com alvoroço, como se fosse uma das suas manifestações mais queridas.

11 – Pp. 81-83 – "Para Eça, o realismo fora um elemento salvador, como para todos os portugueses e brasileiros. Somos, por invencível fatalidade étnica, sentimentais, efusivos, transbor-

dantes; o romantismo será sempre, no nosso caso, um excesso de temperamento. Instintivamente românticos, com a excitação dessa escola, atingimos, positivamente, o grotesco. O realismo representou, para nós, o restabelecimento do equilíbrio interior.

No entanto, para Eça de Queiroz a escola não significa uma prisão; não foi um círculo de peru mas um ponto de partida, uma excitação para a sua personalidade artística. Não se constituiu um fanático das suas ideias, porque sempre esteve distante de todos os fanatismos: o religioso, o político, o literário. (....)

Eça assiste e sente a nova corrente, mas não quer reagir contra ela. Confessa, ainda rindo, a ruína do positivismo, do naturalismo, do ceticismo, e conclui falando dos jovens: 'Em suma, esta geração nova sente a necessidade do divino.' *[Notas Contemporâneas, pág. 268].*"

12— P. 93 – "Serviu também o *Crime do Padre Amaro* para definir o gênero de romance que Eça vai executar: o romance de costumes. O romance que será, ao mesmo tempo, uma obra literária e um documento humano e social da sua pátria e da sua época. Porque não é propriamente o enredo (o antigo e precioso elemento 'romanesco') o que o apaixona na novela. Através do enredo, qualquer romance de Eça facilmente se concentraria num pequeno conto. (Não será sem significação o fato da *Cidade e as Serras* ter servido para um conto e um romance). O que ele visa é o estudo do social e do humano em função do meio – o que fez da sua obra uma espécie de história do seu tempo e tão legítima quanto a dos livros de Oliveira Martins."

13 – P. 96 – "É que o pessimismo de Eça exercia-se, apenas, em face da sociedade – do estado social do momento. Diante do animal humano, em si mesmo, o seu sentimento é todo benévolo e cheio de condescendência. Eça está, com todo o seu século, impregnado do princípio rousseauneano da bondade natural do homem e da perversão da sociedade. Veja-se o *Crime do Padre*

Amaro ou qualquer outro dos seus livros, principalmente a *Cidade e as Serras*. Mesmo os seus personagens que mais se degradam não são essencialmente maus. O seu processo, em que há tanta influência de Taine, é sempre o de mostrar o que o ambiente vai fazendo da criatura humana – a educação incompleta, incerta e falhada; a degradação moral que se tornou norma e estímulo aos instintos mais baixos; a sociedade, na decadência que tudo aceita e tudo tolera."

14 – P. 101 – "Não sinto, de modo nenhum, no *Crime do Padre Amaro*, este caráter de tese e de doutrina de que anda sempre envolvido. Pelo menos de uma tese contra a Igreja ou contra o próprio clero. É verdade que, ao escrevê-lo, Eça estava animado por um vago socialismo irreligioso e anticlerical."

15 – Pp. 111-112 – "A culpa é da educação que os formou [os personagens Basílio, Luísa e Juliana] e da sociedade que os tolera. (....) Os personagens é que estão determinados pelo temperamento, pela educação, pela sociedade."

16 – Pp. 122-123 – "Os *Maias* traçam, em desenvolvimentos paralelos, a história de uma família e a crônica da Lisboa de 1880 – educada num romantismo retardatário e formada num constitucionalismo artificial. No meio deste ambiente em decomposição, o velho Afonso da Maia, com a sua saúde do corpo e do espírito, com os seus nobres princípios, com a sua existência austera e grave, é como um símbolo do antigo Portugal; uma figura isolada, ampliando-se pelo contraste, dentro da sociedade romântica e doente que parece extinguir-se por si mesma, sem heroísmo nem grandeza. Uma grande lição, aliás, a que Afonso da Maia transmite com a sua presença: uma lição de amor e aceitação viril da vida que é um dom de Deus."

17 – Pp. 124-125 – "Os *Maias*, dos romances de Eça, é aquele que dá a impressão mais nítida e mais exata do seu humor. É através dele que o 'artista vingador' reage contra a miséria social

da burguesia e contra a miséria individual dos seus contemporâneos. O 'sarcasmo ibérico' de Eça assume, em *Os Maias*, proporções acima de todas as medidas e de todas as convenções. Alegre e destruidor este livro? É visível que não, pois até mesmo a sua comicidade é uma aparência, um revestimento da sua realidade. (....) Extrai a comicidade dos aspectos exteriores: dos tics dos personagens, das suas frases, das situações inesperadas como esta: 'Villaça ressentiu amargamente esta desconsideração pelo artista nacional; Esteves foi berrar no seu centro político que isto era um país perdido. E Afonso lamentou também que se tivesse despedido o Esteves, exigiu mesmo que o encarregassem da construção das cocheiras. O artista ia aceitar – quando foi nomeado governador civil.' [*Os Maias*, pág. 9]."

18 – Pp. 187-188 – "A favor dele poder-se-ia argumentar que se trata de uma blague de diletante. Do diletante de quem Eça diz que foi 'o devoto de todas as Religiões, o partidário de todos os Partidos, o discípulo de todas as filosofias. [*A Correspondência de Fradique Mendes*, pág. 79]. Muito mais inteligente é o diletantismo de Eça: o abstêmio de todas as religiões, o ausente de todos os partidos, o cético de todas as filosofias. É que o diletantismo de Eça vem da razão, o de Fradique vem da confusão. E é preciso não esquecer o detalhe esclarecedor da educação de Fradique que 'fora singularmente emaranhada'.' [*A Correspondência de Fradique Mendes*, pág. 15]."

19 – Pp. 191-192 – "Pela descaracterização de Portugal, Fradique responsabiliza o Constitucionalismo e o Parlamentarismo – o que fez Antônio Sardinha anunciar, para o seu nome, um dístico que é muito mais um título de Eça de Queiroz: 'Mestre da contra-revolução'. [Antônio Sardinha, *Purgatório das Ideias*, pág. 55]. E, por isso, por coerência com esta atitude, e por motivos os mais complexos e vários, até os higiênicos, ele detesta os políticos e lhes tem horror: horror intelectual, horror mundano,

horror físico. Este horror é que anima a sua magnífica exposição de certas situações cômicas ou dos costumes e figuras particulares de sua pátria: as cartas a Ramalho e a Madame Jouarre."

20 – P. 200 – "Quando Ramalho sugere a criação de uma revista para a América do Sul, Eça toma-se de horror. Revista para os sul-americanos? Mas se nem sequer sabem ler! Viveu entre eles, conhece-os. 'Puras bestas'. São civilizados? Está claro que não: usam, apenas, e mal, os instrumentos que os outros inventam – mas 'nunca tiveram uma só ideia sua, nem um feito, nem uma descoberta, nem um folhetim, nem um dito.'"

21 – Pp. 217-218 – "Estes manuscritos [a respeito de três santos] incompletos, esquecidos, de póstuma publicação – os manuscritos das vidas dos santos – permanecerão sempre um mistério dentro da obra de Eça de Queiroz. Impossível precisar se se trata de um novo exercício literário, se se trata de uma nova aventura do espírito através dos caminhos misteriosos da santidade. Estas páginas dispersas não constituem, no entanto, uma novidade. Anos antes, numa carta de Angers, Eça fala que acabará, por escrever, apenas, vidas de santos e livros para crianças. [*Correspondência*, pág. 60]. Dois polos que sempre o atraíram: as crianças que ele amou e a religião, cujo sentido procurou tantas vezes sem nunca o encontrar definitivamente, – talvez porque só a procurou pelo gosto estético. E ainda aqui, nestas biografias mutiladas de santos, observa-se que não é o sentimento religioso mas o literário que anima Eça de Queiroz. Quando muito, o sentimento literário transborda em religiosidade, mas puramente sentimental também.

S. Cristóvão, Santo Onofre e S. Frei Gil – três caminhos diferentes dentro da vida. Três caminhos diferentes para a santidade. E cada um deles parte de um ponto distante: Cristóvão, filho de um lenhador e pobre; Onofre, sai da classe média e plebeia; Gil, rico e nobre.

Visível a preferência do biógrafo por Cristóvão. Os aspectos mais característicos e mais marcantes de Cristóvão são aqueles que estão mais de acordo com as suas tendências. Pode-se dizer: Cristóvão simboliza toda a sua ação ideal. Tudo o que ele desejaria realizar se tivesse o dom da santidade."
22 – Pp. 223-225 – "Cristóvão, ao contrário [de Onofre, que só no deserto se sente em segurança contra o pecado], o que ele procura é a humanidade, porque não sente nela perigo nenhum. Tem, ao contrário, o poder de transformá-la e elevá-la. Veja-se o que Cristóvão faz com os Jacques. Eram, antes, uns bandos famintos, dispostos a todos os excessos e a todas as revoluções. Apesar disso é o partido deles que Cristóvão toma – o partido dos pobres contra os ricos. Havia nos Jacques um anseio de justiça social a que o santo da caridade não podia ficar indiferente. Mas a ação de Cristóvão transforma o grupo desordenado criando uma ordem para o legítimo sentimento da revolta. O que Eça escrevera em Os Maias – 'quanta larga e distante influência pode ter, mesmo isolado de tudo, um coração que é justo.' [Os Maias, vol. II, pág. 35] – Cristóvão agora iria realizar salvando os Jacques do crime pelos movimentos exclusivos do coração e da bondade. E modificando a revolução, Cristóvão não trai os seus fins mas torna-se o seu instrumento mais firme. Diante do cavaleiro rico e nobre, o gigante ergue a voz, face a face:

— 'Vimos em paz. Trazemos as mulheres e as crianças. Nada temos contra ti... Mas todos os que me seguem têm fome. Detrás das tuas muralhas, há tesoiros, arcas cheias de pão, grandes peças de carne diante da lareira... Estes, que vêm comigo, não têm uma moeda de cobre, trabalham toda a vida, sofrem de fome, veem as criancinhas devorar as raízes, morrem pelos cantos dos bosques como um lobo, e a vida toda para eles é um tormento... Dá uma esmola da tua abundância a toda esta pobreza que passa. Se queres, vem, não receies, passa através dessa multidão, olha para esses corpos magros, vê as criancinhas chorando com fome, as velhas tropeçando sob os fardos, toda uma miséria que já não pode sofrer mais... Tem piedade!' [*Últimas Páginas*, págs. 138-139].

Esta atitude de Cristóvão deve parar aqui como uma imagem alegórica. Uma imagem da atitude que Eça manteve a vida toda – um inalterado protesto de revolta e de piedade em face das misérias da injustiça social.

Um protesto pelos pobres e contra os ricos – é toda a vida de Cristóvão, dentro da santidade, e toda a vida de Eça, dentro do mundo."

23 – Pp. 248-249 – "O seu papel de escritor seria nem ficar ao lado dos fósseis que queriam paralisar a língua nem também dos que quisessem desmontá-la e construí-la cada dia como se fosse um brinquedo de criança. Decidiu-se, portanto, pela simples reforma.

É verdade que a reforma linguística não estava, propriamente, estabelecida como um programa; foi antes uma consequência da sua arte. A arte é que era renovadora e chocou-se com o velho instrumento que não tinha amplitude para contê-la. A reforma nasceu desse desencontro. Nasceu e desenvolveu-se mas pela língua portuguesa e não contra ela.

Sucedeu que, ao surgir, encontrou Eça uma língua que tinha parado em Herculano e em Camilo e tinha se tornado de pedra em Castilho. A arte que concebia precisava de um máximo de movimento, de plasticidade, de ductilidade. Mas diante dele como um impossível fatal estava a língua parada: a sintaxe apertada em regras invioláveis, as palavras muito sovadas pelo mesmo uso excessivo, os substantivos unidos com os adjetivos sempre da mesma maneira como casais sem filhos.

Eça desmanchou todas essas formais combinações porque tinha, antes de tudo, um grande respeito e um grande senso das palavras: a virtude número um do escritor. Nunca procurou uma palavra para uni-la com outra ou porque ficasse bonito ou porque fosse uma praxe: procurou-a sempre para uni-la em harmonia com o seu pensamento."

24 – Pp.261-263 – "Pode-se dizer, com Fidelino de Figueiredo, num ensaio recente, que, em Eça de Queiroz, a arte é estilo. A perfeição que ele procurou a vida toda, com um sofrimento de desesperado, foi a perfeição pelo estilo. E nunca julgou que a tivesse atingido, como se a perfeição fosse um exato ponto de chegada e não um mito ilusório da sua ambição de artista. Uma ilusão de absoluta mobilidade. Por isso colocava-se diante da sua obra tomado de inquietude e hesitações nos julgamentos e sempre insatisfeito diante delas. Refere-se a cada um dos seus livros com extremo rigor. Sobre *O Crime do Padre Amaro*: 'O Padre Amaro é mais adivinhado que observado." [*Correspondência*, pág. 60]. Sobre *O Primo Basílio*: 'Acabei o "Primo Basílio"— uma obra falsa, ridícula, afetada, disforme, piegas e 'papoulosa' – isto é, tendo a propriedade da papoula: – 'sonolificiente' [Cartas a Ramalho, *D. Casmurro*, ed. 10-9-938]. Sobre *Os Maias*: 'Eu não estou contente com o romance: é vago, difuso, fora dos gonzos da realidade, seco, e estando para a bela obra de arte, como o gesso está para o mármore. Não importa. Tem aqui e além uma página viva – e é uma espécie de exercício, de prática, para eu depois fazer melhor. [Cartas a Ramalho, *D. Casmurro*. ed. 24-9-939]. Sobre *A Relíquia*: 'Eu, por mim, salvo o respeito que lhe é devido, não admiro pessoalmente *A Relíquia*. A estrutura e composição do livreco são muito defeituosas. Aquele mundo antigo está ali como um trambolho, e só é antigo por fora, nas exterioridades, nas vestes e nos edifícios.' [*Correspondência*, pág. 138]. E a respeito de todas elas em conjunto: 'Não sei como é: dou-lhes a minha vida toda e elas nascem mortas; e quando as vejo diante de mim, pasmo que depois de tam duro esforço,

depois de tam ardente, laboriosa insuflação de alma, saia aquela coisa fria, inerte, sem voz, sem palpitação, amortalhada numa capa de cor.' [*Notas Contemporâneas*, pág. 157]. Imagine-se também o sofrimento desta constatação: 'Nunca hei de fazer nada como o *Pai Goriot* e você conhece a melancolia, em tal caso da palavra nunca'! E voltava-se para Ramalho, como pedindo o apoio e a animação do grande amigo: 'sou uma irremissível besta'. [Cartas a Ramalho, *D. Casmurro*, ed. 10-9-938].

Tudo, o amor da perfeição como ele mesmo explicou numa carta, das mais curiosas e reveladoras, ao conde de Arnoso. Aliás, ouso sugerir que a sua luta pela realização de um estilo pessoal e perfeito é mais uma revelação das suas tendências aristocráticas. Lutava pelo estilo como um nobre pelo seu rei. O estilo seria também para ele mais uma modalidade de diferenciação."

25 – Pp. 283-293 – "O que Eça pretendeu, com as *Farpas* e com os romances realistas, foi uma afirmação da vida portuguesa, mostrando a sociedade postiça e artificial que a encobria. A sua lição, ele a resumiu toda nos três conselhos de Afonso da Maia: 'aos políticos – menos liberalismo e mais caráter; aos homens de letras – menos eloquência e mais ideia; aos cidadãos em geral – menos progresso e mais moral'. [*Os Maias*, vol. II, pág. 292]. O programa da sua arte está neste trecho de carta que esclarece tudo: 'A minha ambição seria pintar a sociedade portuguesa, tal qual a fez o constitucionalismo de 1830 – e mostrar-lhe, como um espelho, que triste país que eles formam – eles e elas. É o meu fim nas *Cenas da Vida Portuguesa*. É necessário acutilar o mundo oficial, o mundo sentimental, o mundo literário, o mundo agrícola, o mundo supersticioso – e com todo o respeito pelas instituições que são de origem eterna, destruir as *falsas interpretações e falsas realizações* que lhes dá uma sociedade podre.' [*Correspondência*, pág. 44]. E, numa outra carta, meio pilhérica, ao conde de Ficalho torna-se ainda mais claro: 'Sempre a França,

sempre ela! Sempre os nossos males públicos ou privados, resultante da chocha imitação, da reles tradução, que nós fazemos da França, em tudo, desde as ideias até aos potages!
E a culpa é sua! [E dos seus amigos os liberais, do Sr. D. Pedro IV, dos homens de 20, e de Fernandes Tomaz!] Essa gente não compreendeu que este país, para ter prosperidade e saúde, não se devia afastar nunca da verdadeira tradição nacional.' [*Correspondência*, pág. 71].

Destruir as falsas interpretações e as falsas realizações, com um grande respeito pelas instituições de origem eterna – isto me parece um resumo perfeito de tudo o que há de combativo e ideológico na obra de Eça de Queiroz.

Nesta disposição procurou um ponto de vista à distância e longe de todo part-pris. As suas ideias políticas não são, por isso, nem muito nítidas nem muito firmes. Sabe-se muito bem o que ele combatia, o que não queria; mas é com dificuldade que se pode deduzir o que ele aspirava. Dificuldade muito natural em um artista que fez questão de não ser político. Já o dissera, ele mesmo, apresentando as *Farpas*: 'Não sabemos, talvez, onde se deva ir; sabemos, de certo, onde se não deve estar.' [*Uma Campanha Alegre*, vol. I, pág. 5]. Onde se não devia estar era no constitucionalismo. O constitucionalismo, tomado não como instituição, mas na forma de que se revestira em Portugal.

Procurava, assim, no fenômeno da decadência, os motivos políticos. Mas não se ligou a uma instituição ou a uma forma de governo, nem achou relação entre a arte e a política, à maneira de Zola, que queria que a república adotasse o seu sistema literário e escrevia, ingenuamente: 'La République sera naturaliste ou elle ne sera pas.' Eça, ao contrário, sempre manteve um inalterado desprezo de todas as atividades políticas e uma fria indiferença às formas de governo. Um desdém, que aprendera talvez em Proudhon, a todas as instituições transitórias. Pareceu acreditar que um povo encontra, por si mesmo, o seu equilíbrio social e econômico, independente das fórmulas jurídicas. Como Proudhon, também não acreditava na concepção contratualista de Rousseau, e inclinava-se para uma espécie de organicismo social, espontaneamente constituído e realizado.

Indiferentemente exerceu a sua crítica em face não só dos grandes partidos – o socialista, o democrático, o monárquico – como dos miúdos que se debatiam em Portugal.

Não pertenceu nem se inclinou por nenhum. Todos, então, se aproveitaram dele e todos o combateram, acusado de revolucionário pelos conservadores, e de reacionário pelos republicanos. Mas à sua revelia. (....)

Eça hesitou sempre entre as verdades limitadas, vendo em cada uma delas uma parcela da verdade total que desejava atingir, englobando-as. Mas as circunstâncias de não ter pertencido a nenhum partido não quer dizer que tenha sido um indiferente à sorte dos homens. Ao contrário, poucos escritores terão tido preocupações sociais tão ardentes e tão constantes. Mantinha-as, porém, acima dos grupos políticos e tudo observava de um ponto de vista exclusivamente humano.

Procura, em todos os casos, entre as soluções opostas uma fórmula intermediária ou sugere uma nova, acima das convencionadas. Diante da liberdade e da autoridade, tornadas cada uma propriedade dos partidos irreconciliáveis, sonha com um regime que as possa juntar sem constrangimento. Um regime que integrasse as suas tendências aristocráticas, sem ser despótico, e suas simpatias pelo povo, sem ser demagógico. Não encontrava esse equilíbrio, ou melhor, esse ideal de artista, nem no comunismo, nem na república, nem no absolutismo, e a todos combateu e ridicularizou. Temia deles o que via na base das suas propagandas: a violência. Este horror à violência é o seu sentimento mais vivo de repulsa – violência do poder público, violência da massa, violência de qualquer natureza.

Democrático não foi porque jamais pôde acreditar no povo, como uma entidade pensante ou deliberativa. Inclinava-se mais para uma aristocracia, uma espécie de monarquia paternal e popular. Amava o povo mas como uma criatura que é preciso fazer feliz a despeito dela mesma, que é preciso dirigir sem a consultar. Era bem um 'demófilo' — na nomenclatura lógica de Vaugeois e que Otávio de Faria pôs em circulação no Brasil. [Otávio de Faria, *Destino do Socialismo*].

O que, na ausência de uma palavra mais precisa, se convencionou chamar o 'socialismo' de Eça de Queiroz, foi muito mais um sentimento do que uma ideia. Um sentimento de revolta diante das injustiças sociais, um sentimento de simpatia pelas crianças e de piedade pelos pobres. Mas uma revolta, diga-se logo, mais sentimental e platônica do que revolucionária. A impressão que sempre lhe ficava dos acontecimentos era a da sua imutabilidade e da inanidade de qualquer transformação institucional.

Escrevendo sobre o Natal em Londres volta o seu pensamento para os pobres. Mas não tem nada de explosivo este pensamento. Ao contrário, constata, embora com amargura, que haverá sempre os pobres, num mundo desigual e injusto. 'É justamente, lembra, nestas horas de festa íntima, quando para por um momento o furioso golpe do nosso egoísmo – que a alma se abre a sentimentos melhores de fraternidade e de simpatia universal, e que a consciência da miséria em que se debatem tantos milhares de criaturas, volta com uma amargura maior.' [*Cartas de Inglaterra*, pág. 51]. E logo depois: 'Não é possível mudar. O esforço humano consegue, quando muito, converter um proletariado faminto numa burguesia farta; mas surge logo das entranhas da sociedade um proletariado pior. Jesus tinha razão: haverá sempre pobres entre nós. Donde se prova que esta humanidade é o maior erro que jamais Deus cometeu.' [*Cartas de Inglaterra*, pág. 52]. (....)

Um sentimento de piedade e de amor pelos pobres, um sentimento de inquietação pelo destino das crianças – eis o socialismo de Eça. Um socialismo sentimental que se mantém invariável desde as *Farpas* até as *Últimas Páginas*. Já no fim da vida, em 1897, escreve ainda apóstrofes de uma veemência fora do comum contra a burguesia e o dinheiro. [*Notas Contemporâneas*, págs. 405 e segs.]. Na *Cidade e as Serras* o tom é o mesmo, nem sequer atenuado pela idade: 'E um povo chora de fome, e da fome dos seus pequeninos –, para que os Jacintos, em Janeiro, debiquem, bocejando sobre pratos de Saxe, morangos gelados em Champagne e avivados dum fio de éter.' [*A Cidade e as Serras*, pág. 128].

Foi este socialismo que o colocou sempre numa atitude de incompreensão diante do cristianismo e da Igreja. A sua crítica ao catolicismo orienta-se, em todas as ocasiões, neste exclusivo sentido. E parece que não se modificou, na velhice, como escreveu Eduardo Prado. Aquele 'se Deus quiser', com que acompanhava os seus projetos, está claro que era mais uma fórmula do supersticioso que só atravessa as portas com o pé direito e que faz orações confusas nos tempos de espetacular ateísmo. Um ateísmo que foi, mesmo na mocidade, como o de João da Ega, uma simples atitude de snob.

Eça, com obstinada convicção, julgava a Igreja distante dos ideais do cristianismo que ele estimava como o mais alto destino para a humanidade. Via em Jesus um doutrinador socialista e na Igreja uma instituição de plutocratas. Esta foi a visão religiosa que transmitiu em tudo o que escreveu, sem exceção nenhuma. Em 1897, ainda censura o Papa porque não é todo do partido dos pobres contra os ricos. Escreve, nestes derradeiros anos, o ensaio sobre Joana d'Arc. E no último livro, na *Cidade e as Serras*, fala das figuras da Igreja como sempre as vira, à sua maneira. Vale a pena transcrever esta página que transmite uma ideia exata da concepção religiosa do escritor: 'Eis pois a esperança da terra novamente posta num Messias! Um decerto desceu outrora dos grandes céus; e para mostrar bem que mandado trazia, penetrou mansamente no mundo pela porta dum curral. Mas a sua passagem entre os homens foi tão curta! Um meigo sermão numa montanha, ao fim duma tarde meiga; uma repreensão moderada aos fariseus, algumas vergastadas nos vendilhões; e, logo, através da porta da morte, a fuga radiosa para o Paraíso! Esse adorável filho de Deus teve demasiada pressa em recolher à casa de seu Pai! E os homens, a quem ele incumbira a continuação da sua obra, bem depressa esqueceram a lição da Montanha e do lago Tiberíade – e eis que por seu turno revestem a púrpura, e são Bispos, e são Papas, e se aliam à opressão, e reinam com ela, e edificam a duração do seu Reino sobre a miséria dos sem-pão e dos sem-lar.' [*A Cidade e as Serras*, pág. 129].

Eça, como se vê, não mantinha diante da Igreja uma atitude só formada de preconceitos; fortificava-se também sobre argumentos os mais pobres e os mais indignos, para a sua inteligência. (....) O que ele queria era uma igreja sempre repetindo, fora do tempo e do espaço, a aventura divina de Jesus: o Papa, seguido dos pobres e dos simples, fazendo milagres, crucificado todos os anos; os bispos e padres, todos descalços, esmolando ou pescando nos lagos da Europa. (....)

Pode-se falar, então, diante de Eça, num socialismo cristão. Se houvesse realmente um socialismo cristão, é certo que estaria, ideologicamente, classificado. Mas não declarou Pio XI, falando em nome da Igreja, que cristianismo e socialismo são palavras incompatíveis e de impossível justaposição?"

26 – Pp. 295-300 – "Isole-se uma frase de Eça, e será um socialista e talvez um comunista; isole-se outra, será um monarquista e um reacionário. Mas ele mesmo não está nem dum lado

nem do outro. A vida que criou é que não seria vida, estaria diminuída e amesquinhada, se não estivesse em condições de se renovar e se apresentar, continuamente, em situações até então inesperadas. Não seria a vida se não estivesse cheia de contradições aparentes e de surpresas.

Na interpretação de Teófilo Braga, Eça foi um republicano e um revolucionário. Na de Antônio Sardinha, um mestre da contrarrevolução.

Num sentido absoluto, nem uma cousa nem outra. Mas, no caso particular de Portugal, Eça serviu muito mais à reação do que à revolução. O constitucionalismo já era a revolução, postiça, importada, caricatural, e que a república procurava ampliar. Eça combateu-o não como um regime mas pela mutilação que realizava nos valores humanos e tradicionais de Portugal. (....)

É preciso que um povo nem fique a vida toda olhando para trás, contemplativo e estático, nem avance tumultuariamente quebrando as suas tradições – eis o sentimento nacional de Eça de Queiroz. Acredita na civilização e não no progresso, sobretudo no progresso material, que foi a tendência do seu século. 'As nossas máquinas, os nossos telefones, a nossa luz elétrica têm-nos tornado intoleravelmente pedantes: estamos prontos a declarar desprezível uma raça, desde que ela não sabe fabricar pianos de Erard.' [*Cartas de Inglaterra*, pág. 152].

Quando Souza Neto pergunta a João da Ega se acredita no progresso, ele responde firmemente: 'não acredito.' E Eça não acreditava. Pelo menos que o progresso material fosse uma solução para a vida humana e para Portugal. (....)

Pode-se dizer, talvez, que foi um destruidor e não um construtor. Mas o que se queria que construísse como artista? Um novo sistema político, uma filosofia, uma fórmula científica de prolongamento da vida? O seu dever não era o de ensinar nem o de doutrinar que não são estes os fins da arte. Nem os homens que o acusam estariam dispostos a ouvir e seguir esta voz de artista solitário e cada vez mais desencantado.

Não podia transmitir do mundo senão a forma que o mundo tinha tomado aos seus olhos. Dez anos antes da morte, em 1889, escrevendo sobre a Rainha, o velho 'socialista' dá uma das suas últimas lições de ceticismo, transmite, num pequeno trecho, toda a imagem do seu desencontro com os homens, toda a imagem da sua posição diante deles: 'Depois, a presença angustiosa das misérias humanas, tanto velho sem lar, tanta criancinha sem pão, e a incapacidade ou indiferença de Monarquias e Repúblicas para realizar a única obra urgente do mundo – 'a casa para todos, o pão para todos', lentamente me tem tornado um vago anarquista entristecido, idealizador, humilde, inofensivo...' [*Notas Contemporâneas*, pág. 500].

Também a lição que Eça deixou não foi de ordem política mas de ordem estética e humana. Mais tarde, quando tiverem desaparecido a burguesia e o constitucionalismo, ainda subsistirá a sua arte, independente e livre dos motivos. (....) Compreendeu que não pode existir uma literatura de partido, de classe, de regime; que a literatura será uma expressão da vida mas nunca das suas divisões, no serviço mesquinho da direita ou da esquerda, dos grupos ou das ideologias. A sua interpretou todas as tendências sem se ligar a nenhuma. Interpretou-as todas pela criação da harmonia entre o que é humano e o que é artístico."

* * *

Das páginas transmitidas ao médium Fernando de Lacerda, que mereceriam estudo bastante detalhado, retiremos apenas alguns ligeiros comentários, uma vez que o espaço de que dispomos já está prestes a se esgotar.

Do Vol. I de *Do País da Luz* (Rio, FEB), com um corajoso e eruditíssimo Prólogo do Dr. Sousa Couto:

1 – Cap. I, pp. 61-65 – Carta assinada por E. de Queiroz, da-

tada de 30 de janeiro de 1907, dirigida ao seu médium, da qual transcrevemos a parte inicial:

"Meu caro Fernando.

Com pouco te preocupas.

Bastou que alguém te pusesse em dúvida a existência real da minha individualidade, para que te sentisses fraquejar.

Que te deve importar a opinião dos outros, quando ela é destituída de base séria que lhe mantenha o peso?

Que te importa o que os outros pensam?

Cada um pensa como quer, como sabe, como lhe deixam ou como lhe convém.

Nunca tive a pretensão de estabelecer regras ao pensamento humano, que é a coisa mais livre do Universo."

2 - Cap. XI, pp. 117-121, assinada por Eça de Queiroz, datada de 25 de novembro de 1906, em que faz o melancólico balanço de toda a sua produção literária quando neste mundo, verificando que estava pobre: "Encontrei: - Riso 40 por cento; ironia 50; amargura 5; dor 4; de todos os outros sentimentos 1. Era um escritor falido." Deixando claro que o riso e a ironia são artigos a que na Espiritualidade se dá muito pouco valor, acrescenta:

"Perdoa a causticidade. Isto hoje não é ironia; é soda cáustica, é vitríolo. Queima, chaguenta.

É que me recordo, com desespero, que por ter querido eliminar pelo riso, ou quando menos modificar pela troça, os ridículos e as maldades do meu semelhante, me esqueci de que era como ele, ridículo e pretensioso; estéril e seco de carinhos e afetos, como um Saara humano, e por isso fali desastradamente na minha obra espiritual. Não confundir com a minha obra de espírito; que essa ainda deu algum dinheiro aos editores, algum riso aos parvos, alguns pensamentos aos filósofos, algum desprezo aos tristes, uma meia estátua a mim; e aos velhos, aos lascivos, aos sátiros, uma bela e escultural mulher... de pedra, para a admiração da vista e obnóxias recordações culturais."

3 – Cap. XXIV, pp. 178-185, de 16 de dezembro de 1906 – Lembra ao médium o quanto leva a sério a tarefa de ambos, valendo a pena ao primeiro ser chamado de impostor, já que foi este o epíteto que deram também ao maior e ao mais belo Espírito que veio ao mundo, e a ele, Eça, o riso e a mofa dos que o viessem a ler.

4 – Cap. XXV, pp. 186-187, de 21 de dezembro de 1906 – Usa de franqueza para com o seu medianeiro, insuflando-lhe, ao mesmo tempo, forças para encarar com naturalidade a sua vida do dia a dia, sugerindo-lhe continuar amando os seus pequenos: "Amas muito os teus pequeninos, não é assim?

Ama-os, que bem to merecem; mas se lhes queres deixar uma riqueza inigualável, que nenhuma outra suplantará, educa--os no amor a Deus, no culto ao bem e no hábito do trabalho.

Se ficarem pobres de bens terrenos, ficarão riquíssimos de virtude."

5 – Cap. XXIX, pp. 205-206, de 25 de dezembro de 1906 – Belíssima página sobre o dia do nascimento, "na Terra, de Jesus, o Mestre, o maior de todos."

6 – Cap. XXXV, pp. 228-231, de 31 de dezembro de 1906 (à meia-noite) – Agradecido por verificar que o ano que exalava o seu último alento fora o do início de sua tarefa com Fernando de Lacerda.

Do Vol II, com novo Prólogo do Dr. José Alberto de **Sousa Couto**, a quem Fernando de Lacerda dedica o livro:

1 – Cap. I pp. 29-35 – Referindo-se à opinião desfavorável dos críticos literários ao Vol. I da obra sob nosso enfoque, chega a afirmar: "Os críticos, que desfraldando o estandarte da negação e revestidos das suas armaduras de aço adamantino, têm vindo ao terreiro terçar armas em combate, não merecem resposta como críticos."

2 – Cap. II, pp. 36-39 – Discorrendo sobre o Dia de Reis, depois de considerar a Terra uma vasta aldeia onde todos se conhecem, relembra: "Eu, que vivi e observei no foco irradiante da moderna concepção das reivindicações sociais, testemunho de *visu*, que os mais preclaros apóstolos da igualdade não gostavam da multidão, porque lhes cheirava a gente; não se aproximavam dos miseráveis, porque receavam o seu contacto, que lhes sujava o brilho do fato e lhes transmitia o micróbio patogênico de várias doenças infecciosas, e confessavam, desdenhosamente, o seu asco pela porcaria revoltante do *Senhor-Povo*, a que enalteciam e lisonjeavam nas frases campanudas dos seus discursos, ou dos seus escritos demagógicos e igualitários."

3 – Cap. XII, pp. 80-84 – Compreendendo que não merece a pena cantar ditirambos ao mal, visto que ele – o mal – não existindo, é uma *nuance* do bem, *nuance* necessária, corolário indispensável, assim conclui a sua maravilhosa página: "O diamante, se tivesse vida e pudesse, fugiria ao sacrifício da lapidação. Nisso estaria o seu bem, pelo seu sossego.

Entretanto, continuaria a ser pouco mais do que um seixo vulgar de ribeira areenta; enquanto que, depois da lapidação dolorosa, passa a ser um pedaço de luz materializada, como que um fragmento de estrela, de preço inestimável.

Qual era o bem? Qual era o mal?

Ora, aqui fica uma incógnita de que eu gostava de conhecer a definição, dada pelos sábios da Terra, onde também tive pretensões de saber alguma coisa!..."

4 – Cap. XVII, pp. 105-111 – Mais uma vez, chama a atenção de Fernando para não se preocupar com a crítica malévola: "Deixa que cada um fale.

Não te prendas com teias de aranha.

Não faças como as crianças, a quem o medo à correção materna conserva presas por uma linha ao pé de uma banca. Trabalha, trabalhemos, que sem trabalho não há seara nenhuma que produza.

Que te importa se não colheres pessoalmente o fruto?

Se todos se acobertassem a essa consideração egoísta ninguém faria nada na Terra, receosos de que lhes não chegasse a hora da colheita compensadora."

5 – Cap. XX, pp. 117-119 – Carta dirigida à Mme. Lacombe, a respeito da qual o médium colocou a seguinte nota, à p. 230: "Uma noite, em casa do Mr. Lacombe, engenheiro distinto e diretor da Empresa Industrial, conversava-se sobre pacifismo.

Mme. Lacombe, um dos mais belos, mais vivos e mais artísticos espíritos que conheço, presidente, em Portugal, da Liga da Paz e Desarmamento pelas mulheres, manifestou desejo de que algum dos Espíritos de pessoas idas dissesse qualquer coisa sobre o assunto da conversação.

Veio papel e eu fiz o pedido. Acedeu prontamente o que conheço como sendo Eça de Queirós.

Mme. Lacombe foi tocar ao piano e eu continuei em animada conversação com Mr. Lacombe, enquanto a pena corria rápida sobre o papel.

Quando terminou havia escrito a comunicação à página 117."

Do Vol. III, com carta do Sr. Silva Pinto, a quem o livro foi dedicado, datada de 1/4/911, a Fernando de Lacerda:

1 – Cap. I, pp. 17-26 – "Perdi-me na parlenga, e ia por aí em fora, modulando ditirambos às modernas virtudes que enfloram o tálamo nupcial da Sociedade livre pensante portuguesa – anônima criatura, filha incestuosa da Ignorância e do Atrevimento, com o ilustre cidadão Livre Pensamento, filho adulterino da Vaidade e do Amor-Próprio; e esqueci-me que não foi para isso que eu vim"

2 – Cap. II, datado de Lisboa, 30 de novembro de 1907, pp. 27-41 – Importante a nota do médium à frase inicial de Eça: "Não há dúvida – era eu." Ei-la:

"Em uma sessão de investigação manifestou-se, entre outros, um Espírito que disse ser Eça de Queiroz.

Fizeram a este várias perguntas, às quais ele não respondeu tão satisfatoriamente como os ouvintes desejavam. Deste fato surgiram dúvidas sobre a identidade do comunicante. Como resposta a estas dúvidas, veio a presente comunicação.

Publica-se, porque, apesar do seu caráter particular, tem necessárias correções e excelentes ensinos, ao modo como se investiga e se deve investigar a verdade espírita."

Da referida mensagem vale a pena destacarmos mais o seguinte: "Acharam aí que eu fui pessoa ilustre em méritos literários. (Não lhes discuto o gosto, por dever de cortesia. Tinham a noção de que eu havia escrito coisas irônicas, feito críticas de forma bizarra, e (com um bocadinho de generosa boa vontade) por vezes cintilante, fazendo revolutear palavras, num esfuziante estralejar de frases torturadas, vazias de sentimento, rebrilhantes de espírito, e supuseram-me logo com tiara para pontificar de duplex sobre filosofia e teologia, perscrutando, de passagem, o abismo da origem dos seres, na sua relação com as manifestações espirituais e evolucionistas da matéria animada. (....)

E depois, não há quem possa saber de tudo. Se houver quem se proponha a sábio em tudo, conseguirá ser em tudo simplesmente ignorante."

3 - Cap. III, pp. 42— 119: "Aqui, vive-se, trabalha-se, sofre-se e ama-se. Há encantos, há ilusões, há desgostos como aí. A diferença consiste em que tudo se passa por modo adequado ao meio em que cada um vive, cujos cambiantes são infinitos. Aqui, como aí. O observador atento vai encontrar aí mesmo, de povoação para povoação, de indivíduo para indivíduo, radicais alterações no modo de viver, de amar, de sofrer, de pensar e de dizer. (....)

A inteligência, a razão e a vontade, sãmente impulsionadas, formando um todo homogêneo, constituem uma força sem igual.

Uma inteligência lúcida e uma razão justa hão de produzir uma vontade inabalável; e uma vontade inabalável, servindo uma inteligência lúcida e uma razão justa, consegue tudo que é possível conseguir-se na situação em que cada indivíduo se encontre.

Tem, pois, o homem necessidade de apurar e educar a sua inteligência, a sua razão e a sua vontade, como quem valoriza o mais rico patrimônio indispensável à vida."

Do Vol. IV, com Prefácio do Espírito Fernando de Lacerda, recebido pelo médium J. C., e "Uma Explicação" dos Editores, segundo a qual o médium, já no Mundo Espiritual, deu as devidas coordenadas para a organização deste volume, rogando que se colocasse à frente o ditado de Eça, para que não faltasse ao compromisso que a sua lealdade lhe exigia para com aquele Espírito amigo:

1 – Cap. I, pp. 13-17 – Fazendo alusão aos dois caminhos abertos à sua inexperiência para o reino encantado do seu sonho: "O primeiro era o caminho espirituoso; o segundo, o caminho espiritual.

Não hesitei. Atirei-me pelo primeiro. Folgaria nele, pensava.

Reconheci presto o engano, mas já tarde. Estava perdido na turbamulta que seguia ébria de alucinação e não podia recuar. Segui de roldão, sofrendo pisadelas e encontrões, fingindo rir para não desentoar, mas vertendo sangue pela alma em dilaceramento."

2 – Cap. IV, pp. 26-30 – Sobre o que valem realmente as boas-festas.

3 – Cap. XI, pp. 75-78 – "Vai por aí grande celeuma porque o ilustre e ilustrado parlamento da nossa terra resolveu, num ato de ríspida e vingadora justiça, retirar a pensão que um outro parlamento menos ilustre e com certeza muito menos ilustrado havia, perdulariamente, concedido à minha mulher e a meus filhos enquanto menores, para lhes custear a vida, que eu, na minha

qualidade de cigarra desprevenida e palreira, deixei sem celeiro, nem recursos de abastecimento. Essa celeuma é injusta. Corro em defesa do ato de severa moralidade do parlamento ilustre.

Que fui eu? Um funcionário mais que modesto do nosso país, perdido no anonimato da burocracia, e um escrevinhador de romances e croniquetas. Nunca fui político, não fui salvador, não estive na Rotunda e nem sequer pertenci a nenhum dos sol-e-dós do registro civil."

4 – Cap. XII, pp. 79-83 – Sobre a definição de amor.

5 – Cap. XXII, pp. 117-121 – Volta, mais uma vez, a se referir ao ano-novo.

6 – Cap. XXXIV, pp. 170-176 – Seriíssimo, por vezes amargo, ao julgar uma ofensa comparar os seus patrícios com "os previdentes e laboriosos himenópteros fórmicos."

7 – Cap. XXXIX, pp. 202-205 – Dirigindo-se ao Espírito Júlio Diniz, chegando por concluir ser uma sofrível prova de abelhudice ele, o autor de *As Pupilas do Senhor Reitor* desejar paz ao mundo, "que não deseja senão a guerra."

8 – Cap. XLVII, pp. 250-253 – Novamente insiste em deixar claro a inoperância dos críticos literários a respeito de sua produção mediúnica.

9 – Cap. XLVIII, pp. 254-257 – "Não conheces ainda o mundo e os homens? De quem e de onde esperas socorro? Espera-o só de Deus. Ele to dará do Seu cofre infinito de graças e de amor. O Seu cofre não tem dinheiros...

Tem saúde, tem bênçãos, tem dotes de alma, tem torrentes de luz, tem bálsamos para todas as dores, tem consolações para todos os sofrimentos das almas... Do recheio de Seu cofre Ele reparte prodigamente contigo. Chega para ti e para aqueles a quem queiras distribuir. Pede-lhe e aceita e distribui. Mas não contes com mais. Nem com os teus, nem com os teus, crê.

Conta contigo. Cambia em trabalho útil e produtivo toda a

rica moeda que Deus te pode dar do Seu erário e desse trabalho irás tirando, com amargura surdamente dolorida, o pão para ti e para os teus. Não delires. Abandona esses propósitos de apostolado. Numa época utilitária e fria, cheia de egoísmo e materialidades sombrias não encontrarás quem para teu apostolado te dê o auxílio de um pataco. Talvez encontrasses... se tivessem um pataco falso."

Nota: Todos os capítulos dos quatro volumes foram transladados para o *Eça de Queirós, Póstumo,* com exceção do XXIX do Volume I.

No referido *Eça de Queirós, Póstumo*, são inéditos os seguintes capítulos:

1 - O V, pp. 49-50, intitulado "O Natal do Cristo", datado de 25 de dezembro de 1906. A seu ver, o Cristo é "o mais poderoso revolucionário do mundo", humilde, simples e bom, que proclamou e exemplificou a igualdade; e que a palavra de Jesus "será eterna, porque resistirá a tudo, como a verdade."

2 - O XIII - "A Esmola" -, pp. 86-87, do próprio médium Fernando de Lacerda, com pequeno bilhete de Eça ao Dr. Archer da Silva, em resposta à pergunta formulada a propósito da esmola, sob o ponto de vista mundano e sob o aspecto social.

3 - O XXVI - "Piparote ao Futurismo" -, pp. 224-229, recebido pelo médium Francisco Cândido Xavier, no início da década de trinta, lembrando-se "dos bons tempos em que o Fernando transmitia a esse mundo sublunar as minhas asneiras, em cartas sensaboronas, que faziam o prato delicioso da sociedade alfacinha."

4 - O XXVII e último do volume - "Julgando Opiniões", - pp. 230-232, também recebido por Chico Xavier, a 6 de dezembro de 1934:

"As nacionalidades estão depauperadas porque possuem demasiadamente; são vítimas da sua abundância e do descontrole. A crise de gênios tem a origem na superabundância deles.

As Academias fabricam-nos às dúzias e a concorrência intensifica a vulgaridade. (....)

Buscam pouso na burocracia. E o conseguem. Abdicam então das suas faculdades de raciocínio e reclamam o azorrague de um político que os comande. Transformam-se em azêmolas indiferentes, passivas. Temos, aí, quase a totalidade dos gênios da época. À sombra da acolhedora máquina do Estado, engordam e apodrecem, pensando pela cavidade abdominal; gastrônomos e artistas têm o cérebro curto e o ventre dilatado, enorme.(....)

Que outros se enriqueçam e se locupletem. Procura as riquezas da alma, os tesouros psíquicos que te servirão na Imortalidade.

Não busques ser o gênio. Sê o apóstolo."

* * *

Vejamos, em seguida, de modo sumário, alguns dados biográficos de nossa prezada médium, incluindo pequenos trechos de mensagens íntimas por ela recebidas, atinentes a esta obra.

Nascida em Araraquara, SP, em 1932, solteira, a professora Wanda A. Canutti completou o curso Normal, em 1950; de 1951 a 1964, lecionou recreação, num Parque Infantil da cidade, do qual veio a ser diretora alguns anos depois; após formar-se em Letras Anglo-germânicas, em 1963, aprovada em concurso, lecionou Português, não somente em escolas de sua terra natal, dentre outras, a atual Escola de Primeiro e Segundo Graus Prof. Victor Lacorte, quanto em Santa Lúcia, cidade vizinha, mas foi na Escola Estadual de Primeiro Grau "Antônio J. de Carvalho", de Araraquara, que ela se aposentou, em 1981.

Desde bastante criança, ouvia, em casa, falar da Doutrina Espírita, pelo seu genitor, que passara a frequentar algumas sessões públicas. De tudo o que sempre ouvia do Espiritismo, parecia que nada lhe era estranho, encontrando bases lógicas em todos os seus postulados, acompanhando a senhora sua mãe, que desencarnou em 1971, a algumas explanações evangélicas, das quais gostava muito, mas nada além disso.

Decorridos uns poucos meses da passagem de sua Mamãe para o Plano Espiritual, a Professora Wanda, em decorrência de um problema súbito, aparentemente de ordem física, e de consultas médicas que nada diagnosticaram, ela foi levada ao trabalho mediúnico, na Casa Espírita, o Centro Assistencial Batuíra, onde desempenhou suas tarefas, com denodo, de 1971 a 1993, quando, por motivos de saúde, precisou dele afastar-se, mas foi aí que recebeu, pela primeira vez, a 10 de julho de 1990, psicofonicamente, o Espírito que, mais tarde, veio a identificar-se como sendo Eça de Queirós e, pela psicografia, começou, a 6 de dezembro daquele ano, a transmitir-lhe o livro de que estamos nos ocupando – *Getúlio Vargas em Dois Mundos* – e vários outros que permanecem inéditos, já frequentando, também, com a irmã, outra Casa Espírita – "O Consolador", onde trabalha até hoje.

A 3 de setembro do mesmo ano, enviou-nos extratos de duas mensagens que lhe foram transmitidas pelo mesmo Espírito, respectivamente, a 2 de outubro e 12 de novembro de l992, a primeira delas uma prece, nas quais deixa claro que ao escrever o livro sob nossa análise, seu pensamento era somente o de cumprir o que havia prometido ao Espírito de seu biografado, que há tempos almejava que alguém comunicasse ao Plano Físico o quanto nele sofreu, nele e no Mundo Espiritual, evitando entrar em detalhes sobre as trágicas consequências da forma como forçou os umbrais da desencarnação, certamente levando em conta que tais sofrimentos experimentados pelos suicidas já haviam sido narrados pelo seu amigo Camilo Castelo Branco, à médium Ivonne A. Pereira, numa que é hoje considerada obra-prima, procurando deter-se em outros lances de sua atormentada vida.

Após a leitura que a médium fez das obras *Do País da Luz* e *Eça de Queirós, Póstumo*, ela, evidenciando a "genialidade mediúnica de Fernando de Lacerda" através da qual esses livros foram transmitidos, dá-nos conta da sua preocupação, ao comparar o estilo do autor espiritual, naquela oportunidade, com o de agora, mesmo compreendendo que, segundo Allan Kardec, pouco valor tem o nome de que se utiliza o Espírito, mas sim o conteúdo da sua mensagem. Logo a seguir, Eça explicou-lhe, em mensagem de 20-2-92, que depois de passado quase um século, o seu modo de pensar era outro, devido à visão que tinha do mundo espiritual e do mundo material, tendo obedecido à lei do progresso, de que duvidava, quando encarnado; no que se referia ao progresso material, fez as seguintes considerações: "Dizem que a Língua Portuguesa ganhou muito com os meus livros, com o meu modo de escrever! Se pelo menos nisso, eu pude contribuir um pouco para o meu país de origem, naquela encarnação, dou-me por feliz, porque, de resto, o confesso, nada do que me interessa agora transmitiram aos leitores! É por isso que hoje, com outro pensamento, com outra vontade, quero refazer tudo! (....)

Não se incomode em escrever como Eça escreveu! Para quê? Apenas para que Eça seja reconhecido? Isso não mais me importa! Não direi uma palavra, querendo provar que foi Eça quem escreveu, como já o fiz por diversas vezes, naquela outra oportunidade. Hoje, estou interessado em deixar os ensinamentos de Jesus, em deixar algumas normas de vida que possam encaminhar também as pessoas a Ele – Jesus."

Em 11-04, voltou a insistir: "O Eça de agora, voltado para Jesus, não quer provar nada a ninguém! Só quer provar a si mesmo e ao próprio Jesus que é outro, mudou, melhorou, progrediu!... Por que, então, ter que manter o estilo daquele Eça, que agora, de onde está, analisou e concluiu que nada de bom aqui deixou? Meus livros, agora, também serão diferentes! A única coisa que faço questão de conservar e que seja igual, é esse nome

– Eça de Queirós –, pois que no momento em que o conservo, para mostrar ao mundo que é o Eça quem escreve, estou mostrando também que, apesar do nome – o Eça é outro! É esse Eça de agora que me traz um pouco mais de alegria, é esse que está feliz por ter dado um passo adiante, na escala evolutiva, e por ter tido a permissão de Jesus para mostrar que se esforçou no sentido da própria reforma íntima! Isso também é importante! Não que eu queira proclamar aos quatro ventos que estou modificado, pois, se isso o fizesse, demonstraria apenas um orgulho que agora, onde estou, já não mais se encontra em tão alto grau, mas quero mostrar que se muda, todos o podem também, porque é para isso que Deus nos criou, para que progridamos sempre em direção a Ele!"

É a mesma a tônica da mensagem de 3 de maio.

A 5 de setembro do mesmo ano – 1992 – traz este passo, até certo ponto confidencial, mas que, a nosso ver, vale a pena ser transcrito: "Quando me propus a essa tarefa, fiz um plano que foi submetido à apreciação de Irmãos Maiores que o estudaram sob todos os ângulos, e muito tempo levou até que pude obter o consentimento para realizá-la. Indicaram-me você, filha, dizendo-me que havia um afeto antigo, que tinha todas as condições de me atender! Lembra-se, já lhe contei isso!"

A 15 de abril de 1993, voltou ao fulcro da questão: "Já pensaste, após quase um século que deixei uma obra na Terra, e após muito ter sofrido, aprendido e me esforçado, fizesse uma repetição do que já fiz, apenas para agradar aqueles que ficam procurando detalhes para comparar, se nada daquela obra, agora, está em acordo com meus novos objetivos?

O que eu criticava, hoje procuro compreender! O sarcasmo e o riso com que interpretava situações, agora procuro vê-las com o coração, e, se não posso aceitar, também não as trato com ironia. Aqueles que critiquei, aqueles a quem respondi ataques e críticas que me eram feitos, hoje procuro entendê-los."

Por ocasião do 3º Encontro Internacional de Queirosianos, que se realizou, em São Paulo, de 18 a 21 de setembro de 1995, promovido pelo Centro de Estudos Portugueses da USP, o Espírito Eça, noutra mensagem à médium, que mesmo à distância teve sua atenção voltada para aquele evento, afirma, como já o fizera através de Fernando de Lacerda, ter sido estática a sua obra terrena, reconhecendo que não trouxe nenhuma informação salutar ao leitor, eivada de crítica acirrada à sociedade corrupta e a seus membros corruptíveis, demonstrando que a moral familiar estava falida, e que o clero, de quem deveria vir o exemplo maior das virtudes proclamadas e ensinadas pelo Cristo, era o mais pervertido de todos, perguntando, a certa altura: "Em que aquele trabalho contribuiu para melhorar a sociedade que eu atacava, as instituições que eu criticava ou a organização familiar que colocava em meus romances como falida, onde o respeito mútuo entre seus membros era difícil de ser encontrado? De que me adiantou ter ressaltado esses pontos com os quais não concordava, se não consegui transformá-los, nem torná-los melhores? (....)

Aqueles que se atêm apenas ao que Eça de Queirós deixou, como se ele estivesse acabado, não sabem que ele continua vivo. – Digo vivo em toda a plenitude do significado que a palavra encerra, porque estou vivo para as verdades espirituais, estou vivo para compreender as oportunidades que perdi, e, graças a Deus que me permitiu retornar para este trabalho, estou vivo para construir outra obra, e feliz, muito feliz do que temos feito."

Sobre este livro, que agora sai à luz, e o leitor nos dá a honra e o prazer de estar compulsando, e sobre toda a sua obra de Espírito renovado, eis o que enfatiza, na mesma mensagem, o Espírito do velho Eça: "Se algum dia este meu novo trabalho for analisado, e compreendidas as minhas mais puras e nobres intenções ao realizá-lo, aí, sim, sentir-me-ei feliz por ter contribuído para o esforço de modificação de cada um. É só isso o que importa aos olhos do Pai – o esforço que cada filho seu realiza em aprimorar-se, através das suas próprias reflexões, da aquisição de virtudes, da prática da caridade em favor daqueles que ainda não compreenderam as verdades de Jesus, ou dos que necessitam de um pedaço de pão."

* * *

Não nos sendo possível, devido ao espaço de que já nos assenhoreamos, talvez abusivamente, deter-nos sobre Getúlio Dornelles Vargas, tomamos a liberdade de sugerir a quem até agora nos concedeu a gentileza da atenção, a consulta aos seguintes livros: *A Escalada – memórias*, de Afonso Arinos de Melo Franco (Rio, Livraria José Olympio Editora, 1965); *Brasil: De Getúlio a Castelo (1930-1964)*, de Thomas Skidmore (Tradução brasileira por uma equipe coordenada por Ismênia Tunes Dantas, Apresentação de Francisco de Assis Barbosa, Rio, Paz e Terra, 4ª edição,1975); *História da República Brasileira*, de Hélio Silva e Maria Cecília Ribas Carneiro, (volumes de 7 a 15, que cobrem o período de 1927 a 1955, São Paulo, Editora Três, 1975); *Minha Razão de Viver – Memórias de um Repórter*, de Samuel Wainer, Coordenação Editorial de Augusto Nunes, Rio, Record, 9ª edição, 1988; *Artes da Política – Diálogo com Amaral Peixoto*, de Aspásia Camargo, Lucia Hippolito, Maria Celina Soares D'Araújo, Dora Rocha Flaksman, Rio, Nova Fronteira, l986; e Diário, de Getúlio Vargas, com notas registradas de 3 de outubro de 1930 a 27 de setembro de 1942 (Siciliano/FGV, 1995) ou a reportagem de capa de Veja (Editora Abril – Edição 1.422 – Ano 28 – Nº 50, 13 de dezembro de 1995, págs.122-135, especialmente **O lápis da História**, com este apontamento de 5 de outubro de 1930, que complementa o seu ponto de vista exarado dois dias antes, revelando, de modo cristalino, explicável à luz da Reencarnação, a tendência suicida do nosso ilustre ex-revolucionário, ditador e Presidente da República, que foi considerado "pai" dos pobres e dos ricos: "**5 de outubro** . Excelentes notícias: Juarez Távora à frente de 8.000 homens, queda de Recife, Natal, marcha sobre Alagoas e Ceará, tropas de um moral magnífico. A Revolução está triunfante. Começo a fazer meus preparativos a fim de seguir para o teatro de operações, no Paraná. Desejo fazê-lo, porque esse é o meu dever, decidido a não regressar vivo ao Rio Grande, se não for vencedor."

* * *

Dadas as proporções tomadas por este nosso modesto estudo, apressemo-nos em colocar-lhe o ponto final, mas não sem antes rogar ao paciente leitor preces por todos os escritores que deixaram no mundo obras perniciosas do ponto de vista espiritual.

Orações rogamos, enfim, pela nossa ilustre professora Wanda A. Canutti, que cedeu a sua instrumentalidade mediúnica para a recepção desta obra, pelo Espírito Eça de Queirós, que a transmitiu, pelo Getúlio Vargas, e, como não poderia deixar de ser, pelo autor destes apontamentos, a fim de que ele possa continuar estudando as obras de Allan Kardec e, dentro da sua insignificância, buscar forças em Jesus, sob o amparo dos Benfeitores Espirituais, para domar as suas tendências menos dignas, a todos pedindo desculpas pela inexpressividade deste arrazoado, inobstante o imenso esforço por fazer o melhor ao seu alcance.

Elias Barbosa
Uberaba, 18 de abril de 1998.